LichtWesen

Meisteressenzen

Petra Schneider • Gerhard K. Pieroth

Licht Wesen

M e i s t e r e s s e n z e n

Ein Weg zur Meisterschaft im Leben
Eine systematische Einführung in die Energie
der Aufgestiegenen Meister

WINDPFERD

LichtWesen Meisteressenzen machen die Betreuung durch einen Arzt, Heilpraktiker oder Psychotherapeuten nicht überflüssig, wenn de Verdacht auf eine ernsthafte Gesundheitsstörung besteht.
Die Informationen des Buches sind nach bestem Wissen und Gewissen dargestellt. Die Autoren übernehmen dennoch keinerlei Haftung für Schäden irgendwelcher Art, die direkt oder indirekt aus der Anwendung der LichtWesen Meisteressenzen oder aus dem Gebrauch der Angaben dieses Buches entstehen.

„LichtWesen" ist ein geschütztes Markenzeichen von Dr. Petra Schneider.

8. Auflage 2012
© 1997 by Windpferd Verlagsgesellschaft mbH, Oberstdorf
Alle Rechte vorbehalten
Umschlaggestaltung: Kuhn Grafik, Digitales Design, Zürich,
in Anlehnung an Daten von Dominik Lommer, inform, Mühltal
Illustrationen im Innenteil: Ute Rossow

MIX
Papier aus verantwor-
tungsvollen Quellen
FSC
www.fsc.org   FSC® C095359

Printed in Germany
ISBN 978-3-89385-189-8
www.windpferd.de

Inhalt

Einleitung   9
  Ein kurzer Überblick
  über den Aufbau des Buches   11

Teil 1 – Der Hintergrund

Kapitel 1
Was sind LichtWesen Meisteressenzen?   15
  Unterstützung auf dem Weg zum Heil-Werden   15
  Was ist in den Essenzen?   16
  Wer sind die Aufgestiegenen Meister?   17

Kapitel 2
Die Entstehung der LichtWesen Meisteressenzen   21
  Ein kurzer Einblick in eine lange Geschichte   21
  So stellen wir die LichtWesen
  Meisteressenzen her   24

Kapitel 3
Grundlagen und Zusammenhänge zwischen
Grob- und Feinstofflichem   25
  Der feinstoffliche Körper des Menschen   25
    Die Energiebahnen   27
    Die Energiekörper   27
    Die Chakren   31
    Das Hara   33
  Ursachen von Störungen und Blockaden
  im Energiesystem   33
    Störungen durch die Umwelt   33
  Welchen Sinn hat Krankheit?   37
  Vergangene Leben   40
  Die Lebensaufgabe   41
    Wachbewußtsein, Unbewußtes
    und Höheres Selbst   41
    So unterstützt uns das Höhere Selbst   43
    Der Weg zur Harmonie   44

Teil 2 – Die Arbeit mit den LichtWesen Meisteressenzen

Kapitel 4
Die Wirkung der LichtWesen Meisteressenzen   49
**LichtWesen Meisteressenzen
und spirituelle Entwicklung**   55
Reaktionen auf die Meisteressenzen   55
   Was verändert sich?   55
   Auch das Außen reagiert   57

Kapitel 5
Die Anwendung   59
Die Auswahl   59
   Das momentane Lebensthema   59
   Die Meisterenergie-Karten   60
   Test   60
   Intuition   61
   Kann eine falsche Essenz gewählt werden?   61
   Die richtige Frage für die Auswahl   62
   Die Tinktur   63
   Das Öl   63
   Die Meisterenergie-Kugel   64
So wenden Sie die Essenzen an   64
   Anwendung der Tinktur   66
   Anwendung des Öls   66
   Anwendung der Meisterenergie-Kugel   66
   Andere Möglichkeiten   67
   *Über welchen Zeitraum
sollte die Essenz angewendet werden?*   68
Techniken zur Unterstützung der Bewußtwerdung   68
   Das Schreiben von Listen   69
   Meditation mit einer Kerze   71
   Reinigungsmeditation   71
Was ist Meditation ?   71
Die Meisteressenzen bei anderen anwenden   72
   Die Energieübertragung Schritt für Schritt   73
   Mögliche Reaktionen des Klienten   85
Die Anwendung bei Kindern   87

Hinweise für Therapeuten   88
Mischen von Tinkturen   89
Die LichtWesen Meisteressenzen-Mischung „Relax"   90

Teil 3 – Die Beschreibung der 21 Meisterenergien

Einleitung   93
Nr. 1 – *Maha Chohan:* Innere Weisheit   97
Nr. 2 – *Lao Tse:* Akzeptieren und innere Ruhe   104
Nr. 3 – *El Morya:* Vertrauen   112
Nr. 4 – *Kwan Yin:* Hingabe   120
Nr. 5 – *Christus:* Wahrheit und bedingungslose Liebe   128
Nr. 6 – *Djwal Khul:* Die eigene Kraft annehmen   137
Nr. 7 – *Sanat Kumara:* Himmel und Erde verbinden   144
Nr. 8 – *Angelika:* Transformation der Vergangenheit   153
Nr. 9 – *Orion:* Visionen   163
Nr. 10 – *Kamakura:* Handeln   170
Nr. 11 – *Kuthumi:* Verbindung zur Erde   177
Nr. 12 – *Lady Nada:* Angenommen-Sein
                      und Lebensgenuß   185
Nr. 13 – *Seraphis Bey:* Die irdische Kraft   194
Nr. 14 – *Victory:* Wachstum   201
Nr. 15 – *Saint Germain:* Freiheit   206
Nr. 16 – *Hilarion:* Die universelle Wahrheit   219
Nr. 17 – *Pallas Athene:* Freude und Fülle   226
Nr. 18 – *Lady Portia:* Im Gleichgewicht sein   233
Nr. 19 – *Helion:* Sonnengleiches Sein   239
Nr. 20 – *Aeolus:* Den Schöpfer in sich erkennen   244
Nr. 21 – *Maria:* Die Einheit erkennen   249

Anhang
Fragen und Antworten aus der Praxis   256
Kurzbeschreibung der Meisterenergien   262
Pendeltafel   267
Die Autoren   268
An den Leser   269
Danksagung   270
Literaturverzeichnis   270

Seht ihr den Mond dort stehen?
Er ist nur halb zu sehen
und ist doch rund und schön!
So sind wohl manche Sachen,
die wir getrost belachen,
weil unsre Augen sie nicht sehn.

AUS: *DER MOND IST AUFGEGANGEN*
MATTHIAS CLAUDIUS, 1778

Einleitung

„Nennt die Essenzen 'LichtWesen Meisteressenzen'."
Als wir dies im Channeling* hörten, sträubten wir uns. Durch unsere Arbeit hatten wir bereits erfahren, daß die Essenzen dabei helfen, das Leben zu meistern. Es geht um Bewußtheit im Alltag – und da sollte nun ein Name stehen, der hoch spirituell und abgehoben klang, der darauf hinwies, daß dies die Essenzen der „Aufgestiegenen Meister" sind – von Lichtwesen, nicht greifbaren, unsichtbaren Wesen.

Doch wir hatten den Namen mißverstanden: „Lichtwesen, das seid Ihr. Jeder Mensch ist ein lichtvolles Wesen. Und die Essenzen unterstützen Euch, Meister Eures eigenen Lebens zu werden."

Die Arbeit mit den Meisteressenzen betrifft unser Leben, uns selbst. Es geht darum zu sehen, was uns hindert, unser Potential auszuschöpfen und unser wahres Sein zu leben. Die Essenzen unterstützen dabei zu erkennen, warum wir uns immer wieder blockieren, uns Hindernisse in den Weg räumen, Fallstricke und Gruben in unser Leben einbauen und warum es uns nicht gelingt, dauerhaft erfolgreich, entspannt, glücklich und bewußt zu leben.

Als wir im Channeling den Hinweis erhielten, mit den „Aufgestiegenen Meistern" zu arbeiten, ahnten wir nicht, was uns erwartete. Schon seit einigen Jahren arbeiteten wir mit feinstofflichen Energien und hatten Zugang zu höheren Bewußtseinsebenen, doch mit den „Aufgestiegenen Meistern" hatten wir noch keinen direkten Kontakt gehabt. Neugierig, freudig und offen begannen wir –

---

* Channeln ist englisch und bedeutet übersetzt: kanalisieren. Ein „Channel" (deutsch: Kanal) ist ein Mensch, der medial Durchsagen empfangen kann, indem er sein Bewußtsein auf eine andere Bewußtseinsebene ausdehnt. Das Medium geht über die Grenzen des Ich-Bewußtseins (des Egos) und des Verstandes hinaus, um in anderen Bewußtseinsebenen Informationen, Bilder oder Energie zu erhalten und zu übermitteln.
Die gechannelten Informationen dieses Buches stammen von den Aufgestiegenen Meistern.

und wurden durch einen intensiven Prozeß geführt, der uns immer mehr zu uns selbst führte.

Wir erlebten Höhen und Tiefen, wir erlebten Zeiten von Zweifel und Wunder, es gab Schmerz und Freude. Wir bekamen finanzielle Probleme, weil die Produktion der „LichtWesen Meisteressenzen" viel mehr Geld verschlang, als wir uns vorgestellt hatten – und erhielten unerwartet Hilfe. Immer wieder zweifelten wir an dem, was wir taten, und überlegten, ob es nicht Humbug sei. Dann erreichten uns begeisterte Rückmeldungen von den Menschen, die die Essenzen ausprobierten.

Auch in uns passierte viel: Jeder Aspekt unseres Lebens wurde umgedreht und gereinigt. Wir stießen auf Ängste, negative Erwartungen und ungeliebte Seiten von uns, die wir verdrängt hatten, und erkannten, wo wir unser wahres Sein hinter Masken versteckten.

Manchmal fiel es schwer, unsere ungeliebten Seiten anzuschauen und sie zu integrieren. Doch wir spürten immer die liebevolle, bedingungslose Unterstützung der „Meister". Die Essenzen stärkten die innere Gewißheit, daß wir es schaffen würden. Auch wenn es sehr schwierig wurde, hatten wir den Mut weiterzugehen und spürten unsere innere Kraft.

So stehen wir heute an einem Punkt, an dem wir erfüllter leben. Voller Dankbarkeit blicken wir auf unsere Entwicklung und auf die Hilfe und Unterstützung, die wir erhalten haben. Im Rückblick sehen wir, daß wir sehr schnell und ungewöhnlich leicht zu mehr Lebensqualität und Bewußtheit gelangt sind. Wir sind authentischer, selbstbewußter, fröhlicher und zufriedener geworden und schauen uns bewußt unser Leben an. Wir lernten und lernen noch, mit beiden Füßen im Leben und auf der Erde zu stehen, die Welt zu lieben und uns im Alltag des größeren Zusammenhangs und unseres göttlichen Seins bewußt zu sein. Wir leben „Spiritualität im Alltag".

Und wir sind uns einig: Wir beide würden den gleichen Weg noch einmal gehen.

Ein kurzer Überblick
über den Aufbau des Buches

Dieses Buch besteht aus drei Teilen:

- Grundlagen der Arbeit mit feinstofflichen Energien
- Die Arbeit mit den LichtWesen Meisteressenzen
- Die Beschreibung der 21 Meisterenergien

In den *Grundlagen der Arbeit mit feinstofflichen Energien* sind Informationen zu den Meisteressenzen, den Aufgestiegenen Meistern und zum „esoterischen Weltbild" enthalten. Es gibt verschiedene Modelle des feinstofflichen Energiesystems, und jedes Modell hat seine Berechtigung. Wir haben das Modell, mit dem wir arbeiten, daher kurz erläutert.

Den Menschen, die sich bisher wenig mit dem feinstofflichen Energiesystem beschäftigt haben, kann der Grundlagenteil als Einstieg dienen. Sie finden bei Bedarf in anderen Büchern ausführlichere Informationen zu den angeschnittenen Themen.

Die Arbeit mit den LichtWesen Meisteressenzen beschreibt die Wirkung und Anwendung der Essenzen und einige Techniken zur Bewußtwerdungsarbeit.

Die *Beschreibung der 21 Meisterenergien* dient als Nachschlagewerk, in dem Sie kurzgefaßt die Wirkung der Essenzen sowie die Symptome des ausgeglichenen und blockierten Zustandes finden können. Dieses Kapitel enthält außerdem eine ausführlichere Beschreibung aller Meisteressenzen, die Zuordnung zu Chakren, Farben, Tarotkarten und Edelsteinen sowie jeweils eine gechannelte Meditationsanleitung und eine gechannelte Botschaft.

Im *Anhang* finden Sie Antworten auf häufig gestellte Fragen und eine Kurzbeschreibung der Meisterenergien.

Noch ein Wort zur Beschreibung des „feinstofflichen Weltbildes", zu dem die Themen feinstoffliches Energiesystem, die Wirkung der LichtWesen Meisteressenzen, die Erklärung zu Wachbewußtsein, Unbewußtem, Höherem Selbst und höheren Bewußtseinsebenen, Krankheiten und vergangene Leben gehören. Die

Erläuterungen zu diesen Themen sind Modelle der Wirklichkeit. Modelle machen komplexe Zusammenhänge, deren direkte Beschreibung uns nicht möglich ist, mit bekannten **Bildern** überschaubar und begreiflich. Modelle haben Grenzen. Sie geben nur eine grobe Skizze einer Wirklichkeit. Ein Auto ist mehr als eine Kutsche ohne Pferde, die beim Fahren ein lautes Geräusch von sich gibt und hinten eine Rauchwolke ausstößt. Diese Beschreibung ist jedoch für einen Menschen, der nur Kutschen und Pferde kennt, eine Hilfe, sich ein Auto vorzustellen.

Auch die Beschreibung des feinstofflichen Weltbildes ist ein Bild, das die Wirklichkeit veranschaulicht.

Teil 1

Der Hintergrund

Kapitel 1

Was sind LichtWesen Meisteressenzen?

Unterstützung auf dem Weg zum Heil-Werden

Die LichtWesen Meisteressenzen sind ein Werkzeug zur Selbst-Erkenntnis, der Bewußtwerdung, der Bewußtseinsentfaltung und der Selbstverwirklichung. Die Arbeit mit den Meisteressenzen hat das Ziel, den eigenen wahren Kern zu erkennen und das ureigenste Sein im Alltag zu leben. Sie sind ein Weg zur eigenen Meisterschaft. Auf diesem Weg entfaltet sich das Bewußt-Sein immer mehr, und das eigene Potential kann ausgeschöpft werden. Sie unterstützen uns dabei, erfolgreich und erfüllt zu leben.

Wie auch bei anderen Wegen der Bewußtseinsentfaltung erfahren wir durch die Arbeit mit den Meisteressenzen immer mehr, wer wir sind, welche Masken wir tragen, hinter welchen Begrenzungen, Verhaltensmustern, Spielen oder Vermeidungsstrategien wir uns verstecken. Wir erkennen, was uns daran hindert, das zu leben, was wir wirklich leben wollen. Die Meisteressenzen lenken unseren Blick direkt auf unser Potential, auf das, was wir leben wollen, und auf das, was uns daran hindert: unsere Blockaden. Die Essenzen reaktivieren das Potential, das schon in uns ist, was wir aber bisher noch nicht entfaltet haben. Dabei sind sie vergleichbar mit dem Zen-Stock der Zen-Meister, der den Meditierenden gezielt im richtigen Moment in der richtigen Stärke trifft. Der Zen-Stock dient dazu, den Meditierenden in Momenten, in denen er nicht mehr bewußt ist, aufmerksam zu machen. Er ist keine Strafe, sondern eine liebevolle Hilfe. Er ist nie zu hart, doch er kann schmerzvoll sein.

Der Zen-Meister verwendet den Stock nur, wenn der Schüler ihm vorher die Erlaubnis gegeben hat. So entscheidet auch unsere innere Bereitschaft über die Wirkung der Essenzen.

Die Meisteressenzen bringen Licht ins Dunkle, in unsere ungeliebten Schattenseiten. Manchmal mögen wir erschrecken über das, was wir dort erkennen. Indem wir es jedoch bewußt sehen und annehmen, werden wir *heil*. Das, was wir vorher ausgegrenzt hatten, was wir nicht sehen wollten und was uns hinderte, uns zu entfalten, das kann uns jetzt *ganz* werden lassen.

Aber nicht nur allein die Meisteressenz bestimmt, wie stark die Wirkung ist. Auch die inneren Widerstände und die bewußte und unbewußte Bereitschaft des Anwenders, sich selbst zu reflektieren und damit zu wachsen, gestalten die Reaktion. Wenn wir viel wissen und schnell wachsen wollen, können die Reaktionen heftiger ausfallen, als wenn wir uns Zeit lassen. So wie wir zum Gipfel eines Berges den Wanderweg oder den Steilhang wählen können. Manchmal sind wir dennoch von der Heftigkeit der Ereignisse überrascht, oder wir erwarten eine heftige Reaktion – und sie bleibt aus. Dann haben wir unbewußt einen anderen Weg gewählt, als wir bewußt glaubten.

So unterstützen uns die Meisteressenzen auf unserem Weg. Sie lenken den Blick, sie sind Lehrer, die uns aufmerksam machen, sie öffnen unsere Augen, sie schenken uns Energie, lösen Blockaden und stärken die Zuversicht, damit wir den Weg leichter gehen können. Doch gehen müssen wir selbst.

Die 21 Meisteressenzen repräsentieren 21 grundlegende Lebensthemen oder Seelenqualitäten, die wir lernen wollen.

Was ist in den Essenzen?

Die 21 LichtWesen Meisteressenzen enthalten die reine geistige feinstoffliche Schwingung von 21 Aufgestiegenen Meistern. Die Wirkung der Essenzen stammt nicht aus irdischen Seinsformen wie Pflanzen oder Edelsteinen. Damit die geistige Information in der Materie wirksam wird, wurde die Schwingung an Materie, das heißt an Öl oder Wasser gebunden.

Das Bild von „unterstützenden Wesenheiten" und von den „Aufgestiegenen Meistern" ist ein Modell der Wirklichkeit. Sie müssen nicht an die „Aufgestiegenen Meister" glauben, damit die Essenzen wirken – genausowenig wie Sie an Edelsteine oder Farben glauben müssen, um eine Reaktion zu erreichen. Die

Erklärungen sind Hilfen für den Verstand. Sie sind aber nicht notwendig für die Wirksamkeit und den Erfolg. Die Essenzen wirken durch die darin enthaltene feinstoffliche Energieschwingung. Wenn wir daher im folgenden von der „Energie der Meister" sprechen, ersetzen Sie dies einfach durch „Meisteressenzen", wenn das Ihrem Weltbild eher entspricht. Bei der Arbeit mit den Essenzen können Sie die Nummern anstelle der Meisternamen benutzen.

Wer sind die Aufgestiegenen Meister?

Aufgestiegene Meister sind Energieformen oder nichtkörperliche Wesenheiten höherer Bewußtseinsebenen (siehe Kapitel 3 „Die Lebensaufgabe"), die den Menschen bei der Entfaltung seines Bewußtseins unterstützen. Sie kennen das Leben auf der Erde, kennen die menschlichen Probleme und Verstrickungen und den Weg zur Einheit.

Viele dieser Wesenheiten haben selbst auf der Erde gelebt, sind diesen Entfaltungsweg selbst gegangen. Bekannt sind Lao Tse und Kwan Yin; über sie findet man Literatur. Aber auch die Christus-Energie kann durch die biblischen Texte leicht verstanden werden. Aus den Erzählungen wissen wir, daß diese Menschen den „Erleuchtungsweg" gegangen sind und sich entwickelt haben. Sie sind durch die Schwierigkeiten des menschlichen Daseins, durch die Dualität hindurchgegangen, um wieder zur Einheit zu gelangen. Nachdem sie selbst diesen Weg zurückgelegt haben, unterstützen sie nun die Menschen auf ihrem Weg.

Die Wesenheiten der Aufgestiegenen Meister sind im esoterischen Bereich schon lange bekannt. Manche vermuten, daß sie hinter den Bewegungen der Templer, der Freimaurer und der Theosophischen Gesellschaft stehen. Auch Aura-Soma und die Mitglieder der Organisation der „Großen Weißen Bruderschaft" arbeiten mit den Energien der Aufgestiegenen Meister.

Die Namen einiger Meister sind in den Büchern von Helena Blavatsky und Alice Bailey genannt, die beide Ende des vorigen Jahrhunderts geboren wurden.

Die Gruppe der Aufgestiegenen Meister besteht aus mehr als 21 Wesenheiten. Nicht alle waren auf der Erde inkarniert, doch haben sich alle – *aus Liebe zu den Menschen* – die Aufgabe gesetzt, die Menschen auf ihrem Bewußtseinsweg zu unterstützen. Dazu fügten sie ihre Erfahrungen und ihr Wissen zu einem gemeinsamen Bewußtsein zusammen, zu dem jeder Meister Zugang hat. Alle Meister sind dadurch mit dem Leben der Menschen verbunden. Sie kennen die menschlichen Schwächen und Stärken, die Verstrickungen, Hoffnungen, Schwierigkeiten, Hindernisse, Möglichkeiten, scheinbaren Grenzen – eben alles, was zum menschlichen Leben gehört. Sie wissen genau, wie sie den einzelnen Menschen in seinem Wachstum unterstützen können. Und das sehen sie als ihre Aufgabe an, seit der Mensch den Bewußtwerdungsweg geht.

Die Bedeutung des Begriffs Aufgestiegene Meister läßt sich am besten am Gleichnis von „Christi Himmelfahrt" erläutern: Der Mensch Jesus löste seine Ich-Definition immer mehr auf und vereinigte sich letztlich mit dem Christus-Bewußtsein. Auf seinem Erdenweg transformierte er auch seinen physischen Körper und dehnte sein Bewußtsein so weit aus, daß sein Körper „Licht" wurde. Nun war der Körper nicht mehr den Begrenzungen der Materie ausgesetzt. Mit dem Licht-Körper hatte er die Möglichkeit, jederzeit wieder zu erscheinen und zu verschwinden (siehe biblische Erzählungen von Jesus-Erscheinungen nach seinem Tod am Kreuz). Menschen konnten ihn sehen und sogar anfassen (der Apostel Thomas legte seine Finger in die Wunden von Jesus' Körper). So haben alle Aufgestiegenen Meister die Möglichkeit, sich einen irdischen Körper zu erschaffen.

Auch von anderen Meistern wird berichtet, daß sie auf der Erde erschienen seien. So ist Saint Germain im 18. Jahrhundert vielen verschiedenen Persönlichkeiten in einem Zeitraum von fast 100 Jahren begegnet und unterrichtete und unterstützte die Menschen. Dabei wurde er immer als etwa 45jähriger Mann beschrieben.

Es stellte sich die Frage, warum die Meister ihre Energie zum jetzigen Zeitpunkt in die Essenzen gebracht haben und weshalb gerade diese 21 Meisterenergien darin enthalten sind, obwohl es mehr als 21 Aufgestiegene Meister gibt.

Die Menschheit lebt in einer Zeit tiefgreifender Veränderung. Es findet der Übergang vom Fischezeitalter, das dem Wasserelement und den Gefühlen zugeordnet ist, zum Wassermannzeit-alter statt, das den Schwerpunkt im Luftelement und damit auf der geistigen Ebene hat. In dieser Zeit unterstützen viele Wesen-heiten und Energieformen die Entwicklung der Menschheit, so zum Beispiel auch die Engel und Erzengel.

Die 21 Meister stellten sich als diejenigen vor, die mit der Ent-faltung von Lebensthemen zu tun haben. Man könnte diese Meister vergleichen mit den Archetypen oder auch mit dem Ent-wicklungsweg des Menschen, der in den großen Arkanen des Tarot dargestellt ist. Wenn man die Meisteressenzen in der Rei-henfolge der Nummern betrachtet, bauen die Themen aufeinan-der auf. Nr. 21 *Maria* schließt einen Entwicklungszyklus ab und führt über zur nächsten Ebene, die dann wieder mit Nr. 1 *Maha Chohan* beginnt. Vergleichbar ist dies mit einer sich nach oben drehenden Spirale oder einer Wendeltreppe. Ein Lebensthema wird auf den unterschiedlichen Ebenen der Spirale immer wie-der durchlebt und erfahren. Damit stellen die 21 Meisteressen-zen auch eine Evolution des Bewußtseins über 21 Schritte dar. Mit jedem Durchlauf eines Zyklus kommt man näher an seinen eigenen Wesenskern.

Kapitel 2

Die Entstehung der LichtWesen Meisteressenzen

Ein kurzer Einblick in eine lange Geschichte

Als ich – Petra – im Channeling den Hinweis erhielt, mit den Aufgestiegenen Meistern zu arbeiten, waren sie mir nicht unbekannt, obwohl ich noch nie direkt mit ihnen Kontakt hatte.

Jahre zuvor, als ich gerade meinen spirituellen Weg begann, war mir in einer kleinen esoterischen Buchhandlung ein gechanneltes Buch von Saint Germain in die Hände gefallen. Es hatte mich magisch angezogen, und der Name klang für mich sehr vertraut, obwohl ich ihn vorher noch nie gehört hatte und mir nichts darunter vorstellen konnte. Als ich es in der Hand hielt, spürte ich ein Prickeln in mir, es entstand eine angenehme Spannung, wie ich sie von Rendezvous her kannte. „Merkwürdig", dachte ich und schaute hinein. Doch die Texte waren schwer zu lesen, und der Inhalt war für mich kaum verständlich. So stellte ich es wieder weg.

Kurze Zeit später erfuhr ich auf einem Vortrag der „Weißen Bruderschaft" (einer spirituellen Organisation), wer St. Germain war und was „Aufgestiegene Meister" sind. Auch dort fühlte ich mich wieder angezogen und eine innige Vertrautheit mit den Meistern. Doch ich war noch nicht soweit.

In der folgenden Zeit lernte ich Gerhard kennen, und wir beide begannen, mit feinstofflichen Energien zu arbeiten. Ich entdeckte meine Fähigkeit zu channeln.

Das nächste Mal begegnete ich den Meisterenergien in einem Seminar. Auf einem Tisch standen kleine Plastikfläschchen mit farbigen Flüssigkeiten, die mich magisch anzogen. Ich las die Namen auf den Etiketten – es waren die Namen der Aufgestiegenen Meister. Sie lösten in mir erneut ein Gefühl von Vertrautheit und Bekanntsein, das innere Prickeln, einen angenehmen

Schauer aus. Es waren die Quintessenzen von Aura-Soma. Und plötzlich wußte ich: „Irgendwann werde ich mit diesen Meistern arbeiten." Und dieser Gedanke erfüllte mich mit einem großen Glücksgefühl.

Zunächst vergaß ich die Meister wieder, und es vergingen zwei Jahre, bis es soweit war. Wieder waren es die Quintessenzen von Aura-Soma, die den Auslöser bildeten. Gerhard und ich begannen mit ihnen zu arbeiten.

Kurze Zeit später erhielten wir dann im Channeling den Hinweis, die Energie der Meister an Materie zu binden.

Zuerst rebellierte mein Verstand: „Das kann ich doch nicht. Wie soll ich das denn machen? Andere können das vielleicht, aber ich nicht." Doch gleichzeitig faszinierte uns der Gedanke auch, und wir ließen uns auf diesen Prozeß ein. Damit begann eine Zeit von intensivem Wachstum und Transformation.

Das gesamte Verfahren des Ladevorgangs, die Vorbereitungen, Rituale und Techniken wurden uns durchgegeben. Wir begannen, unsere eigenen Essenzen herzustellen und damit zu arbeiten.

Bevor wir die Energie eines Meisters laden konnten, mußten wir uns vorbereiten, uns von unseren Blockaden reinigen und uns einstimmen. Täglich verwendeten wir unsere geladenen Öle und Tinkturen, meditierten mit der Energie des jeweiligen Meisters, channelten, erlebten seine Energie und was sie bei uns auslöste. Es dauerte zwischen 12 Tagen und 2 Monaten, je nachdem wieviele Blockaden wir selbst zu diesem Thema hatten, bis wir für den Meister den Raum aufbauen konnten, damit er seine Energie an Öl und Wasser binden konnte.

Diese Zeit mit den Meisterenergien gehörte zu den intensivsten Transformationsprozessen in unserem Leben. So merkte ich zum Beispiel deutlich, daß ich eine Tendenz hatte, „von der Erde zu verschwinden" und unrealistisch zu sein. Da es mit dem Laden der Essenzen ja nicht getan war, *mußte* ich mich um Dinge kümmern, die mich *mit den Füßen auf den Boden* brachten. Da waren plötzlich die Fragen: Woher bekommen wir Flaschen? Welche Öle können wir verwenden? Wie können wir sie mischen? Wie gestalten wir das Etikett? Woher bekommen wir den Alkohol für die Tinkturen?

Ich sah, daß die *feinstoffliche* Arbeit nur ein Teil der Wirklichkeit ist, und nach anfänglichen Widerständen begann ich auch die *irdische* Arbeit zu lieben. Ich fand einen Weg, beides miteinander zu verbinden. Und ich begann, mein Leben in diesem Körper zu genießen.

Für mich ist es rückblickend immer wieder erstaunlich, welche Hilfe und Führung wir in diesem Prozeß erhalten haben. Wir hatten keine Ahnung von den Produktionsschritten, und im nachhinein haben wir oft erfahren, was hätte schief gehen können. Doch alles klappte. Es geschahen Dinge, die wir als Wunder bezeichnen. Wir wußten, daß die Essenzen Mitte November 1995 „geboren" werden wollten, und obwohl es nicht so aussah, daß es gelingen könnte, geschah es. Ende November standen die Essenzen in zwei esoterischen Läden.

Natürlich wurden wir auch immer wieder von Zweifeln überfallen: „Bilden wir uns das Ganze nicht nur ein? Ist es nicht nur eine Wunschvorstellung, daß die Essenzen wirken?" Nachdem einige Essenzen fertiggestellt waren, gaben wir sie verschiedenen Personen zum Testen. Die Rückmeldungen waren so überwältigend, daß wir den Mut hatten, weiterzugehen und die Essenzen herzustellen.

Glauben Sie nicht, daß die Zweifel nach den ersten Rückmeldungen verschwunden waren. Sie kamen immer wieder. Ich konnte und wollte es zuerst nicht glauben, die Essenzen eine solch starke Wirkung haben. Doch immer, wenn ich wieder an dem Punkt stand, alles hinzuwerfen, machten Freunde uns Mut, oder es traf eine begeisterte Reaktion ein. Und so ist es heute noch. Obwohl wir im Moment nicht für unsere Essenzen werben, kommen Anfragen und begeisterte Anrufe.

Mittlerweile haben wir erkannt, daß es in diesem Prozeß vor allem um unsere eigene Bewußtseinsentfaltung ging. In relativ kurzer Zeit sind wir durch viele Schichten unseres Seins gegangen. Durch die Meisterenergie geschah viel Heilung, Transformation und Wachstum auf allen Ebenen.

Und wir gehen weiter in dem Prozeß, denn unser Ziel ist, unser Sein völlig zu entfalten und zu leben.

So stellen wir die
LichtWesen Meisteressenzen her

Die LichtWesen Meisteressenzen enthalten die Energieschwingung Aufgestiegener Meister. Um diese Schwingung an einen materiellen Stoff zu binden, bedarf es gründlicher Vorbereitungen und Einstimmung. Nach der Vorbereitungszeit wird die jeweilige Meisterenergie an Wasser und Öl gebunden.

Die in diesem Schritt hergestellten Substanzen dienen als Uressenzen.

Alle Schritte der Vorbereitung und Herstellung wurden uns bis ins Detail von den Meistern in Channelings durchgegeben.

Bei der Auswahl der Basissubstanzen achten wir auf hohe Qualität. Die Tinktur enthält ein Gemisch aus gereinigtem Wasser und reinem Alkohol (Weingeist). Für die Öle verwenden wir reine kaltgepreßte Öle von Speiseölqualität.

Die ätherischen Öle wurden von einem bekannten Aromatherapeuten so ausgewählt, daß sie die Wirkung der Energieschwingung unterstützen. Sie werden von einer Firma geliefert, die auf hohe Qualität und Reinheit achtet.

Vor der Herstellung werden alle Materialien energetisch gereinigt, sowohl die Geräte, mit denen wir arbeiten, als auch die Flaschen, die Öle, der Alkohol und das Wasser. Sie werden so vorbereitet, daß nichts mehr von ihrer eigenen Schwingung oder einer Fremdschwingung vorhanden ist.

Nach dem Abfüllen werden alle Flaschen und Energiekugeln versiegelt, so daß sie keine Fremdschwingung von außen aufnehmen. Daher können die Essenzen und Kugeln auch von mehreren Personen gleichzeitig benutzt oder weitergeben werden.

Der gesamte Produktionsprozeß einschließlich des Abfüllens ist Handarbeit. Die Behälter bestehen in allen Produktionsschritten aus Glas. Das sind energetisch die besten Voraussetzungen für hohe Qualität.

Kapitel 3

Grundlagen und Zusammenhänge zwischen Grob- und Feinstofflichem

Der feinstoffliche Körper des Menschen

Neben der dichten Materie des physischen Körpers existiert ein feinstoffliches Energiesystem. Energie ermöglicht einem System, Arbeit zu verrichten. So wird der Begriff „Energie" üblicherweise benutzt. Jede Energieschwingung beinhaltet jedoch gleichzeitig auch Informationen, so wie eine Zeitung gleichzeitig einen Brennwert hat und Informationen enthält. Durch Übertragung von Informationen werden Funktionsabläufe wie die Herztätigkeit, die Verdauung, die Hormonproduktion, um nur wenige Beispiele zu nennen, im Körper gesteuert.

Damit der Körper in gesunder Weise arbeiten kann, braucht er Steuerungsinformationen und Arbeitsenergie. Mit der Arbeitsenergie kann er auf die Steuerungsimpulse reagieren. Wenn wir im folgenden von Energie sprechen, ist damit immer Informations- und Arbeitsenergie gemeint.

Das feinstoffliche menschliche Energiesystem umgibt und durchzieht den physischen Körper und ist für die meisten Menschen nicht sichtbar. Es setzt sich aus drei Teilen zusammen:

- den Energiebahnen,
- den Energiekörpern und
- den Chakren.

Diese Teile des Energiesystems durchdringen einander und beeinflussen sich gegenseitig und auch den physischen Körper. Durch sie fließt die sogenannte feinstoffliche Energie.

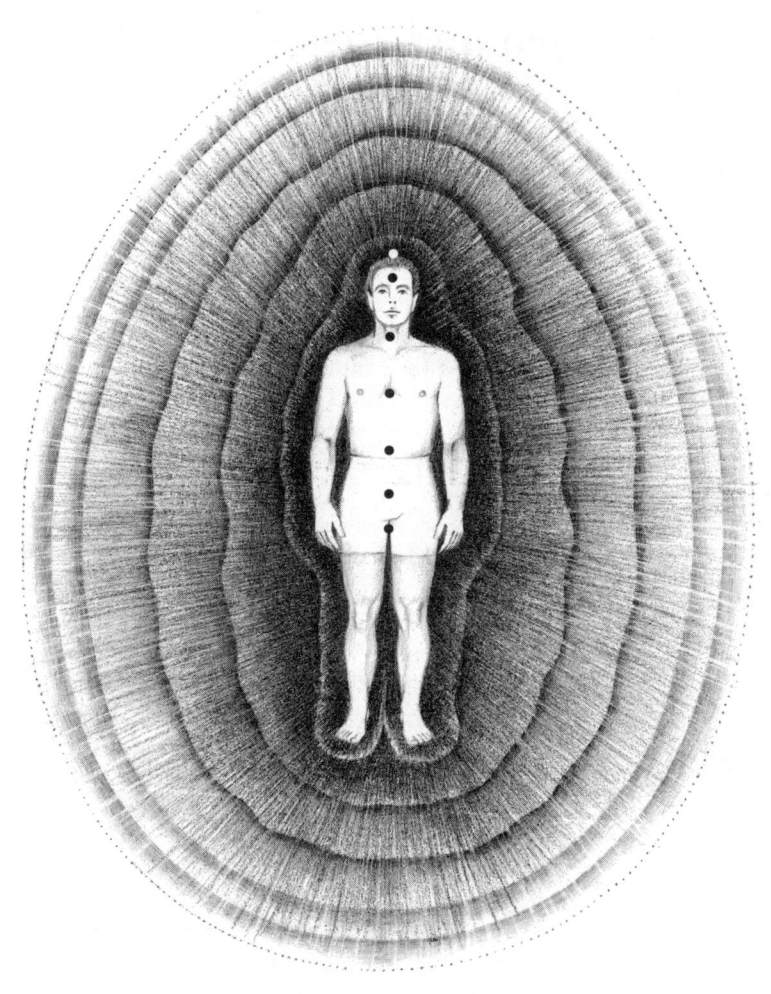

Mensch mit Auraschichten und Chakren

Die Energiebahnen

So wie der Körper von Blutbahnen durchzogen ist, die allen grob-stofflichen Teilen Sauerstoff und Nahrung liefern, so wird er durch die Energiebahnen mit feinstofflicher Energie versorgt. Diese Energiebahnen werden auch Meridiane genannt. Die feinstoffli-che Energie ist Lebensenergie, die im Indischen *Prana*, im Chi-nesischen *Qi* oder *Chi* und im Japanischen *Ki* heißt.

Lebensenergie ist das, was uns und jedes andere Lebewesen durch Arbeits- und Informationsenergie lebendig hält. Wenn wir keine Lebensenergie mehr aufnehmen und auch keine Reserve mehr in unserem Körper haben, ist unser Körper leblos, das heißt tot.

Die Lebensenergie nehmen wir über den Atem, die Nahrung und durch die Chakren auf.

Die Energiebahnen (Meridiane) verbinden Organsysteme mit-einander und versorgen den ganzen Körper mit der notwendigen Lebensenergie. Wenn ein ungehinderter Energiefluß möglich ist und wir genügend Energie aufnehmen, sind wir körperlich ge-sund, und es geht uns auch psychisch gut. Kommt es jedoch zu Störungen oder Blockaden im Energiefluß, werden bestimmte Körperteile unterversorgt.

Am Bild eines Flußsystems lassen sich die Zusammenhänge leicht verstehen. Sind die Flüsse offen und führen genügend Was-ser, grünt und blüht es, das Land ist ausreichend versorgt. Wird jedoch ein Flußlauf blockiert, zum Beispiel durch einen Erdrutsch, bekommen die dahinterliegenden Gebiete nicht mehr genügend Wasser. Zuerst ist das kaum sichtbar, dann beginnen die Pflanzen zu welken, um nach einiger Zeit schließlich abzusterben.

So ergeht es auch unserem Körper, wenn Energiebahnen blok-kiert sind. Die unzureichend versorgten Körperteile oder Organe sind nach einiger Zeit nicht mehr voll funktionsfähig, ihnen feh-len Arbeitsenergie und Informationen. Zuerst treten leichte Be-schwerden auf, die oft übersehen werden. Später kommt es zu Erkrankungen.

Die Energiekörper

Unser Körper ist umhüllt und durchzogen von mehreren feinstoff-lichen Energiefeldern, die *Aurakörper* genannt werden. Die Aura-körper unterscheiden sich in Größe und Schwingungsfrequenz.

Das erste Energiefeld entspricht in seiner Form den Körperumrissen, alle weiteren Auraschichten gleichen eher einem Ei. Sie werden in ihrer Ausdehnung immer größer und in der Schwingung immer feiner. Die erste Auraschicht schwingt sehr niedrig, die letzte in der höchsten Frequenz. Vergleicht man sie mit Farben, entspricht der erste Energiekörper der Farbe Rot, der siebte Ultraviolett.

Die ersten sechs Auraschichten haben vor allem mit dem Dasein hier auf der Erde zu tun. Der siebte Körper verbindet uns mit höheren Bewußtseinsebenen. Darüber hinaus gibt es noch weitere Auraschichten. Diese zu beschreiben, würde den Rahmen des Buches sprengen.

Der Ätherkörper

Die erste Auraschicht wird Ätherkörper genannt und hat die Form unseres Körpers, nur ist sie ca. 5 bis 15 cm größer. Seine Größe ist abhängig vom Zustand des Menschen und seinem Zufluß an Lebensenergie. Der Ätherkörper hat die dichteste Schwingung und ist ein Zustand zwischen Energie und Materie. Daher ist er leicht wahrzunehmen, und viele Menschen können ihn sehen. Er erscheint dann wie ein gräuliches oder weißliches Flimmern rund um den Körper.

Der Ätherkörper steht am engsten mit dem physischen Körper in Kontakt und verbindet diesen mit den feinstofflichen Ebenen. Er erhält Lebensenergie (Ki oder Chi) über das Solarplexuschakra (3. Chakra) sowie Erdenergie aus dem Basischakra (1. Chakra) und gibt sie über die Chakren und Energiebahnen an den physischen Körper weiter.

Der Emotionalkörper

Der zweite Aurakörper besitzt die zweitdichteste Schwingungsfrequenz und geht durch den Ätherkörper und den physischen Körper hindurch. Da er alle Gefühle trägt und steuert, wird er Emotionalkörper genannt. Grundqualitäten wie Wut, Traurigkeit, Angst, Freude, Lustgefühle sind im Emotionalkörper vorhanden.

Er hat eine Ausdehnung von 30 bis 50 cm über den Körper hinaus.

Im täglichen Leben spüren wir die Grenzen unseres Gefühlskörpers immer dann, wenn uns jemand „zu nahe kommt" und mit seinem Emotionalkörper in unseren hineingeht. Wir *fühlen* uns meist unangenehm berührt und rücken automatisch ein Stück weg. Anders ist das bei Menschen, die wir mögen oder mit denen wir schon lange zusammen leben wie Lebenspartner, Kinder oder Eltern. Wenn sie uns nahe kommen, ist das für uns meist ein angenehmes Gefühl.

Der Emotionalkörper beeinflußt den durchschnittlichen Menschen in seinem Verhalten und in seiner Sicht der Welt am stärksten. In ihm sind neben den angenehmen Gefühlserlebnissen auch alle unangenehmen Erfahrungen wie Ängste, Aggressionen, Abgelehnt-Sein, mangelndes Selbstvertrauen und so weiter gespeichert. Je nachdem, wie wir uns fühlen, strahlen wir eine bestimmte Energiefrequenz aus, die andere Menschen unbewußt wahrnehmen. Sie fühlen, ob wir fröhlich oder traurig sind, und reagieren darauf. Daher ziehen wir, wenn wir fröhlich sind, meist andere fröhliche Menschen an und umgekehrt.

Aber auch die Gefühle, die wir verdrängen und selbst nicht mehr wahrnehmen, strahlen nach außen. Dadurch ziehen wir dann Menschen an, die genau dieses oder ein ähnliches Verhalten haben, das wir an uns nicht sehen wollen. Wir bekommen dann das Verdrängte von anderen gespiegelt. Oft regen wir uns fürchterlich über die anderen Menschen auf, anstelle sie als Spiegel zu erkennen und zu nutzen.

Störungen im Emotionalkörper sind zum Beispiel unterdrückte, nicht gelebte Gefühle. Störungen und Blockaden bewirken, daß wir uns unwohl fühlen. Ist der Energiefluß ausgeglichen, fühlen wir uns wohl, harmonisch und voller Lebensfreude.

Der Mentalkörper

Der dritte Aurakörper wird Mentalkörper genannt. In ihm laufen alle Gedanken, Ideen, bewußte und unbewußte Denkprozesse, rationale und intuitive Erkenntnisse ab. Erinnerungen sind dort gespeichert. Er enthält Glaubenssätze, Moralvorstellungen, Wertungen und steuert Verhaltensmuster, nach denen wir leben. Der Mentalkörper hat eine Ausdehnung von bis zu 1 m über den physischen Körper hinaus. Er steht in intensivem Austausch mit dem Gehirn.

Der Mentalkörper verarbeitet die Sinneseindrücke.

Er hat eine weitere wichtige Aufgabe: Er setzt die Impulse des Höheren Selbst, die über den spirituellen Körper kommen, um.

Da das Energiefeld des Mentalkörpers den Emotionalkörper, den Ätherkörper und den physischen Körper durchdringt, besteht eine starke Wechselwirkung zwischen ihnen. Wenn wir einen negativen Gedanken haben, verändert sich unser Gefühl und unsere Körperhaltung sofort.

Wenn Sie dies ausprobieren wollen, stellen Sie sich mit allen Details vor, daß sie einer unangenehmen Person begegnen, von der sie abhängig sind. Beobachten Sie gleichzeitig Ihre Körperhaltung, Ihre Atmung und Ihre Gefühle.

Jetzt denken Sie an ein Erlebnis, als Sie sehr erfolgreich und kraftvoll waren. Wie sitzen oder stehen Sie jetzt, wie atmen Sie, wie fühlen Sie sich?

Diese Bereiche beeinflussen sich unmittelbar: So führt zum Beispiel Streß durch den Gedanken: „Ich schaffe das nicht, es ist zuviel Arbeit." direkt zu belastenden Gefühlen und Reaktionen des Körpers wie beispielsweise Hormonausschüttung. Diese Hormone wollen uns zur Flucht veranlassen und engen das Denkvermögen ein. Dadurch geraten wir dann noch mehr unter Druck. Bei Menschen, die über lange Zeit mit solchen Gedanken leben, prägen sich diese als Muster in die Auraschicht ein. Der Energiefluß wird blockiert, und dies kann schließlich zu Erkrankungen wie zum Beispiel Magengeschwüren, Migräne, Herzinfarkt führen.

Aber auch das Umgekehrte funktioniert. Menschen, die trotz eines Berges Arbeit, der vor ihnen liegt, denken: „Das schaffe ich.", fühlen sich wohl, haben mehr Energie zur Verfügung und werden trotz der Arbeit nicht krank.

Der spirituelle Aurakörper

Der vierte Aurakörper wird Astralkörper genannt und hat eine Ausdehnung von 1 bis 1,5 m über den physischen Körper hinaus. Er bildet die Brücke zwischen den darunter liegenden Aurakörpern, die vor allem mit dem jetzigen Leben auf der Erde verbunden sind und den höheren Aurakörpern, die vor allem mit unserem kosmischen oder göttlichen Sein zusammenhängen.

Die Aurakörper 4 bis 7 werden oft unter dem Begriff „spiritueller Aurakörper" zusammengefaßt.

Die Chakren

Neben den Meridianen und Aurakörpern gehören die Chakren zum Energiesystem. Sie sind Tore zwischen den Meridianen und der Aura und leiten sowohl Energie als auch Informationen weiter. Dazu nehmen sie Energie aus dem physischen Körper, den Aurakörpern und aus der Umgebung auf, transformieren diese und geben sie an Energiebahnen und Aurakörper weiter.

Chakra ist ein Sanskritwort und bedeutet Energierad. Aurasichtige haben sie als farbige Räder, die sich in unterschiedlicher Geschwindigkeit drehen, beschrieben. Insgesamt gibt es viele tausend solcher Energieaufnahmezentren im Körper. Die meisten von ihnen sind jedoch sehr klein.

Die wichtigsten Chakren sind die sieben Hauptchakren, die entlang der Körpermittellinie angeordnet sind. Daneben gibt es noch weitere Hauptchakren oberhalb des Kopfes und etwa 40 größere Nebenchakren im Körper.

Die sieben Hauptchakren stehen in Verbindung mit den sieben Haupthormondrüsen des Körpers (Köhler). Jedes Chakra versorgt verschiedene Organe und Körperteile mit Energie und hängt mit unterschiedlichen Lebensthemen zusammen.

Es folgt ein Überblick über die Zuordnung zum Körper und den Lebensthemen.

1. Chakra – Wurzelchakra

Thema: Grundlegende Überlebensfunktion und -bedürfnisse, Verbindung zur Erdenergie, Arterhaltung, Kampf, Durchsetzungskraft.

Lage: Beckenboden, strahlt nach unten.

Organbezug: Wirbelsäule, Knochen, Nägel, Zähne, Beine, Nebennieren.

2. Chakra – Sakralchakra

Thema: Sexualität und Sinnlichkeit, Lebensfreude, Mögen und Nichtmögen, Beziehung, Appetit und Verdauung.

Lage: Vorn ca. 3 fingerbreit unter dem Nabel, hinten entsprechend.

Organbezug: Fortpflanzungsorgane, Nieren, Verdauung, Haut, Flüssiges im Körper.

3. Chakra – Solarplexuschakra

Thema: Persönlicher Wille, Macht, Dominanz, Angst, Verarbeitung von Gefühlen und Erlebnissen.

Lage: Mitte zwischen Brustbeinende und Bauchnabel, hinten entsprechend.

Organbezug: Leber, Magen, Galle, Bauchspeicheldrüse, vegetatives Nervensystem, Gelenke, Spannungszustand der Muskulatur, Energiestoffwechsel, Entgiftung über Ausscheidung.

4. Chakra – Herzchakra

Thema: Verbindungspunkt zwischen Geist und Materie, Himmel und Erde, Fähigkeit zu bedingungsloser Liebe, Harmonie, Mitgefühl, Konzentrationsfähigkeit, Heilung.

Lage: Vorn in Nähe der unteren Brustbeinspitze, hinten entsprechend.

Organbezug: Herz, Lunge, Kreislauf, Thymusdrüse, Entspannungszustand der Muskulatur, Haut, Entgiftung über Einlagerung im Fettdepot.

5. Chakra – Hals- oder Kehlchakra

Thema: Kommunikation, Selbst-Ausdruck, Kreativität, Inspiration, Individualität.

Lage: Vorn im Kehlkopfbereich, hinten entsprechend.

Organbezug: Hals, Nacken, Schilddrüse, Stimme, Kehle, Bronchien, Lunge, Ausgleich des körperlichen und geistigen Wachstums.

6. Chakra – Stirnchakra oder Drittes Auge

Thema: Nach-innen-Sehen, inneres Wissen, Sehen von höheren Wahrheiten, Intuition, Erkennen des eigenen Weges im kosmischen Zusammenhang, Erkennen des Selbst.

Lage: Vorn zwischen den Augenbrauen und über der Nasenwurzel, hinten entsprechend.

Organbezug: Nase, Ohren, Augen, Gesicht, Kleinhirn, Hypophyse.

7. Chakra – Kronen- oder Scheitelchakra

Thema: Vereinigung mit transpersonalem oder höherem Bewußt-sein, Spiritualität, Selbstverwirklichung, kosmisches Bewußt-sein, Transformation.

Lage: Scheitel, strahlt nur nach oben.

Organbezug: Großhirn, Epiphyse.

Das Hara

Das Hara ist kein Chakra. Der Begriff kommt aus dem Japa-nischen. Im indischen Chakren-System ist dieses Zentrum nicht genannt. Es liegt ca. 3 fingerbreit unterhalb des Nabels und wird auch „Lebens- und Todeszentrum" genannt. Es ist der Punkt, der beim japanischen rituellen Selbstmord „Harakiri" geöffnet wurde. Das Leben entwich dann sehr schnell.

Das Hara ist das Zentrum der Lebenskraft und -energie. Seine Aufgabe ist unter anderem, Energiesystem und Immunsystem zu stabilisieren.

Ursachen von Störungen und Blockaden im Energiesystem

Im Abschnitt zu den Energiebahnen wurde am Beispiel eines ge-störten Flußsystems die Auswirkung von Blockaden verdeutlicht. Dies gilt auch für die Chakren und Aurakörper. Jede Störung be-einträchtigt den Energiefluß und verändert die Schwingungsfrequenz.

Störungen im Energiesystem entstehen durch Begrenzungen, die wir aus der Umwelt aufnehmen, durch unangenehme verdräng-te Erlebnisse und durch Abweichen vom Lebensplan.

Störungen durch die Umwelt

Wir werden in eine spezifische Umgebung hineingeboren und nehmen deren Werte, Glaubenssätze und Vorstellungen auf. Glau-benssätze sind Verallgemeinerungen über Ursachen, Bedeutun-gen und Grenzen der Welt. Sie wirken als Filter, durch die wir die Welt wahrnehmen, da sie bestimmte Dinge ausblenden oder färben. Sie beeinflussen unser Verhalten, unsere Fähigkeiten und unser Bild von uns selbst.

Es gibt fördernde und hemmende Glaubenssätze. Fördernde Glaubenssätze lassen uns unsere Fähigkeiten ausprobieren und nutzen: „Wer wagt, gewinnt", „Übung macht den Meister", „Das schaffst du schon". Hemmende Glaubenssätze sind zum Beispiel: „Das Leben ist hart", „Man bekommt nichts geschenkt", „Geld regiert die Welt" oder viele Sprichwörter und sogenannte „Volksweisheiten", die wir übernehmen: „Den Vogel, der früh singt, frißt am Mittag die Katze", „Wer andern eine Grube gräbt, fällt selbst hinein", „Morgenstund' hat Gold im Mund", „Was Hänschen nicht lernt, lernt Hans nimmermehr", „Man soll den Tag nicht vor dem Abend loben" und so weiter.

Zu den Glaubenssätzen gehören auch die Vorstellungen über uns selbst: „Das passiert mir immer." – „Das kann ich nicht, das werde ich nie lernen."

Da unsere Eltern und unsere Umgebung in der Regel mit einschränkenden Glaubenssätzen leben, übernehmen wir sie mit der Zeit und gestalten unser Leben danach.

Ist Ihnen schon einmal aufgefallen, wie Kinder laufen lernen? Wie sie unermüdlich und unerschütterlich immer wieder aufstehen, wenn sie hingefallen sind, es immer wieder probieren, und zwar solange, bis sie es können? Hinzufallen ist für sie kein Versagen! Sie versuchen es so lange, bis sie es können. Sie haben Erwachsene als Vorbild und nicht die geringsten Zweifel an ihrem Lernvermögen.

Doch im Laufe der Jahre ändert sich meist unsere Einstellung zu Fehlversuchen. Wir übernehmen die Ansicht von anderen, daß Fehler zu machen etwas Schlechtes sei, daß wir besser aufgeben sollen, wenn sich der erwartete Erfolg nicht auf Anhieb – oder zumindest nach wenigen Versuchen – einstellt. Wie schnell geben Sie heute auf, wenn Sie etwas Neues beginnen? Würden Sie mit dieser Einstellung heute noch laufen lernen?

Und was wäre anders in Ihrem Leben, wenn Sie wie als kleines Kind nach dem Motto handeln: „Was andere erreichen können, schaffe ich auch. Auch wenn ich zwischendurch immer wieder hinfalle – ich freue mich über jeden kleinen Fortschritt"?

Ein anderes Beispiel für Blockaden im Energiesystem durch Umwelteinflüsse: Ein Kind lebt seine Lebensenergie, ist ausgelassen und wild und hört ständig Sätze wie: „Paß auf, du fällst", „Sei nicht so wild", „Du tust dir gleich weh" oder wird sogar für seine Wildheit bestraft (man könnte sie auch „freies Fließen seiner Lebensenergie" nennen). Schließlich beginnt es, seine Energie zurückzunehmen. Wenn nur wenig Energie fließt und es ruhig ist, wird es als „braves Kind" gelobt. So lernt es, seine Energie zurückzuhalten, speichert dieses Muster und blockiert damit unbewußt den Energiefluß.

Aber auch Aussagen anderer „Autoritätspersonen" können Blockaden erzeugen. Eine Freundin erzählte, daß sie im Alter von 16 Jahren Schmerzen im Knie hatte. Bei der Untersuchung stellte sich eine kleine Abweichung heraus, und der Arzt sagte ihr, solange sie Sport mache, wäre sie beschwerdefrei. Wenn sie jedoch aufhörte, träten die Schmerzen wieder auf, und das Knie könne sogar steif werden. Da sie noch zur Schule ging und gern Sport trieb, verschwanden die Schmerzen bald wieder. Als sie jedoch Jahre später das erste Kind bekam und mit den sportlichen Aktivitäten aufhörte, begannen die Schmerzen wieder. Sie wunderte sich nicht, denn der Arzt hatte ihr das ja vorausgesagt. Erst als wir über solche Blockaden sprachen, kam ihr die Idee, daß sie ja möglicherweise auch ohne Sport keine Schmerzen haben müßte, daß diese körperliche Reaktion ja vielleicht durch ihr Glaubensmuster „kein Sport gleich Schmerzen" entsteht. Sie löste dieses Muster auf, und die Schmerzen verschwanden, ohne daß sie Sport trieb, und kamen auch nicht wieder.

Gerade die Aussagen von Ärzten als Autoritätsperson erzeugen bei uns Energiemuster, die unbewußt in uns wirken. Wie oft höre ich von Menschen: „Mein Arzt hat gesagt, das wird nie besser, damit muß ich leben", „In zwei Jahren muß ich daran operiert werden", „Wenn mein Blutdruck nicht runter geht, werde ich einen Herzinfarkt bekommen", „Diese Krankheit ist unheilbar", „Diese Krankheit ist erblich"– und wieviel davon tritt ein, nur weil wir daran glauben? Diese Sätze wirken in unserem Unterbewußtsein und können über ihre energetische Wirkung zur Realität werden.

Diese Beispiele zeigen, wie beeinträchtigende Glaubenssätze Störungen und Blockaden im Energiefluß verursachen. Dies wiederum beeinflußt unsere Gedanken, Gefühle und letztlich die Gesundheit. Die gleiche Wirkung haben emotionale Schocks, unverarbeitete und verdrängte Erlebnisse.

Auch ein Abweichen vom Lebensplan, von dem, was wir uns für dieses Leben vorgenommen haben, führt zu Störungen.

Ein Beispiel: Ein Mensch hat sich für sein Leben vorgenommen, Führungsverhalten zu lernen. Er hält sich jedoch immer wieder zurück, äußert seine Bedürfnisse nicht und wählt einen Beruf, in dem er nur Anordnungen ausführt. Damit vermeidet er die Lernaufgabe und erzeugt Störungen im Energiefluß. Dies wirkt sich zuerst im Mentalkörper aus: Er denkt häufig an dieses Thema. Dann beginnt er unter seiner Machtlosigkeit zu leiden, und schließlich treten körperliche Beschwerden auf. Er bekommt Bauchschmerzen, dann Probleme mit der Bauchspeicheldrüse und so weiter. Die Störung beginnt leicht und wird immer deutlicher – doch dann ist für diesen Menschen der Zusammenhang zur Ursache wahrscheinlich nicht mehr erkennbar.

Einschränkende Vorstellungen verändern den Energiefluß im Körper. Sie verhindern, daß wir unser Potential entfalten und leben.

Beispiel: Wenn eine Frau sich vorgenommen hat, ihre Weiblichkeit zu entfalten, fällt es ihr schwer, wenn sie das Selbstbild hat, ein „kleines süßes Mädchen" zu sein. Bis zur Pubertät war es für sie richtig, mit diesem Bild zu leben, der Energiefluß war harmonisch. Verpaßt sie jedoch den Schritt, sich zur Frau zu entwickeln und ihr Selbstbild zu ändern, treten Störungen auf. Dies kann sich dann zum Beispiel als Menstruationsbeschwerden oder Hormonstörungen auswirken.

Was in der Vergangenheit paßte und mit dem Lebensplan übereinstimmte, kann in der Zukunft unpassend sein.

Die LichtWesen Meisteressenzen machen solche einschränkenden Glaubenssätze bewußt, lösen Blockaden im Energiesystem auf und unterstützen uns dabei, den eigenen Lebensplan zu erkennen und in Harmonie damit zu leben.

Welchen Sinn hat Krankheit?

Krankheit kennt nur ein Ziel:
uns heil werden zu lassen.
DETHLEFSEN UND DAHLKE

Störungen im Energiesystem beeinträchtigen den natürlichen Energiefluß und können dadurch Krankheit verursachen.

Krankheit bedeutet das Verlassen einer bisher ausbalancierten Ordnung. Krankheit weist darauf hin, daß der Mensch in seinem Bewußtsein nicht mehr in Harmonie ist, daß es an der Zeit ist, über einschränkende Glaubenssätze hinauszugehen. Die Störung zeigt sich im Körper als Krankheitssymptom. Das Symptom ist die Sprache des Körpers, das den Menschen aufmerksam macht und ihm zeigt, welche Blockade vorliegt und welche Änderung notwendig ist. Denn das Symptom des Körpers ist nicht zufällig. Es steht in direktem Zusammenhang mit der Störung.

Daß diese Beeinflussung von Geist und Körper schon seit alters her bekannt ist, zeigt unsere Sprache: Da hat jemand „die Nase voll", „Wut im Bauch", ihm ist „das Herz schwer" (Traurigkeit), „es ist ihm was auf dem Magen geschlagen" (Schreck), „ihm ist eine Laus über die Leber gelaufen" (Ärger beeinflußt die Leber), „ihm läuft die Galle über" oder „er spuckt Gift und Galle" (Wut, Ärger), „das geht ihm an die Nieren" (Angst, ungelöste Probleme), „ihm juckt das Fell".

Hinter jeder Krankheit steht ein Lernschritt. Wenn wir die Aufgabe in diesem Lernschritt nicht erkennen, uns geistig nicht damit auseinandersetzten, wird der Hinweis deutlicher: Wir erhalten in der physischen Welt einen Schicksalsschlag oder werden krank.

Wenn wir das Krankheitssymptom als Wegweiser erkennen, können wir aufhören, Krankheit als Feind zu sehen, den wir bekämpfen und vernichten müssen. Wir entdecken im Symptom einen Freund, einen Lehrer, der uns in unserer eigenen Entwicklung und Bewußtwerdung unterstützt. Krankheit zeigt uns den Weg, „heil zu werden", das Bewußtsein immer mehr zu entfalten. Wenn wir nur das Symptom kurieren, aber nicht die Ursache heilen, ist das so, als ob beim Auto die Ölkontrollampe aufleuchtet und wir diese Störung „reparieren", indem wir das Birnchen herausschrauben (aus Dethlefsen und Dahlke). Dieses oder ein anderes Symptom wird nach einiger Zeit wieder auftreten.

Die Ursache der Krankheit liegt also im geistigen, feinstofflichen Bereich des Menschen und nicht im physischen Körper. Bevor sich ein Lernschritt im Körper als Störung oder Symptom offenbart, tritt er im Mental- und Gefühlskörper als *Gedanke, Wunsch, Phantasie oder Traum* auf. Verdrängen wir diesen Impuls, tritt ein kleines, harmloses Symptom auf: ein Unwohlsein, eine Mißstimmung, das über leichte *körperliche Störungen* zur *funktionalen Störung* wird. Die nächste Stufe ist die *akute, körperliche Störung* (beispielsweise Entzündung, Verletzung, kleine Unfälle). Wer die aktuelle Aufforderung zur Veränderung nicht versteht, wird durch eine *chronische Erkrankung* ständig daran erinnert. Chronische Prozesse können irreversible körperliche Veränderungen hervorrufen, die als *unheilbare Krankheit* bezeichnet werden (zum Beispiel Organveränderungen). Diese führen früher oder später zum *Tod*. Was man bis zum Tod oder während des Sterbeprozesses nicht begreift, wird als Lernaufgabe, als *Karma* (zum Beispiel Mißbildungen, angeborene Krankheit) mit in eine folgende Inkarnation genommen.

So ist die körperliche Krankheit der deutlichste Hinweis auf eine Störung, die sich immer weiter steigert, wenn sie nicht beachtet und die Ursache nicht geheilt wird.

Zusammenfassend können wir sagen, daß der Sinn von Krankheit immer eine spirituelle Entwicklung, eine Ganz- oder Heil-Werdung ist. Krankheit ist eine Chance, den anstehenden Lernschritt zu tun und Karma aufzulösen. Damit beinhaltet spirituelle Entfaltung auch die körperliche Heilung und umgekehrt.

Andererseits müssen wir es ja nicht bis zur Krankheit kommen lassen.

Wie bereits im vorherigen Abschnitt erläutert, sind die feinstofflichen Ebenen der Gedanken und Gefühle direkt mit dem Körper verbunden. Die Schädigung der Organe tritt ein, wenn die spontanen Gedanken und Gefühle immer wieder unterdrückt werden. Die Energie kann nicht frei fließen, sondern wird blokkiert.

Entstehung von Krankheitssymptomen (nach Köhler, verändert)

Um Krankheitssymptome und gestaute Gefühle wieder zu lösen, durchlaufen wir oft die in obiger Abbildung beschriebenen Schritte nochmals rückwärts und begegnen dabei den ehemals gestauten Gefühlen wieder.

Es kann sein, daß wir uns plötzlich ohne äußeren Grund traurig, wütend oder müde fühlen oder uns an alte Situationen erinnern und sie nochmals in Gedanken, Gefühlen oder Träumen durchleben. Träumen ist vielleicht die häufigste Art, wie der Körper unverdaute Ereignisse verarbeitet und Blockaden löst. Dies wirkt auch, wenn wir uns nicht mehr an unsere Träume erinnern. Intensives Träumen ist auch eine häufige Reaktion auf die Anwendung der Meisteressenzen.

Die Abbildung zeigt noch einmal die Entstehung von Krankheiten. Wenn der Lernschritt nicht gemacht wird, können die oben dargestellten Schritte in der Reihenfolge von oben nach unten ablaufen. Der Heilungsprozeß durchläuft die Schritte rückwärts. Aus der akuten körperlichen Störung wird eine Funktionsstörung, danach treten die leichten körperlichen Störungen und die ursprünglichen Gefühle wieder auf.

Durch die Arbeit mit den Meisteressenzen werden die anstehenden Lernschritte leichter bewußt. Wird die Lernaufgabe gelöst, entfällt der ursprüngliche Sinn der Krankheit, und Selbstheilungsprozesse setzen ein. Je frühzeitiger die Lernschritte erkannt werden, desto weniger Leidensdruck ist notwendig.

Vergangene Leben

Das Bild vom Weg des Menschen durch aufeinanderfolgende Leben ist eine sinnvolle Art, den Lernweg des Bewußtseins zu betrachten. Es sei dahingestellt, ob vergangene Leben Wirklichkeit waren, ob sie innere Bilder sind, die Zusammenhänge verdeutlichen und unterstützen, uns selbst zu erkennen und an uns zu arbeiten, oder ob sie zu einer Sammlung von Erfahrungen gehören, an die wir angeschlossen sind und auf die wir zurückgreifen können.

Tatsache ist: In uns existiert eine Bilderwelt vergangener Leben. Und diese Bilder helfen uns, Geschehnisse und Lernschritte zu verstehen, helfen, mit Schicksal und Krankheit besser umzugehen. Denn nicht jede *Ursache* für eine Krankheit oder einen Schicksalsschlag muß in *diesem* Leben entstanden sein. Wenn die Folgen jedoch in diesem Leben auftreten (als Schicksalsschlag oder Krankheit), dann ist die Zeit gekommen, dieses Thema zu bearbeiten und zu heilen.

Folgendes Bild mag verdeutlichen, wie sich die Annahme von Reinkarnation auf das Verstehen des Lernweges des Bewußtseins auswirkt: Stellen Sie sich vor, ein Mensch steht morgens auf und hat alles vergessen, was bisher in seinem Leben geschehen ist. Dann ist er sehr erstaunt über seine Kopfschmerzen (die vom übermäßigen Alkoholgenuß des vorherigen Abends stammen), er begreift seinen Geldmangel nicht (der aus seinem verschwenderischen Leben entstand), und er wundert sich über die Zärtlichkeiten eines scheinbar fremden Menschen (den er Monate vorher geheiratet hatte). Wenn er hingegen weiß, daß er eine Vergangenheit hat, weiß er auch, weshalb er sich in diesem Zustand und in dieser Situation befindet, und er kennt auch seine Pläne für die Zukunft.

So hilft das Modell der Reinkarnation, Zusammenhänge und Hintergründe der momentanen Situation und des Lebens zu verstehen. Es sollte jedoch nicht mißbraucht werden, um die Verantwortung abzuschieben, indem man die Ursachen für Schwierigkeiten und Krankheiten in vergangene Leben schiebt.

Wer mit dem Modell der Reinkarnation arbeitet, kann Zusammenhänge besser verstehen und anstehende Lernschritte leichter tun. Es hilft, unseren Bewußtwerdungsweg so zu gestalten, daß wir uns immer mehr aus den alten Verstrickungen der Vergangenheit herausentwickeln und keine neuen durch unbewußtes Handeln schaffen. Dethlefsen nennt das Auflösen des Karmas „die Karma-Früchte essen".

Unsere Erfahrungen sind erst dann vollständig, wenn wir beide Seiten kennengelernt haben. Wer Opfer war, muß Täter werden, wer reich war, muß die Armut kennenlernen, um sich über beides hinauszubewegen, um dieses Thema abzuschließen und sich weder als Opfer noch als Täter, weder als reich noch als arm zu definieren. Wir haben die Früchte gegessen, und zurück bleibt nichts, die Leere. Wir überwinden die Polarität, indem wir beide Seiten durchleben, damit vollständig und frei werden und wieder in die Einheit zurückkehren.

Die Lebensaufgabe

Wachbewußtsein, Unbewußtes und Höheres Selbst

Gelangen die Impulse vom Höheren Selbst ins Wachbewußtsein und verwirklicht das Wachbewußtsein den Impuls, lebt der Mensch im Einklang mit seiner Lebensaufgabe und entfaltet sein Potential.

Was sind Wachbewußtsein, Unbewußtes, Höheres Selbst und die höhere Bewußtseinsebene?

Das *Wachbewußtsein* umfaßt alles, was wir bewußt wahrnehmen. Dazu gehören Denken, Erinnerung, Analyse, Logik und die Fähigkeit, Zusammenhänge bewußt zu erfassen. Es kann Zielsetzungen für die Zukunft schaffen und die Vergangenheit verstehen. Es ist der ausführende Teil in unserem Leben.

Wenn wir zum Beispiel eine Feier organisieren, nutzen wir unser Wachbewußtsein, indem wir einen Plan aufstellen, uns erinnern, was uns an vergangenen Feiern gefallen hat und was mißlungen ist, und wir planen und handeln, indem wir Einladungen aussprechen, einkaufen und so weiter.

Das Wachbewußtsein sieht sich selbst als klar abgegrenzt und abgetrennt vom Ganzen. Und in der Regel identifiziert sich der Mensch mit dem Wachbewußtsein. Aus dieser Abgrenzung entsteht das Ego, das auch Ich-Bewußtsein, Oberbewußtsein oder Persönlichkeit genannt wird.

Zwischen dem Wachbewußtsein auf der einen Seite und dem Höheren Selbst und dem Kosmischen Bewußtsein auf der anderen Seite befindet sich das *Unbewußte*. Teile des Unbewußten sind

- *Glaubenssätze, Handlungsmuster und Erfahrungen,* die aus dem Wachbewußtsein abgesunken sind und an die wir uns nicht mehr erinnern,

- *Potentiale,* die wir in dieses Leben mitgebracht haben, ohne daß sie uns bewußt sind wie beispielsweise *Fähigkeiten,* die wir noch nicht kennen,

- *Informationen,* die vom Höheren Selbst und aus den höheren Bewußtseinsebenen zu uns gelangen, wie *Ahnungen, Visionen, Intuition.*

Manche Teile des Unbewußten werden als „inneres Kind, innerer Heiler, innerer Führer, innere Weisheit" bezeichnet.

Das *Höhere Selbst* ist der Teil unseres Seins, der den irdischen Bewußtseinsanteil mit den Höheren Bewußtseinsebenen verbindet. Es ist die Ebene der relativen Einheit von Raum und Zeit und frei von Gefühlen und Gedanken der irdischen Realität. Es bleibt unberührt von dem, was uns im irdischen Dasein widerfährt.

Es hat den Überblick über den Lebensplan und Verbindung zu höheren Bewußtseinsebenen wie beispielsweise Engel oder Aufgestiegene Meister. Das Höhere Selbst ist auch Mittler zwischen dem Irdischen und der göttlichen Quelle. Es hat die Aufgabe, uns während unseres Lebens auf dieser Erde zu unterstützen, so daß wir alle Lernaufgaben und Erfahrungen durchleben, die wir uns für dieses Leben vorgenommen haben.

Wachbewußtsein, Unbewußtes und Höheres Selbst sind *individuell*, gehören also zu einer einzelnen Person.

Die *höheren Bewußtseinsebenen* sind näher an der göttlichen Quelle und damit frei von den Gesetzen der Dualität und frei von Wertungen, Urteilen und Angst. Die Wesenheiten der Höheren Bewußtseinsebene existieren in Liebe, und aus dieser Liebe heraus nehmen sie Anteil am Leben und der Entfaltung des Menschen.

Neben den höheren Bewußtseinsebenen, die manchmal auch als Kausalebene bezeichnet werden, gibt es die *Astralebene*. Die

Wesen der Astralebene sind noch mit dem Irdischen, mit Angst und Wertungen verwickelt und in der Dualität und den Gesetzen von Ursache und Wirkung verhaftet. Hierhin gehören zum Beispiel die Seelen der Verstorbenen.

So unterstützt uns das Höhere Selbst

Bevor wir auf der Erde inkarnierten, haben wir uns für das anstehende Leben Lernschritte und Erfahrungen ausgesucht. Dafür bringen wir Potentiale mit. Jeder hat genügend Kraft und Fähigkeiten, alles zu erreichen, was er sich vorgenommen hat.

Nach der Geburt verlieren wir dann in der Regel immer mehr die Verbindung zu unserem höheren Bewußtseinsanteil. Im Abschnitt „Ursachen von Störungen und Blockaden im feinstofflichen Energiesystem" sind Beispiele genannt, wie dies geschieht. Damit wir trotzdem die anstehenden Lernschritte absolvieren, steuert unser Höheres Selbst Ereignisse, die uns dies ermöglichen. Dazu gehört auch die Begegnung mit helfenden Personen und Krankheiten. Das Höhere Selbst versucht, uns auf unseren Lebensplan aufmerksam zu machen und uns mitzuteilen, wenn wir davon abweichen. Wenn wir den Hinweisen folgen und die Lernaufgaben annehmen, sind wir in unserem Leben zufrieden und erweitern unser Bewußtsein. Folgen wir den Impulsen nicht, weil zum Beispiel beeinträchtigende Glaubenssätze („Ich kann das nicht") oder Erfahrungen („Mein Vater hat das auch nicht geschafft") uns blockieren, treten immer deutlichere, leichter als Hinweise erkennbare Ereignisse im Leben auf, die uns zu dieser Aufgabe führen. Die innere Spannung wird größer, bis wir schließlich hinschauen und uns mit diesem Thema auseinandersetzen.

Ein Beispiel macht dies anschaulich: Ein Mensch hat sich vorgenommen, das Thema „die eigene Kraft annehmen und leben" zu lernen. Schon in seiner Kindheit, in der er sehr wild und ausgelassen ist, wird er immer wieder von seinen Eltern gebremst. Der Satz „Sei nicht so wild" brennt sich ihm ein. Folglich passiert oft etwas, wenn er wild und ausgelassen ist, er wirft eine Vase um, er bricht sich beim Raufen den Arm und hat einen Autounfall, weil er zu schnell gefahren ist. Dadurch schafft er sich Erlebnisse und Blockaden, die ihn veranlassen, sich mit diesem Thema intensiver auseinander zu setzen.

Wenn er als Reaktion auf diese Erfahrungen seine Kraft mehr und mehr zurücknimmt, allen Situationen aus dem Weg geht, in denen er mit voller Kraft reagieren kann, sich anderen unterordnet und sich als hilfloses und kraftloses Opfer des Schicksals und der „bösen Welt" sieht, vermeidet er das Lernthema. Er lernt nicht. Da er sich jedoch diese Aufgabe vorgenommen hat, werden die Hinweise immer deutlicher, der Druck immer stärker, der ihn dazu ermutigt oder letztlich zwingt, seine Kraft zu erkennen und zu leben. So kann es dazu kommen, daß er einen Lebenspartner wählt, der ihn unterdrückt und bei dem er sich anschauen kann, was es bedeutet, seine Kraft zu leben. Dieser Lebenspartner kann ihn so sehr einengen, daß er sich eines Tages gezwungen fühlt, seine Kraft in einem zerstörerischen Wutanfall anzuwenden.

Eine andere Möglichkeit für ihn, dieses Thema zu lernen, wäre Gewichtheben oder Kampfsport auszuüben. Dort erfährt er, wie er seine Kraft immer mehr entfalten und über Grenzen hinausgehen kann. Diese Erfahrung kann er dann auf sein Leben übertragen und auch dort seine Kraft leben.

Das Höhere Selbst hilft uns, Situationen im Leben zu erschaffen, die die anstehenden Lernerfahrungen ermöglichen. Und es steht im Einklang mit dem kosmischen Ganzen und erhält Energie und Impulse von dort. Wenn wir eine gute Verbindung zu unserem Höheren Selbst haben, nutzen wir unsere Intuition, das Leben fällt uns leicht, und wir fühlen uns wohl und sind zufrieden. Es werden trotzdem Dinge auftreten, die wir als nicht angenehm empfinden, denn diese sind mit den Lernschritten verbunden. Sie belasten uns jedoch nicht mehr, sondern wir betrachten sie als reizvolle Herausforderungen und willkommene Aufgaben.

Der Weg zur Harmonie

Jeder Mensch besitzt Wachbewußtsein, Unbewußtes und Höheres Selbst. Sie gehören zusammen. Jeder Teil hat seine Aufgabe, keiner ist höher oder besser. Ziel ist, daß alle drei zusammen in Harmonie das Leben gestalten. Essen und Trinken sind genauso wichtige Bestandteile des Lebens wie inneres Wohlbefinden und der Einklang mit dem Lebensplan. Und sowohl unser logischer Verstand als auch Kreativität und Intuition sind Anteile, die gelebt werden sollen.

Den Einklang zwischen den Anteilen zu erreichen ist Teil der spirituellen Entwicklung.

Wenn sich ein Mensch stark oder ausschließlich mit dem Wachbewußtsein identifiziert, ein starkes Ego besitzt, läßt er nur wenig Informationen oder Impulse aus seinem Unbewußten zu. Die Inhalte des Unbewußten lösen Angst aus, weil sie ihm fremd sind. Je mehr er sich von Begrenzungen und Blockaden befreit, desto mehr lebt er in Übereinstimmung mit allen drei Anteilen und vergrößert die Durchlässigkeit zwischen den Ebenen. Dann können Informationen aus den höheren Bewußtseinsebenen bis ins Wachbewußtsein dringen und bewußt wahrgenommen werden.

Die spirituelle Entwicklung wird Bewußtseinserweiterung oder -entfaltung genannt, da sich die Grenzen zwischen den einzelnen Ebenen immer mehr auflösen. Die Durchlässigkeit wird immer höher, bis schließlich keine Trennung mehr besteht. Alle unbewußten Anteile werden bewußt, Licht durchdringt die Dunkelheit. Wenn die Abgrenzung ganz gefallen ist, werden alle Teile wieder zu einem Ganzen. Das Individuum ist dann mit dem kosmischen Bewußtsein verschmolzen, das Ich-Bewußtsein entfällt, „das Ego stirbt", der Tropfen wird wieder eins mit dem kosmischen Ozean. Dieses Ereignis wird Erleuchtung genannt.

Teil 2

Die Arbeit mit den
LichtWesen Meisteressenzen

Kapitel 4

Die Wirkung der LichtWesen Meisteressenzen

Die LichtWesen Meisteressenzen können Blockaden im Energiesystem so stark in Resonanz bringen, daß sie sich auflösen. Das ermöglicht einen harmonischen Energiefluß, und wir leben immer mehr in Einklang mit unserem wahren Sein.

Energie ermöglicht dem Körper, Informationen zu übertragen und zu arbeiten. Im menschlichen Körper sind Informationen von innerhalb und außerhalb des Organismus in ständigem Fluß. Wir nehmen Impulse aus der Umgebung auf wie zum Beispiel Stimmungen im Raum oder die Ausstrahlung von Menschen. Innerhalb des Organismus ist jeder Körperteil über den Zustand des gesamten Körpers informiert. Dieser Informationsfluß ist Grundlage für die Reaktion und das Zusammenwirken des ganzen Organismus und für die Arbeit der Steuerungssysteme wie beispielsweise der Hormondrüsen. Störungen im Energie- und Informationsfluß beeinträchtigen die ausbalancierte Ordnung (nach Köhler).

Es ist möglich, Informations- und Arbeitsenergie von außen zuzuführen und damit die Arbeit des Organismus und den Energiefluß im feinstofflichen Energiesystem wieder ins Gleichgewicht zu bringen.

Der Begriff „In-FORM-ation" kommt aus dem Lateinischen und bedeutet Formgebung oder Gestaltung. Das heißt, zu jeder Struktur oder Form von Materie gehört eine Information – und andersherum: jede Information beeinflußt die Form und damit die Materie. Information selbst ist immateriell, ist Schwingung. Jede Schwingung stellt zugleich auch Information dar, die Materie in irgendeiner Weise verändern kann (nach Köhler).

Die LichtWesen Meisteressenzen enthalten Energieimpulse und Informationen zu den grundlegenden Lebensthemen oder Seelenqualitäten. Bei der Anwendung einer Essenz erhalten Körper und feinstoffliche Systeme Impulse, es entsteht Resonanz. Da-

49

durch kommt es zur Auflösung der Störungen. Wenn die Impulse der Essenz eine längere Zeit wirken, kann der Mensch wieder in seine natürliche Schwingungsfrequenz kommen.

Ein Bild kann die Wirkung verdeutlichen: Wenn eine Geige in einem Zimmer liegt und eine Stimmgabel angeschlagen wird, erzeugt die Geige einen Ton. Wenn die Stimmgabel einen G-Ton abgibt, beginnt in dem Moment, wo die Stimmgabel in der G-Frequenz schwingt, die G-Saite der Geige auch zu schwingen, und der Ton wird hörbar. Die anderen Saiten der Geige bleiben still. Falls die Geige keine G-Saite besitzt, gerät nichts in Schwingung, es entsteht kein Ton, obwohl der Ton der Stimmgabel im Raum ist.

Eine Blockade können Sie sich vorstellen wie ein Holzstück, das auf der G-Saite der Geige liegt. Selbst wenn sie angestoßen wird, kann sie kaum schwingen, ein Ton ist kaum oder nicht hörbar. Ist der Impuls jedoch stark genug, wird das Holzstückchen so stark vibrieren, daß es herunterfällt.

Übertragen wir dieses Modell auf das Auramodell. Liegt eine Störung (entspricht dem Holzstückchen im Geigenbeispiel) in einer Auraschicht beispielsweise in einer G-Schwingung vor, wird der G-Ton nicht oder verfälscht weitergeleitet. Befindet sich die Störung in der Mentalebene, stellt sich ein belastender Gedanke ein. Die entsprechenden Stellen im Emotionalkörper, im Ätherkörper und im physischen Körper werden durch das falsch weitergeleitete Schwingungsmuster beeinträchtigt, was jedoch zunächst nicht sichtbar wird. Nach einiger Zeit liegt dann an der entsprechenden Stelle im Emotionalkörper auch ein „Holzstück", und noch später tritt ein Symptom im Körper auf.

Wendet man die LichtWesen Meisteressenz an, die den „G-Ton" in verstärkter reiner Form enthält, bekommt die „G-Saite" der Aura einen starken Impuls und gerät so sehr in Schwingung, daß sich die Blockade löst (das Holzstückchen fällt herunter). Danach erhalten die anderen Auraschichten, die vorher vom Energiefluß abgeschnitten waren, auch zunehmend mehr Energie. Das System reguliert sich und heilt sich selbst. Eine Harmonisierung breitet sich auf alle Ebenen aus wie der Domino-Effekt: Der erste Dominostein einer ganzen Reihe aufgestellter Dominosteine wird umgeworfen, und dadurch fallen alle anderen auch. Ist die Störung dann geheilt, das heißt der Aspekt ist ausgeglichen oder wird gelebt, wird die Schwingung aufgenommen und unverfälscht weitergegeben. Alle Auraschichten sind uneingeschränkt für die G-Schwingung durchlässig.

Ein Beispiel: Jemand ist von seiner Arbeit belastet, ist aber nicht bereit, etwas daran zu ändern. Es findet vielleicht ein innerer Dialog statt, in dem die zwei Seiten „ich will nicht mehr" und „ich muß aber, es geht nicht anders" miteinander ringen (Störung im Mentalkörper). Nach einer Weile fühlt er sich unwohl, wenn er mit seiner Arbeit beginnt (Störung im Emotionalkörper) und schließlich bekommt er eine Erkältung – er hat die Nase voll. Damit ist er nun „berechtigt", sich zurückzuziehen und muß sich der Herausforderung nicht stellen. Und er bekommt von anderen Mitgefühl und Verständnis, was er wohl nicht erhalten hätte, wenn er einfach seine Arbeit reduziert hätte.

Nimmt er eine entsprechende Meisteressenz, wird ihm der Konflikt bewußt, und er sucht nach Wegen, wie er seine Situation verbessern kann zum Beispiel durch Delegieren von Arbeit oder durch eine effektivere Planung.

Betrachten wir die Wirkung am Beispiel der Lernaufgabe „die eigene Kraft annehmen und leben" aus „Die Lebensaufgabe" in Kapitel 3. Der dort beschriebene Mensch hat eine Blockade in bezug auf dieses Thema. In Situationen, in denen er eigentlich kraftvoll reagieren will und sein Leben selbst gestalten will, zieht er sich zurück. Er läßt die Dinge laufen und fühlt sich als hilfloses, kraftloses Opfer. „Ich kann nicht" ist oft von ihm zu hören.

Nimmt er die Meisteressenz Nr. 6 – *Djwal Khul,* erkennt er, daß er selbst seine Kraft blockiert. Dadurch, daß er nicht handelt, macht er sich zum hilflosen Opfer. Ihm werden beschränkende Glaubenssätze wie „Ich habe nicht genug Kraft" oder „Andere können das besser, ich schaffe das sowieso nicht" bewußt, oder er erinnert sich an Situationen aus der Kindheit, in denen seine Kraft und Lebendigkeit gebremst wurde. Die Blockade fängt an, sich zu lösen, die Energie zum Thema Kraft beginnt wieder zu fließen, und er kann darangehen, seine Kraft auszuprobieren und immer mehr zu leben.

Dieses Beispiel ist der Idealfall. Wenn sich die Blockaden lösen, kann es sein, daß man zuerst in das andere Extrem geht. Diese Extremreaktionen finden Sie teilweise beschrieben in Teil 3 „Beschreibung der Meisterenergien" in den jeweiligen Abschnitten „Ein Mensch, der diesen Aspekt noch nicht ausgeglichen hat".

In unserem Beispiel kann es also passieren, daß durch die gelöste Blockade die vorher unterdrückte Wut und die Gefühle der Vergangenheit wieder bewußt werden und der Mensch die Tendenz verspürt, anderen seine Kraft und Macht zu demonstrieren, nun seinerseits andere Menschen zu unterdrücken und sich zu rächen. Doch er ist gleichzeitig in der Lage zu erkennen, daß diese Gefühle und Gedanken mit seiner Vergangenheit zu tun haben und er die Wahl hat, sich zu entscheiden, was er tut. Nimmt er die Essenz weiter, kommt er in die Mitte. Er kann erkennen, was es heißt, seine Kraft zu leben. Er sieht, daß mit der eigenen Kraft im Gleichgewicht zu sein nicht starr ist, daß in Balance zu sein nicht heißt, immer gleich zu reagieren, sondern der Situation angemessen zu handeln. Manchmal wird er seine Kraft einsetzen, und manchmal wird er nichts tun. Er kann sich nun frei entscheiden, was er tut, während er vorher in seinem Verhaltensmuster gefangen war.

Den Transformationsprozeß kann er unterstützen und beschleunigen, indem er genau hinschaut und sich die alten Muster bewußt macht zum Beispiel durch Meditation oder das Schreiben von Listen (siehe Abschnitt „Techniken, die die Bewußtwerdung unterstützen" weiter unten in diesem Kapitel). Oft hilft auch ein Gespräch mit kompetenten Menschen.

In dem Moment, in dem die Meisteressenz den Impuls zum Thema „seine Kraft annehmen" gibt, kann es auch sein, daß dieser Mensch aufgrund seiner inneren Widerstände zunächst noch stärker in die Opferrolle hineingeht. Die begrenzenden Glaubenssätze, seine Verurteilungen zum Thema „Kraft" und eingefahrene Verhaltensmuster können so stark wirken, daß es zu extremen Gefühlen und körperlichen Reaktionen kommt. Es kann sein, daß der Mensch „keine Luft mehr bekommt", weil tiefes Atmen ihn mit seiner Kraft verbindet. Flaches Atmen blockiert seine Kraft. Nimmt er die Meisteressenz weiter, wird ihm der Zusammenhang bewußt, und er öffnet sich für seine Kraft. Es ist daher wichtig, die Meisteressenzen so lange anzuwenden, bis eine Stabilität erreicht ist. In der Zeit starker Reaktionen sollten keine grundlegenden Entscheidungen für das Leben getroffen werden.

Es ist auch möglich, daß unser Mensch durch den Impuls der Essenz erfährt, was es heißt, „seine Kraft zu leben". Er fühlt sich kraftvoll, ist in seiner Mitte, selbstbewußt, selbstsicher und tritt gelassen auf. Dadurch bekommt er einen Geschmack von dem, wo er hin will.

Nach einer Weile wird er aus diesem Zustand wieder herausfallen. Er kann jedoch erkennen, was ihn bisher gehindert hat, so zu leben, und weshalb er wieder zu alten Verhaltensweisen zurückgekehrt ist. Durch seine eigene Erfahrung weiß er nun, wie er leben könnte, wenn es ihm gelänge, die Blockaden abzubauen, die einmal gesammelte Erfahrung zur Alltäglichkeit werden zu lassen.

Die Blockaden lösen sich nur in dem Maße, wie jemand dazu bewußt und unbewußt bereit ist. Der Heilwerdungsprozeß kann unterstützt werden, indem die Reaktionen und Einsichten dankbar angenommen und die in diesem Kapitel weiter unten beschriebenen Bewußtwerdungstechniken benutzt werden.

Die Stärke der gefühlsmäßigen oder körperlichen Reaktion ist abhängig vom Lernthema. Handelt es sich um eine zentrale Frage, zu der wir viele belastende Erfahrungen und Blockaden haben, sind die inneren Widerstände stärker, und wir neigen zu heftigeren Reaktionen. Für den beschriebenen Menschen hätte der Prozeß leichter und angenehmer sein können, wenn er zuerst die Nr. 3 – *El Morya* „Vertrauen" verwendet hätte. Diese Meisteressenz hätte das Vertrauen zu sich selbst, in die eigene Kraft und den Lebensweg gestärkt. Dadurch werden die Widerstände geringer, er hat eine Grundlage, die Kraft leichter anzunehmen. Er vertraut seiner Kraft und dem Prozeß.

Aus diesem Grund ist im Abschnitt „Die Auswahl" empfohlen, die „richtige" Frage bei der Auswahl der Essenzen zu stellen. Fragen Sie nicht „Welche Meisteressenz bringt mich in Kontakt mit meinem Lebensthema?" oder „Welche Essenz bringt mich am schnellsten weiter?", sondern: „Welche Meisteressenz unterstützt mich im Moment liebevoll auf eine angenehme Weise und stärkt mich?"

Nimmt unser Mensch die Meisteressenz Nr. 6 einige Zeit, wird er mit dem Thema „seine Kraft annehmen" in Balance kommen. Er lebt seine Kraft, ohne sie nach außen demonstrieren zu müssen, und handelt aus einer inneren Stärke heraus. Nach einer Weile wird er spüren, daß dieses Thema für ihn zunächst abgeschlossen ist und sich nun ein neues ergeben hat. Oder er vergißt die Meisteressenz zu nehmen.

Es ist möglich, daß das Thema „Kraft" als Lernschritt wiederkehrt, jedoch auf einem anderen Niveau. Wir entfalten uns in Stufen. Nach und nach erkennen wir tieferliegende Einschränkungen und reinigen sozusagen die nächste Schicht.

Durch feinstoffliche Schwingungen können Krankheiten des Körpers heilen. Dies geschieht jedoch nicht dadurch, daß die Meisteressenzen direkt auf den Körper und seine Organe wirken, sondern indem der Energiefluß zwischen den Energiekörpern, Chakren und Meridianen, dem physischen Körper und dem Höheren Selbst ausgeglichen wird. Der Lernschritt wird getan, und der ursprüngliche Sinn der Krankheit entfällt. Die Störungen beginnen sich aufzulösen, und die Energie fließt wieder harmonisch. Der Körper beginnt sich selbst zu heilen.

Diese Harmonisierung des Energieflusses und der Prozeß der Bewußtwerdung kann körperlichen Erkrankungen vorbeugen, weil das Thema geistig bearbeitet und integriert wird. Dadurch wird auch jede fachgerechte Behandlung unterstützt. Die Meisteressenzen sind keine Therapie und kein Heilmittel im Sinne der Schulmedizin. Sie ersetzen auch keine medizinisch oder psychologisch notwendige Behandlung oder Medikamente.

Im Heilungsprozeß kommen die Ursachen wie gestaute Emotionen oder blockierende Glaubenssätze noch einmal ins Bewußtsein, so daß wir die gleichen Empfindungen und Gedanken nochmals durchleben oder ihnen in unserer Umgebung begegnen. Wir können uns dann die Muster und Verhaltensweisen bei anderen Menschen ansehen oder kommen in Situationen, die mit dem entsprechenden Thema zu tun haben. Es kann sein, daß wir gereizt, müde oder unruhig reagieren. Auch früher einmal durchlebte körperliche Symptome können nochmals auftreten. Der Körper reagiert mit Entgiftungs- oder Entschlackungsprozessen. Es ist daher wichtig, in den ersten Tagen der Anwendung viel Wasser zu trinken (2 bis 3 Liter Wasser täglich), damit die gelösten Gifte ausgeschieden werden können.

Nach einer Übergangsphase haben wir mehr Energie zur Verfügung. Wir fühlen uns kraftvoll, ausgeglichen, freudig, freier und klar. Wir erreichen immer mehr den Zustand unseres wahren Seins auf allen Ebenen. Der Prozeß ist vergleichbar mit einer Spirale, die nach oben führt.

LichtWesen Meisteressenzen und spirituelle Entwicklung

Durch die Impulse der Meisteressenzen beginnt das Energiesystem des Körpers in einer höheren Frequenz zu schwingen. Damit öffnen und stärken sie auch die Verbindung mit dem Höheren Selbst. Wir finden leichter Wege, unseren Lebenssinn zu erkennen, zu leben und zu erreichen.

Spirituelle Entwicklung führt dazu, daß wir immer mehr die Ganzheit, Gott oder das Göttliche bewußt erkennen und uns als Teil der Einheit erfahren. Wir verstehen immer mehr die Zusammenhänge und Wirkungsgefüge in unserem Leben, auf der Erde und im kosmischen Ganzen. Die unbewußten Anteile unseres Seins verringern sich, so als ob ein dunkler Raum langsam erhellt wird. Vielleicht kommt daher auch der Begriff „Erleuchteter" für Menschen, die diesen Bewußtheitsgrad erreicht haben. Wir erkennen, daß wir selbst „Herr unseres Lebens" sind, und wir übernehmen die Verantwortung für unser gesamtes Leben und alle eintretenden Ereignisse.

Reaktionen auf die Meisteressenzen

Was verändert sich?

Menschen reagieren sehr unterschiedlich auf die LichtWesen Meisteressenzen. Sehr feinfühlige Menschen spüren die Schwingung der Flaschen oft schon von weitem. Einige erzählten uns, daß sie an dem Laden vorbeigingen, in dem die Essenzen verkauft werden, und sich angezogen fühlten. Sie betraten den Laden, ohne zu wissen, was sie eigentlich dort wollten, und gingen zielstrebig auf die Flaschen zu.

Sensitive Menschen nehmen die Wirkung oft durch die geschlossene Flasche wahr. Bei Einnahme der Tinktur oder beim Auftragen des Öls spüren sie die Reaktion in ihrem Energiefeld als verstärkten Energiefluß, Gefühlsveränderung, ein Ausdehnen der Aura oder auch Veränderungen in den Gedanken. Aurasichtige können die Veränderungen in der Aura beobachten, durch die Kirlianfotografie werden sie für alle sichtbar.

Die Anwendung der Essenzen löst mentale, emotionale, körperliche und spirituelle Reaktionen aus, wie bereits im Kapitel „Die Wirkung" beschrieben ist. Dadurch kann auch Altes, Verdrängtes und vielleicht Ungewolltes wieder bewußt werden. Diese Entgiftungsprozesse können in unseren Stimmungen, Gefühlen, Gedanken, Träumen oder auch im Körper erscheinen. Bei manchen Menschen werden Giftstoffe verstärkt über die Haut ausgeschieden, der Schweißgeruch kann sich verändern.

Aber nicht nur Altes wird bewußt, sondern auch Themen, die man in der Gegenwart verdrängt; Entscheidungen, die zu treffen sind, die man aber vor sich herschiebt; Situationen, mit denen man unzufrieden ist, die man aber beispielsweise aus Angst vor einer Auseinandersetzung übersieht und als erträglich einstuft, oder Wünsche und Visionen, die man sich nicht zugesteht.

Wundern Sie sich nicht, wenn Sie mehr träumen als normalerweise, denn dies ist eine Möglichkeit des Körpers, Erfahrungen zu verarbeiten. Und dies geschieht auch, wenn Sie Ihre Träume vergessen haben. Wie sagt Peter Mandel (Heilpraktiker und Begründer der Farbpunktur) „Träumen ist der Stuhlgang der Seele!"

Es können Erlebnisse aus der Vergangenheit hochkommen, bei denen Sie den Eindruck haben, daß Sie Unterstützung brauchen oder mit denen Sie sich allein überfordert fühlen. In diesen Fällen raten wir, sich nach einem qualifizierten Therapeuten umzusehen.

Durch die Anwendung der Essenzen finden Umstrukturierungen auf vielen Ebenen statt, die vorübergehend das Gefühl von Unsicherheit, Entscheidungsschwierigkeiten, Ratlosigkeit, emotionale Schwankungen, verminderte Tatkraft und größere emotionale Verletzlichkeit zur Folge haben können, bis die neue Struktur geschaffen ist. Manchmal treten zu Beginn der Anwendung auch Gefühle von großer Freude und Euphorie oder auch von Hoffnungslosigkeit und Traurigkeit auf. In solchen Zuständen neigen wir dazu, Lebensumstände unrealistisch, zu negativ oder zu positiv zu sehen. Deswegen sollten Sie mit sich selbst vereinbaren, daß während der Anfangszeit keine größeren Veränderungen im Leben durchgeführt oder überstürzte Entscheidungen getroffen werden.

Sind die neuen Strukturen geschaffen, ist mehr Klarheit, Stabilität, Lebensfreude und Weitblick vorhanden. Dadurch lassen sich die weiteren Schritte besser gestalten.

Andere erleben scheinbar nichts. Bei kontinuierlicher Anwendung stellen sie jedoch nach einigen Wochen oder Monaten Veränderung bei sich selbst fest, beispielsweise daß sie offener, stabiler, ausgeglichener, selbstsicherer, einfach „mehr sie selbst" geworden sind.

Als Reaktion auf die Essenzen bemerken Menschen auch Gedanken, die sie vorher nicht gedacht haben. Sie treffen Entscheidungen im Alltag, die sie noch vor kurzem nicht für möglich gehalten hätten. Alte Verhaltensmuster, die sie lange begleitet haben, sind plötzlich verschwunden, ohne daß sie sagen können, wann diese Veränderung eingetreten ist. Manchmal bemerken Menschen die eingetretenen Veränderungen selbst gar nicht, weil sie langsam und natürlich stattfinden. Erst im Rückblick, durch das Schreiben eines Tagebuches oder durch die Rückmeldung von Bekannten erkennen sie ihre Entwicklung.

Auch die Reaktion auf das Lösen der Blockaden kann, wie bereits beschrieben, sehr unterschiedlich sein. Bei Menschen mit der Erwartung, daß spirituelle Entwicklung mit Leid, Drama und Katharsis verbunden sei, treten heftigere Reaktionen auf. Sie können Stimmungsschwankungen, inhaltsschwere Träume und auch beeindruckende Ereignisse erleben, die mit dem Thema der Essenzen zu tun haben.

Die Wirkung und die Stärke der Reaktion hängt mit der eigenen Einstellung, Bereitschaft und Offenheit zusammen. Wer die Schwingung bewußt in seine Aura einlädt, erreicht die stärkste Wirkung. Übermäßige Belastungen werden auch vermieden, wenn man mit der Meisteressenz beginnt, die im Moment stärkt und unterstützt (siehe Abschnitt „Die richtige Frage stellen").

Auch das Außen reagiert

In diesem Abschnitt darf die Reaktion der Umwelt nicht unberücksichtigt bleiben. Dies ist insbesondere wichtig im Bereich Partnerschaft. Jede Veränderung eines Partners löst Bewegung in der Beziehung aus. Sind beide auf dem „Wachstumsweg", herrscht mehr Verständnis für einander. Beide Partner kennen die Reaktionen auf „Wachstumsschritte" von sich selbst und sind bereit, toleranter zu sein. Begibt sich in der Beziehung jedoch nur ein Partner „auf den Weg", kann dies zu einem spannungsgeladenen Zustand werden. Dann werden Veränderungen als bedrohlich empfunden, Verlustängste treten auf, und die Frage nach dem Sinn des Lebens, die bisher erfolgreich für sich selbst verdrängt wurde, kann nicht mehr so leicht übersehen werden. Die Reaktion ist dann oft Unverständnis, die pragmatische Frage „Was willst du denn nun tun?" oder auch Wut oder Genervt-Sein. Die „alte Ruhe" und scheinbare „Harmonie" gerät ins Wanken.

Erschwerend kommt manchmal hinzu, daß Frauen eher emotional reagieren und Männer sachlich. Frauen beschreiben ihre Gefühle und fühlen sich unverstanden, wenn Männer fragen: „Wieso kommt das jetzt? Was sollen wir machen? Was kann ich tun?" Männer können emotionale Ausbrüche oft nur schwer nachvollziehen und fühlen sich hilflos.

Wie bereits gesagt, erleben manche Menschen starke emotionale Reaktionen und unrealistische Zustände durch die Arbeit mit den Meisteressenzen. In diesem Zustand wird dann leicht etwas über Bord geworfen, was nachher leid tut, sozusagen „das Kind mit dem Bade ausgeschüttet". Dies sollte bei der Arbeit mit den Meisteressenzen berücksichtigt werden.

Vielleicht hilft es, dem Partner mitzuteilen, was gerade im Inneren geschieht, und ihn um Verständnis und Geduld zu bitten. Wenn er seine Einstellung, daß *er* jetzt helfen muß, daß *er* die Lösung des Problems finden muß oder daß *er* derjenige ist, der „alles falsch macht und schuld ist", ändert, kann er lernen, den Prozeß zu beobachten und zu akzeptieren. Es unterstützt ihn, wenn er sich auch in seiner Situation mit seinen Ängsten und Problemen angenommen fühlt. Fragen zu seinem Empfinden können ihn entspannen. Der Partner sollte aber nicht damit bedrängt werden.

So ist auch die Beziehung zum Partner und zur Umgebung ein Teil unseres Weges, die Verbundenheit zu allem Sein zu lernen und respektvoll und liebevoll miteinander umzugehen. Vielleicht ist das sogar der schwierigste Bereich, weil es hier konkret wird, sich der eigene Standpunkt im Außen direkt widerspiegelt und sichtbar ist.

Kapitel 5

Die Anwendung

Insgesamt gibt es 21 verschiedene LichtWesen Meisteressenzen, jeweils als Öl, als Tinktur und als Meisterenergie-Kugel.

Die Auswahl

LichtWesen Meisteressenzen können nach unterschiedlichen Gesichtspunkten ausgewählt werden:

Das momentane Lebensthema

Mit den LichtWesen Meisteressenzen arbeiten Sie an Lebensthemen und Seelenqualitäten. Sie können die Essenz nach dem momentanen oder einem immer wiederkehrenden Thema wählen. Die bei der Beschreibung der einzelnen Meisteressenzen angegebenen Schlagwörter („Ein Mensch, der diesen Aspekt noch nicht ausgeglichen hat, ...") in Teil 3 kann die Wahl erleichtern.

Bei dieser Methode sollten Sie berücksichtigen, daß Sie vom Verstand her oft andere Themen wählen als aus dem Unbewußten. Für unsere eigenen Probleme und deren Ursachen sind wir oft blind. Wenn wir an dieser Stelle nicht blind wären, sondern sehen könnten, was uns fehlt, würden die Symptome nicht auftreten.

Außerdem wählt unser Verstand oft entsprechend dem Ziel, dem Zustand, den wir erreichen wollen, und übersieht die Zwischenschritte. Dadurch wird der Weg beschwerlicher. Wenn Sie Kleidergröße 44 (Damen) beziehungsweise 58 (Herren) haben und mit einer Diät zu Kleidergröße 40 beziehungsweise 48 gelangen wollen, kann es sein, daß Ihr Wunschdenken Sie dazu bringt, sich beim nächsten Einkauf ein Kleidungsstück in Größe 40 oder 48 zu kaufen. Sie werden jedoch nur mit erheblicher Mühe hineinpassen.

Die Meisterenergie-Karten

Wie im Tarot können Sie Karten benutzen, um die passende Meisteressenz zu Ihrem Thema zu finden (LichtWesen Kartenset, siehe Anhang). Stellen Sie Ihre Frage. Das könnte zum Beispiel sein: „Welche Essenz stärkt und unterstützt mich im Moment auf eine liebevolle Weise?" Behalten Sie Frage im Bewußtsein, während Sie die Karte ziehen. Ihre Hand wird dabei von der Energie der Karte und der damit verbundenen Meisterenergie angezogen. Dieses Verfahren basiert auf dem Zusammenspiel zwischen Unbewußtem und Höherem Selbst.

Test

Sie können auch andere Testverfahren nutzen, wie zum Beispiel Pendeln, Biotensor oder den kinesiologischen Muskeltest.

Im Anhang finden Sie eine *Pendeltafel,* die Sie zum Pendeln vergrößern können.

Der kinesiologische Muskeltest wird folgendermaßen durchgeführt: Die Person, die getestet wird (im folgenden Testperson genannt), trinkt vor dem Test einen Schluck Wasser. Dann hebt sie den linken oder rechten Arm und streckt ihn im rechten Winkel nach vorn oder zur Seite weg. Derjenige, der testet (im folgenden Tester genannt), stellt sich neben die Testperson und legt eine Hand auf die Schulter und die andere oberhalb des Handgelenkes. Dann bittet der Tester den Körper um ein klares Signal für „ja" und sagt „festhalten". Die Testperson versucht, den Arm in der waagerechten Position zu halten, während der Tester versucht, herunterzudrücken. Dann bittet der Tester den Körper um ein Signal für „nein", sagt wieder festhalten und drückt den Arm herunter. In der Regel bietet der ausgestreckte Arm einen deutlich größeren Widerstand bei „ja" und läßt sich bei „nein" viel leichter herunterdrücken. Dies kann in einigen Fällen umgekehrt sein.

Dann können verschiedene Essenzen ausgetestet werden. Dazu ist es am besten, wenn die Testperson die Essenz in die Hand nimmt und an das Brustbein legt (Mitte der Brust). Anschließend fragt der Tester: „Ist dies die Essenz, die jetzt die richtige ist und die *(Name der Testperson)* unterstützt und stärkt?"

Werden mehrere Fragen gestellt, ist es wichtig, nach 3 – 4 Fragen immer wieder eine kleine Pause zu machen, um Ermüdungserscheinungen vorzubeugen.

Der hier beschriebene Muskeltest ist der traditionelle Test. Erfahrene Kinesiologen verwenden andere Testverfahren. Diese Form ist für Anfänger die leichteste, obwohl der Arm leicht ermüdet.

Intuition

Sie können sich natürlich auch direkt von Ihrer Intuition leiten lassen. Oder Sie gehen mit Ihrer Hand langsam über die Flaschen und spüren, welche Sie anzieht.

Kann eine falsche Essenz gewählt werden?

Jede Essenz hat immer eine Wirkung. Dies gilt auch für Essenzen, die für Sie im Moment nicht den „Engpaß" bearbeiten. Daher kann man keine „falsche" Essenz auswählen. Jedoch wird man bei einer Essenz stärkere Veränderungen sehen als bei einer anderen.

Bezüglich einiger Themen haben wir starke Blockaden oder einen geringen Energiefluß, während andere schon recht gut gelebt werden. Die entfalteten beziehungsweise blockierten Themen sind bei jedem Menschen unterschiedlich. Wenn wir die Entfaltung eines Lebensthemas durch die Arbeit mit der entsprechenden Meisteressenz unterstützen, wird nach einiger Zeit ein anderes Thema zum Engpaß.

Die Abbildung auf Seite 63 soll dies am Beispiel einer Tasse ein wenig veranschaulichen. Der Rand der Tasse stellt den Energiefluß dar. Ist er vollständig und gleichmäßig hoch, haben wir unser Potential voll entfaltet, wir leben unser wahres Sein. Eine Blockade oder ein Engpaß in einer Lebensqualität stellt sich als Kerbe in der Tasse dar, aus der eine Flüssigkeit (unsere Energie) ausläuft. Die Ziffern bezeichnen die Lernthemen nach den zugehörigen Essenzen.

Nehmen wir als Beispiel wieder das Thema der Essenz Nr. 6 „die eigene Kraft annehmen". In der Abbildung ist dieses Thema am stärksten blockiert (der Rand der Tasse ist dort am niedrigsten). Wenn der Mensch nun einige Zeit mit der Meisteressenz Nr. 6 gearbeitet hat, kann er energiereicher und erfüllter leben (die Säule wird höher, die Tasse kann voller werden). Nun ist das Thema „Vertrauen" der Engpaß bzw. das Thema, bei dem ihm die Energie ausläuft. Es empfiehlt sich, mit der Meisteressenz Nr. 3 *El Morya* weiterzuarbeiten.

Auch die Essenzen, die nicht den aktuellen Engpaß bearbeiten, wirken. So steigert Nr. 3 *El Morya* das Vertrauen (in der Tasse wird der Rand bei Nr. 3 höher), die Wirkung von Nr. 3 ist jedoch nicht so deutlich wahrzunehmen, wie es bei Nr. 6 der Fall wäre. Das Thema Nr. 6 „die eigene Kraft annehmen" bleibt Engpaß. Die Energie fließt immer noch bei diesem Thema heraus.

Wenn dieses Thema im Anschluß an das Thema „Vertrauen" bearbeitet wird, kann dies angenehmer sein, da das gesamte System stabiler geworden ist.

Aus diesem Zusammenhang ergeben sich zwei grundsätzlich unterschiedliche Vorgehensweisen bei der Anwendung:

- Sie folgen der Reihe von Nr. 1 bis Nr. 21. Damit wird jedes Lebensthema unabhängig von seiner Priorität bearbeitet.

- Sie arbeiten „engpaßorientiert" und wählen die Essenz, die sich aktuell ergibt oder durch Testverfahren herauskristallisiert.

Auch die Auswahl, ob Tinktur, Öl oder Meisterenergie-Kugel, läßt sich mit den oben beschriebenen Verfahren testen.

Die richtige Frage für die Auswahl

Welche Essenz Sie auswählen, ist natürlich auch von Ihrer Frage abhängig. Fragen Sie nach einer Essenz für Ihr Lebensthema, werden Sie wohl eine andere Antwort bekommen, als wenn Sie nach einer Essenz für Ihre momentane Situation oder zur Stärkung in einem aktuellen Problemthema fragen. Entscheiden Sie sich daher zuerst, wobei die Essenz Sie unterstützen soll.

Es macht auch einen Unterschied, ob Sie fragen: „Welche Meisterenergie bringt mich im Moment am schnellsten weiter?" oder „Welche Meisterenergie stärkt mich jetzt auf eine angenehme Weise?" Die Essenz, die Ihre Entwicklung am meisten beschleunigt, ruft unter Umständen heftigere Reaktionen hervor.

Darstellung des Engpaßprinzips am Beispiel einer Tasse

Die Tinktur

Die Tinktur als Wasser-Alkohol-Gemisch verteilt sich über den leicht flüchtigen Alkohol sehr schnell in den Aurakörpern, und sofort nach der Einnahme kann man ihre Schwingung wahrnehmen. Sie wirkt vor allem im mentalen Bereich. Aufgrund ihrer schnellen Wirkung und leichten Handhabung kann die Tinktur jederzeit eingenommen werden, wenn man das Gefühl hat, eine Unterstützung zu benötigen.

Das Öl

Das Öl wirkt stärker im emotionalen, körperlichen und körpernahen Bereich. Es braucht eine Weile, bis es sich im Körper und in den feinstofflichen Auraschichten verteilt hat. Öl ist in manchen Situationen schwierig anwendbar, beispielsweise wenn man unterwegs ist (Ölflecken auf der Kleidung).

Die Meisteressenzen-Öle enthalten eine Mischung verschiedener Basis- und ätherischer Öle. Da wir keine Emulgatoren oder Konservierungsstoffe benutzen, kann es vorkommen, daß die Öle sich entmischen. Dabei können sich die ätherischen Öle als Schlieren oder Ausflockungen absetzen. Durch kräftiges Schütteln lassen sie sich wieder homogenisieren. Schlieren beeinträchtigen die energetische Wirkung nicht.

Das Öl sollte nicht in der Sonne oder an sehr warmen Orten gelagert werden, dadurch kann der Geruch beeinflußt werden. Die energetische Wirkung bleibt jedoch erhalten.

Wenn Sie den Duft eines Öls nicht mögen, können Sie die entsprechende Tinktur nehmen.

Die Meisterenergie-Kugel

Die Meisterenergie-Kugel sollte wegen ihrer permanenten Wirkung nach einem Thema gewählt werden, das man intensiv bearbeiten will. Auch hier empfiehlt sich die Auswahl nach den oben beschriebenen Methoden. Bevor Sie beginnen, mit einer Meisterenergie-Kugel zu arbeiten, sollten Sie für ein paar Tage eine Essenz als Öl oder Tinktur verwendet haben. Ihr Körper stellt sich auf die Arbeit mit der Meisterenergie ein, und die auftretenden Spannungen sind geringer. Die Meisterenergie-Kugeln wirken über die höheren spirituellen Auraschichten und verbinden besonders stark mit dem Höheren Selbst und der Ebene der Meisterenergie. Impulse von dort setzen sich dann bis auf die körperliche Ebene fort.

So wenden Sie die Essenzen an

Die stärkste Wirkung erhalten Sie, wenn Sie die Meisteressenzen sehr bewußt anwenden. Machen Sie sich das Thema der Essenz noch einmal klar, bevor sie die Tinktur einnehmen oder das Öl auftragen, und laden Sie die Energie ein, Sie harmonisch zu unterstützen. Nachdem Sie die Essenz eingenommen, das Öl aufgetragen oder die Kugel in die Hand genommen oder umgehängt haben, seien Sie eine Weile still und achten auf das, was geschieht. Sie können Ihren Blick dabei auf die Atmung, Ihr Körperbefinden, die Gefühle, Gedanken, inneren Bilder und Töne richten.

Es kann sehr hilfreich sein, wenn Sie sich ein Ritual für die Anwendung schaffen, wie zum Beispiel: Nehmen Sie die Flasche in die Hände und werden Sie ganz ruhig. Nehmen Sie bewußt mit dem Thema Kontakt auf und öffnen Sie sich für Erkenntnisse. Wenden Sie dann die Essenz an, nehmen Sie wahr, wie die Schwingung sich im gesamten Körper und in allen Auraschichten verteilt, und beobachten Sie die Reaktion. Zum Abschluß bedanken Sie sich bei Ihrem Körper, dem Unbewußten und dem Höheren Selbst für die Unterstützung.

Sie verstärken die Wirkung auch, wenn Sie die Beschreibung der jeweiligen Energie durchlesen und während des Tages auf Erlebnisse und innere Ereignisse zu den erwähnten Themen achten.

Sie können benutzte Flaschen oder Meisterenergie-Kugeln weitergeben, denn alle Produkte sind energetisch versiegelt. Das bedeutet, daß sie keine Fremdenergie von außen annehmen.

Die Essenzen sind gebrauchsfertig und sollten nicht verdünnt werden, da dies die Wirksamkeit deutlich herabsetzt.

Sie sollten unbedingt während der Anwendung der Essenzen viel Wasser oder Kräutertee trinken (2 bis 3 Liter täglich), um die Entgiftungsprozesse des Körpers zu unterstützen. Kaffee, schwarzer Tee und Alkohol zählen nicht zu den unterstützenden Getränken. Im Gegenteil, wenn Sie diese trinken, sollten Sie zusätzlich Flüssigkeit aufnehmen, da Kaffee und Tee dem Körper Wasser entziehen.

Ein Hinweis zur Haltbarkeit:

Die Energieschwingung in den Essenzen ist auch nach Ablauf des Haltbarkeitsdatums noch voll wirksam. Die Haltbarkeit bezieht sich auf Wasser und Öl. Der Geruch des Öls kann – insbesondere wenn es zu warm gelagert wird – beeinträchtigt werden, die energetische Wirksamkeit bleibt jedoch erhalten.

Die Essenzen sollten nicht auf oder in der Nähe von stark strahlenden elektrischen Geräten (Fernseher, Waschmaschine, Mikrowelle etc.) aufbewahrt werden.

Anwendung der Tinktur

Von der Tinktur werden jeweils 1 bis 2 Tropfen unter die Zunge gegeben, am besten morgens direkt nach dem Aufstehen und abends vor dem Schlafengehen. **Ausnahme:** Nr. 10 – *Kamakura* energetisiert, daher nur morgens oder tagsüber anwenden. Die Essenzen wirken stärker, wenn Sie die Tinktur zusätzlich mehrmals während des Tages einnehmen.

Die Tinktur kann auch in den Handflächen verrieben und durch die Aura gefächelt oder direkt aufgetragen werden. Auf diese Weise lassen sich auch die Tinkturen in der Arbeit mit anderen wirkungsvoll einsetzen.

Die Wirkung der Tinktur hält einige Stunden an.

Anwendung des Öls

Einige Tropfen des Öls werden auf die empfohlenen Stellen (siehe Kapitel „Beschreibung der 21 Meisterenergien") aufgetragen. Vorteilhaft sind grundsätzlich:

- Der Puls am Handgelenk, hier laufen viele Meridiane entlang.
- Der 7. Halswirbel; der 7. Halswirbel ist der am stärksten herausstehende Wirbel im Halswirbelbereich ist; er ist auch Eintrittspforte für kosmische Energie.
- Das untere Ende der Wirbelsäule.

Es empfiehlt sich, auch die Stellen des Körpers einzureiben, an denen Sie Probleme haben, natürlich nicht auf offene Wunden oder Brandblasen.

Die Wirkung des Öls hält mehreren Stunden an.

Anwendung der Meisterenergie-Kugel

Die Meisterenergie-Kugel kann wie ein Schmuckstück an einer Kette getragen oder gezielt auf Körperstellen gelegt werden. Im Unterschied zu Öl und Tinktur wirkt die Energiekugel permanent, während sie getragen wird. Wenn die Reaktion am Anfang zu stark ist, tragen Sie die Energiekugel zunächst für kürzere Zeiten, und legen Sie sie zwischendurch immer wieder beiseite. Nach einiger Zeit hat sich Ihr Körper auf die Schwingung eingestellt, und Sie können die Kugel ständig tragen.

Die Meisterenergie-Kugel arbeitet auch dann, wenn Sie die Wirkung nicht mehr wahrnehmen. Meist spüren Sie den Unterschied wieder, wenn Sie die Kugel für ein paar Tage beiseite gelegt haben.

Wir waren sehr überrascht, als einige Menschen uns mitteilten, ihre Kugel wäre kurz Zeit, nachdem sie sie bekommen hatten, ohne äußere Einwirkung geplatzt. Sie hatten die Energie-Kugel auf den Körper gelegt und sie danach nicht mehr berührt. Kurze Zeit später platzte die Kugel. Dies geschah auch oft, wenn die Kugel in den Bauchnabel gelegt wurde.

Die Energiekugeln bestehen aus einem Spezialglas, das ca. 1 mm dick ist. Sie sind in der Regel sehr stabil. Sie haben einen „Testfall" aus 1,5 m Höhe auf Steinboden unversehrt überstanden.

Unsere Erklärung ist, daß gerade zu Beginn der Unterschied zwischen der Schwingungsfrequenz der Kugel und der eigenen Frequenz so groß war, daß durch die Spannung das Glas gesprungen ist. Unsere Empfehlung: Bevor Sie mit einer Energiekugel arbeiten, wenden Sie am besten einige Tage die entsprechende Meisteressenz – am besten als Tinktur – an, damit Ihr Energiesystem sich auf die neue Schwingung einstellen kann.

Andere Möglichkeiten

Alle Meisteressenzen unterstützen die Meditation. Dazu können Sie die Flasche oder Kugel während der Meditation in der Hand halten oder vor sich hinstellen.

Es ist möglich, verschiedene Meisteressenzen zu kombinieren. So kann man ein Thema über eine Tinktur bearbeiten und ein zweites über ein Öl. Eine Kombination verstärkt die Wirkung, und die Meisteressenzen können sich gegenseitig unterstützen. Nimmt man Tinktur und Öl der gleichen Meisterenergie, verstärkt das die Wirkung dieser Energie.

Es sollten jedoch nicht mehr als drei unterschiedliche Meisteressenzen zur gleichen Zeit verwendet werden. Sonst kann zuviel auf einmal aufgewühlt werden. Dazu ein Vergleich: Wenn man 5 Kochtöpfe auf dem Herd stehen hat, bei denen im gleichen Moment etwas zu tun ist, ist das sehr anstrengend, und meist weiß man nicht, wo man zuerst anfangen soll.

Die Anzahl der Meisteressenzen sollte wie die auszuwählenden Essenzen über ein Testverfahren erfragt werden, denn manchmal denkt der Verstand anders, als unsere innere Weisheit uns raten würde.

Über welchen Zeitraum
sollte die Essenz angewendet werden?

Eine allgemeingültige Antwort kann es nicht geben. Die Dauer ist abhängig davon, wie stark die Blockade oder Disharmonie ist, welche Stellung das Thema im eigenen Lebensweg hat, welcher Lernschritt gerade aktuell ist und wie schnell das Gelernte umgesetzt und integriert wird.

Es ist wahrscheinlich, daß Sie eine Essenz, die sie bereits einmal genommen haben, nach einiger Zeit wieder verwenden. Sie bearbeiten damit tieferliegende Bereiche dieses Aspektes.

Wenn Sie an einem bestimmten Thema arbeiten, empfiehlt es sich, die Essenz für einige Tage oder Wochen regelmäßig anzuwenden. Vergessen Sie nach intensiver Arbeit mit den Essenzen, sie anzuwenden, oder haben Sie keine Lust mehr dazu, kann dies ein Hinweis sein, daß dieses Thema vorerst beendet ist.

Sie können viele Erkenntnisse über Ihren eigenen Prozeß gewinnen, wenn Sie während der Arbeit mit den Meisteressenzen Tagebuch schreiben oder nach Beendigung eines Themas zurückblicken mit den Fragen:

• Was hat sich in dieser Zeit in meinem Leben ereignet?

• Welche Einstellung habe ich jetzt zu diesem Thema?

• Haben sich mein Verhalten, mein Denken, meine Gefühle oder meine Empfindungen geändert?

• Welchen Menschen begegne ich jetzt?

Oft stellt man erst in einem solchen Rückblick fest, was geschehen ist, und kann damit die Lernerfahrungen noch einmal vertiefen.

Techniken zur Unterstützung
der Bewußtwerdung

Wie bereits erwähnt, werden durch die Arbeit mit den Essenzen energetische Blockaden gelöst. Der Prozeß kann durch unterschiedliche Methoden, wie beispielsweise Meditation, unterstützt werden. Dabei werden Zusammenhänge bewußt, die man vorher nicht wahrgenommen hat. Es ist ratsam, sich mit diesen Erlebnissen auseinanderzusetzen. Wir empfehlen, mit einer Ihnen vertrauten und wirksamen Methode zu arbeiten oder eine der unten aufgeführten Techniken anzuwenden. Diese helfen, die anstehenden Themen schneller zu verarbeiten.

Aus unserer Praxis haben wir einige Methoden ausgewählt, die leicht durchführbar und sehr effektiv sind:

- Das Schreiben von Listen.
- Die Meditation mit einer Kerze.
- Visualisieren einer Reinigung von Körper und Seele.

Natürlich können Sie auch die Meditationen verwenden, die in der Beschreibung der Meisterenergien dargestellt sind. In diesem Fall sollten Sie sich zu Beginn der Meditation bewußt machen oder darum bitten, daß die Energie zur Heilung Ihrer momentanen Situation verwendet wird.

Für uns ist beim Meditieren wichtig, daß es uns Spaß macht. Daher empfehlen wir Ihnen, die Technik auszuwählen, die Ihnen am besten gefällt. Wenn Sie mit Spaß und Freude meditieren, sind Sie mit viel mehr Energie und Bewußtheit bei der Sache, als wenn Sie sich dazu zwingen und Ihre Gedanken ständig wegziehen. Probieren Sie die beschriebenen Methoden aus. Nachdem Sie sich für eine Technik entschieden haben, sollten Sie allerdings für eine Weile dabei bleiben und sie täglich anwenden.

Es ist wirkungsvoller, täglich 5 Minuten an einem Thema zu arbeiten und zu meditieren als einmal in der Woche eine halbe Stunde.

Das Schreiben von Listen

Zunächst wählen Sie ein Thema, zum Beispiel das Thema der Meisteressenz, mit der Sie gerade arbeiten, oder eins, das für Sie bedeutungsvoll ist.

Die Themen für das „Schreiben von Listen" können Gedanken, Gefühle, Worte oder Sätze sein, mit denen Sie in Ihrer momentanen Situation häufig konfrontiert sind wie beispielsweise Vertrauen, Schuld, Geduld, Geld. Sie können auch Begriffe aus den Beschreibungen der Meisteressenzen verwenden, die für Sie ein „Reizwort" darstellen.

Nehmen Sie ein Blatt Papier und einen Stift. Setzen Sie sich hin.

Während Sie wahrnehmen, wie sich Ihr Körper und Ihre Aura mit Licht füllt, verbinden Sie sich mit ihrem Unbewußten und bitten es um Unterstützung.

Anschließend schreiben Sie zwei Minuten lang alles auf, was zu der Frage: „*Was bedeutet* (setzen Sie an dieser Stelle das Thema ein) *für mich?"* in Ihren Kopf kommt – gleichgültig, ob es angenehme oder belastende Gedanken oder Gefühle sind.

Lassen Sie die Worte und Sätze einfach herausfließen. Denken Sie dabei nicht viel nach. Es ist nicht wichtig, daß die Sätze und Worte einen Sinn ergeben oder daß sie deutlich lesbar geschrieben werden. Manchmal kommen nur Stichworte oder auch Zeichen oder Worte, die Sie nicht kennen. Folgen Sie den Impulsen, es muß nachher nicht lesbar sein.

Falls Sie am Anfang Schwierigkeiten haben oder erst einmal nichts kommt, schreiben Sie einfach einige Male das Thema auf das Blatt. Nach einiger Zeit werden dann ganz selbstverständlich Worte und Sätze fließen.

Wenn die zwei Minuten vorbei sind, hören Sie auf und schreiben „*Danke"* unter die Liste.

Bei dieser Technik sollten Sie sich wirklich auf zwei Minuten beschränken und die spontanen Gedanken niederschreiben. Wenn Sie sich mehr Zeit lassen, mischt sich der Verstand zu sehr ein.

Verbrennen Sie dann diese Liste, und bitten Sie Ihr Unbewußtes, alles loszulassen, was mit diesem Thema zu tun hat und bereit ist zu gehen. Lassen Sie dies ebenfalls in die Flamme hineinfließen. Die Flammen transformieren die Energie.

Abschließend stellen Sie sich vor, wie Sie die transformierte stärkende Energie wieder aufnehmen, und dann füllen Sie Ihren Körper und Ihre Aura mit einer Farbe, die Sie jetzt heilt.

Bearbeiten Sie ein Thema nach dieser Methode 11 Tage lang täglich. Falls nach dieser Zeit noch negative belastende Sätze hochkommen, sollte jeweils um 3 Tage verlängert werden. Schreiben Sie solange, bis nur noch positive Aussagen erscheinen. Danach können Sie mit dem nächsten Thema beginnen.

Sie sollten mindestens 11 Tage „Liste schreiben", auch wenn nach 4 Tagen nur noch positive angenehme Sätze kommen. In diesen Fällen kommen einige Tage später meist wieder belastende Sätze einer tieferen Schicht.

Manche Menschen haben Schwierigkeiten, die positiven Sätze der Liste zu verbrennen. Dann können Sie sich beim Verbrennen vorstellen, daß sich das Positive verwirklicht.

Meditation mit einer Kerze

Schaffen Sie eine ruhige Atmosphäre und setzen Sie sich vor eine brennende Kerze. Geben Sie alle Gedanken, Gefühle, alles Belastende in die Flamme der Kerze, und nehmen Sie wahr, wie es transformiert wird und heilende Lichtenergie zu Ihnen zurückkehrt.

Reinigungsmeditation

Nehmen Sie eine entspannte Körperhaltung ein, und stellen Sie sich vor, wie ein Strom von weißem Licht durch Ihr Konenchakra in Ihren Körper fließt. Lassen Sie das Licht langsam durch Ihren Kopf, den Hals, die Arme und Hände, den Brust- und Bauchbereich, den Rücken und Unterleib, die Beine und Füße und von dort in den Boden fließen. In Problemzonen sollten Sie mehr Licht fließen lassen. Nehmen Sie dabei wahr, wie das weiße Licht den ganzen Körper reinigt und Blockaden transformiert. Anschließend lassen Sie das Licht durch alle Auraschichten fließen.

Falls Sie sich leichter Gefühle vorstellen können, spüren Sie, wie angenehm temperiertes Wasser durch Sie hindurchfließt und Sie reinigt. Sie können auch reinigende Klänge visualisieren.

Was ist Meditation ?

Welche Vorstellung haben Sie, wenn Sie das Wort „Meditation" hören?

Die meisten sehen dann einen Menschen im Schneidersitz (oder Lotussitz im Fachbegriff), der auf einem Kissen mit geschlossenen Augen still dasitzt und in dem Stille herrscht. Die innere Stille ist ein wünschenswerter Zustand, jedoch ist der Weg des Stillsitzens nicht für jeden der ideale Weg und erst recht nicht der einzige, zur inneren Harmonie zu kommen.

Das Wort „meditieren" kommt aus dem Lateinischen und heißt „in die Mitte gehen" – und dazu sind viele verschiedene Wege möglich. Die strukturierten Wege verwenden Techniken, wie zum Beispiel das Stillsitzen, aber auch Bewegungsabfolgen (Gurdjieff-Tänze, Kundalini-Meditation mit Schütteln und Tanzen), bestimmte Körperhaltungen oder auch das Sprechen bestimmter Worte, die Mantra genannt werden. Diese Techniken erleichtern, daß man aus den Gedanken herauskommt und in die Mitte geht, wo dann Gedankenstille herrscht. Und sie führen zu Erfahrungen, die schwer mit Worten zu beschreiben sind.

Aber Meditation kann auch im normalen Leben stattfinden, wenn wir durch Musik, bei einem Spaziergang in der Natur oder beim Tanzen in die Mitte kommen und uns dessen bewußt werden.

Die LichtWesen Meisteressenzen unterstützen uns dabei, in Meditation, in unsere Mitte zu kommen. Wie bereits beschrieben, können sie beim Meditieren und natürlich auch beim Spazierengehen oder Tanzen eingesetzt werden. Dadurch ist es auf eine andere Weise als mit dem Verstand möglich zu erfahren, was das jeweilige Thema bedeutet.

Die Meisteressenzen bei anderen anwenden

Sie können die LichtWesen Meisteressenzen auch benutzen, um die Energie der Meister auf andere Personen zu übertragen. Dabei handelt es sich um eine Energieübertragung in die Energiebahnen des Körpers und in verschiedene Auraschichten. Zusätzlich können Störungen in der Aura durch Energiearbeit reguliert werden.

Im folgenden wird die Übertragung der Energie auf andere Personen, die manchmal auch Behandlung genannt wird, *Energieübertragung* genannt, die Person, die die Energie überträgt wird *Geber* genannt, und die Person, die die Energie erhält, wird *Klient* oder *Person* genannt.

Die Energie der Meister kann in jede andere Anwendung oder Behandlung einbezogen werden. Als Technik können Sie die unten beschriebene Methode verwenden. Falls Sie bereits feinstoffliche Energie übertragen mit Methoden wie zum Beispiel Therapeutic Touch, Reiki oder Prana-Heilen, können die Energien der Meister zusätzlich einfließen. Benutzen Sie dann die Meisteressenz, um mit der Energieschwingung des Meisters in Kontakt zu kommen.

Die Meisteressenzen wirken auch in Therapieformen wie Hypnose, Reinkarnation, Verhaltenstherapie, indem sie die energetische Seite unterstützen.

Wichtig ist bei jeder Anwendung, daß Sie sich erden!

Falls Sie noch ungeübt sind, finden Sie nachfolgend eine ausführliche Beschreibung einer möglichen Energieübertragung mit den Meisteressenzen. Je häufiger Sie diese durchführen, desto geübter und sicherer werden Sie im Umgang damit. Lassen Sie sich am Anfang nicht durch Zweifel und Unsicherheit abhalten. Zweifel sind normal für jeden Menschen. Auch wir haben am Anfang an unserem Können gezweifelt. Durch Ausprobieren und Üben wächst das Vertrauen in sich selbst. Zusätzlich werden Sie und die Person, die die Energie erhält, von den Energien der Meister liebevoll unterstützt. Falls Sie sich einmal unsicher fühlen, bitten Sie einfach um Hilfe. Ich habe bisher in jeder Situation, in der ich darum gebeten habe, auch Unterstützung bekommen. Ich kann Sie daher nur ermutigen, den Schritt zu wagen. *Wichtig dabei ist vor allem, daß Sie aus dem Herzen, aus dem Mitgefühl und der Liebe zum anderen arbeiten.* Machen Sie sich das immer wieder bewußt.

Es gibt Menschen, die nichts spüren, wenn sie mit dem Übertragen der Energien beginnen. Dies gilt sowohl für den Geber als auch für den Klienten. Lassen Sie sich davon nicht irritieren. Die Energie wirkt trotzdem, und es ist möglich, daß Sie nach einiger Zeit der Übung sensitiver werden für feinstoffliche Energien und beginnen, sie auf Ihre Weise wahrzunehmen. Das muß nicht immer als Gefühl oder Farbe sein. Manche Menschen sehen während der Anwendung Bilder, hören Töne und Musik oder nehmen einen Duft wahr.

Die Energieübertragung Schritt für Schritt

Die Übertragung der Meisterenergie auf andere setzt sich aus verschiedenen Schritten zusammen, die im folgenden ausführlich erläutert und illustriert sind. Zur Orientierung hier die einzelnen Schritte im Überblick:

* Die Vorbereitung
* Das Erden
* Die Verbindung mit der Meisterenergie
* Die energetische Verbindung zum Klienten
* Das Glattstreichen der Aura

- Den Klienten erden
- Das Übertragen der Meisterenergie auf den Körper
- Arbeiten in der Aura
- Das Ausstreichen der Aura
- Übertragen der Meisterenergie in das Chakrensystem
- Be-ACHT-en
- Beenden des Energieflusses
- Energiestrich
- Nach der Anwendung
- Reinigung

Die Vorbereitung

Die Person, die die Meisteressenz empfängt, setzt sich bequem hin und wählt die entsprechende Essenz aus. Das kann intuitiv, mit dem Meisteressenzen-Kartenset oder mit einem anderen Testverfahren geschehen. Achten Sie darauf, daß der Klient die „richtige" Frage bei der Auswahl der Essenz stellt (siehe Seite 62). Zum Sitzen ist ein Hocker am besten geeignet, dadurch kann leicht an Vorder- und Rückseite gearbeitet werden. Wichtig ist, daß weder der Geber noch der Klient Arme oder Beine verkreuzen, da dies den Energiefluß stört. Die Arme des Klienten können bequem auf den Oberschenkeln ruhen, die Füße sollten nebeneinander stehen und mit der ganzen Fußsohle den Boden berühren.

Es ist auch möglich, die Essenzen auf liegende Personen zu übertragen. Achten Sie dann jedoch darauf, daß Sie selbst bequem stehen oder sitzen können. Wenn für Sie selbst die Übertragung unangenehm ist, weil sich Ihr Rücken verspannt und Sie Schmerzen bekommen, verlieren Sie die Freude daran und die Energie fließt nicht in voller Stärke.

Das Erden

Die Verbindung mit der Erde ist sehr wichtig, um in der eigenen Mitte zu bleiben und bewußt bei dem zu sein, was geschieht. Ohne Erdung kann es sein, daß Sie abschweifen, daß Sie auch in andere Dimensionen wandern und den Kontakt und die Aufmerksamkeit für Ihren Klienten verlieren.

Erden Sie sich, indem Sie bewußt mit der ganzen Fußsohle den Boden berühren und sich vorstellen, daß aus Ihren Füßen und aus Ihrem Steißbein Wurzeln tief in die Erde hineinwachsen und sich weit verzweigen. Nehmen Sie wahr, wie die Erdenergie durch diese Wurzeln in Ihren Körper strömt.

Die Verbindung mit der Meisterenergie

Bevor Sie die Essenz auftragen, entspannen Sie sich. Gehen Sie dazu mit Ihrem Bewußtsein durch Ihren ganzen Körper und entspannen den Kopf, das Gesicht, insbesondere die Augen und das Kinn. Die Zungenspitze kann sanft an den oberen Gaumen gelegt werden. Entspannen Sie den Hals, den Nacken, die Schultern und die Wirbelsäule, dabei entspannen sich auch Ihre Rückenmuskeln, dann entspannen sich die Arme, die Hände und die Finger, die Brust, der Bauch, der Magen, den Unterleib, die Muskeln Ihres Gesäßes, die Beine, Füße und Zehen.

Verteilen Sie die Meisteressenz auf die Handflächen und in Ihrer Aura, nehmen Sie Kontakt mit der Meisterenergie auf und bitten Sie um Unterstützung.

Während Sie die Essenz als Öl oder Tinktur auftragen, nehmen Sie mit der Meisterenergie Kontakt auf. Stellen Sie sich vor, wie diese Energie durch Ihr Kronenchakra in Ihren Körper fließt, in Ihr Herzchakra und von dort in Ihre Arme und Hände, um aus Ihren Handflächen und Fingerspitzen wieder hinauszufließen. Führen Sie Ihre Hände zwei- bis dreimal von oben nach unten durch Ihre eigene Aura.

Während der ganzen Anwendung wird die Meisterenergie durch das Kronenchakra einströmen.

Die energetische Verbindung zum Klienten

Um energetischen Kontakt herzustellen, halten Sie Ihre Handflächen in die Richtung der Person. Stellen Sie sich dann vor, wie eine Lichtwolke aus Ihrem Herzchakra heraustritt und sie beide einhüllt. Dadurch schaffen Sie eine Atmosphäre, in der Sie aus Mitgefühl und Liebe heraus arbeiten, ohne Ihren eigenen Willen aufzudrängen. Sie schaffen einen Raum, in dem sich der Klient wohl und angenommen fühlt und Heilreaktionen zuläßt.

Seien Sie für einige Minuten in der Energie und stimmen Sie sich ein.

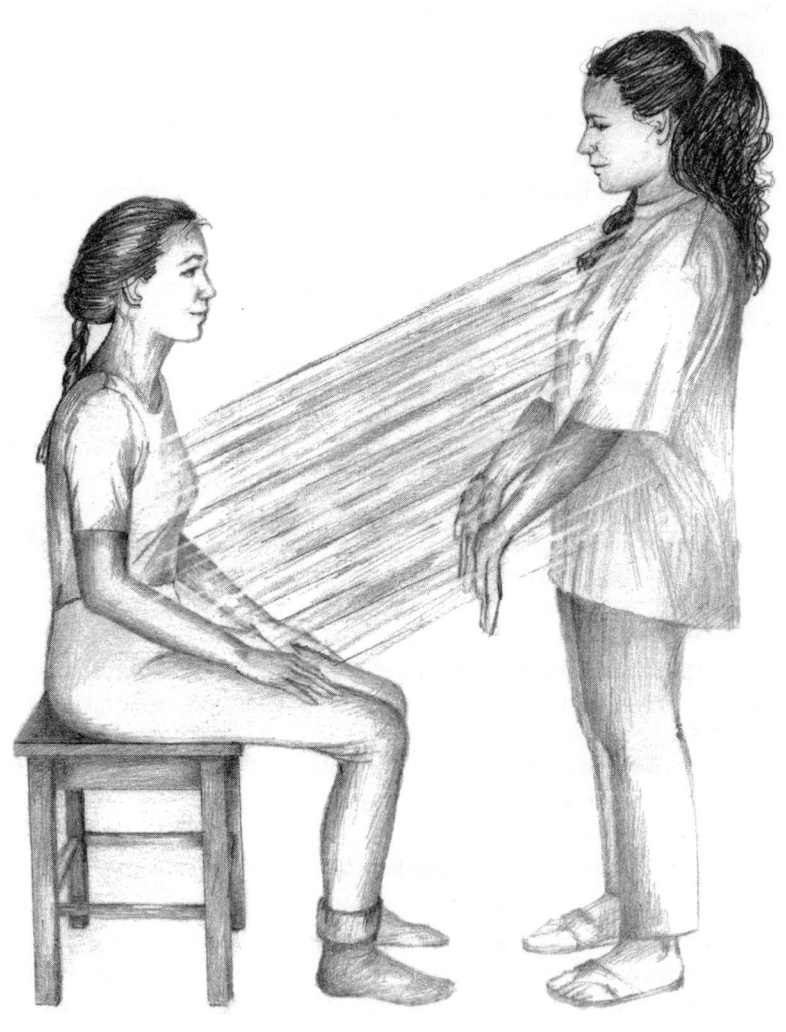

Energetisch Kontakt aufnehmen und eine Herzverbindung herstellen

Nehmen Sie bewußt wahr, wie Meisterenergie durch Sie hindurchfließt. Bitten Sie um Unterstützung für die Übertragung und darum, daß die Energie unterstützend und stärkend auf den Klienten wirkt.

Sie können die Meisterenergie bitten, auch bei Ihnen zu wirken, während Sie der anderen Person die Meisterenergie übertragen. Prüfen Sie jedoch, ob das im Moment nicht zuviel für Sie ist.

Das Glattstreichen der Aura

Stellen Sie sich hinter den Klienten und halten Sie ihre Handflächen in seine Richtung.

Beginnen Sie mit der Anwendung auf der Rückseite, weil dies nicht so intim und für den Klienten meist angenehmer ist. Die Handflächen zeigen wieder zum Klienten.

Streichen Sie die Aura glatt. Beginnen Sie in ca. 50 cm Abstand oberhalb des Hinterkopfes. Wenn Sie sich dem Körper nähern, werden Sie auf eine oder mehrere Schichten stoßen, deren Übergänge Sie wahrnehmen können. Manche Menschen spüren die Oberfläche einer Auraschicht als Verdichtung, wie einen Wattebausch, an einem Prickeln oder Stechen in ihren Händen, als Hitze oder als kalten Luftzug. Andere wissen einfach, wo eine Auraschicht beginnt oder endet, ohne daß sie etwas spüren.

Bringen Sie Ihre Hände oberhalb des Hinterkopfes und beginnen Sie, die Aura langsam vom Kopf zu den Füßen glattzustreichen. Sehr feinfühlige Menschen werden dabei Störungen wie Löcher, Ausstülpungen, Widerstände wahrnehmen können.

Streichen Sie die Aura vom Kopf bis zu den Füßen glatt, so wie Sie einer Katze übers Fell streichen. Gehen Sie dabei langsam um die Person herum und glätten die Aura von allen Seiten.

Den Klienten erden

Erden Sie auch den Klienten, indem Sie Ihre Hände auf seine Füße legen und sich vorstellen, daß aus seinen Füßen ebenfalls Wurzeln in die Erde wachsen. Dabei können Sie die Hände auf die Fußrücken und/oder die Fußsohlen legen.

Das Übertragen der Meisterenergie auf den Körper

Legen Sie ihre Hände auf die Schultern und lassen Sie die aus Ihren Händen strömende Energie dort hineinfließen. Dabei ist es

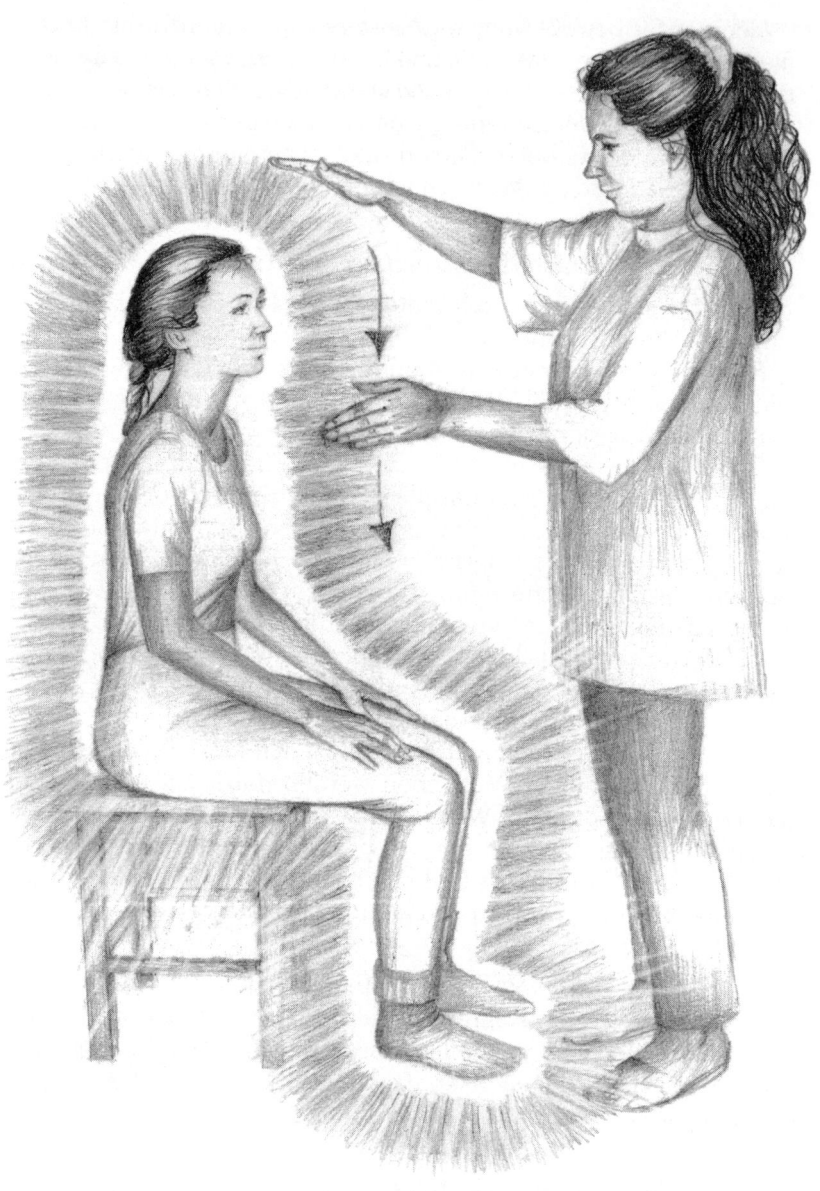

Das Glattstreichen der Aura

möglich, einen Eindruck vom Zustand des Klienten zu bekommen, ob er angespannt oder locker ist, ängstlich oder energiegeladen.

Legen Sie danach Ihre Hände auf den Nacken, dann eine Hand auf die Stirn, die andere auf die Medulla (am Hinterkopf, dort wo die Wirbelsäule in den Schädelknochen übergeht), anschließend eine Hand hinten auf den Hals, die andere halten Sie mit Abstand (ca. 10 bis 30 cm) vor den Kehlkopf. Achten Sie auf genügend Abstand, denn am Hals sind die meisten Menschen empfindlich. Spätestens wenn Ihr Klient ständig schluckt, sollten Sie merken, daß Sie zu nahe sind.

Dann geben Sie die Meisterenergie in das linke Schultergelenk, indem Sie eine Hand auf die Rückseite, die andere auf die Vorderseite der Schulter legen. In der gleichen Weise verfahren Sie mit dem linken Ellbogen, dem Handgelenk, und zum Abschluß nehmen Sie die linke Hand zwischen Ihre Hände. Das gleiche wiederholen Sie mit der rechten Schulter und dem rechten Arm.

Anschließend energetisieren Sie den Brustbereich, indem Sie eine Hand auf die Mitte des Brustbeines (Herzchakra), die andere gegenüber zwischen die Schulterblätter legen. Danach bringen Sie Ihre Hände auf den Rücken in Nierenhöhe (unterhalb der Rippen). Anschließend übertragen Sie Energie auf die Wirbelsäule, indem Sie eine Hand auf den Steiß, die andere auf das Ende der Halswirbel am Hinterkopf legen. Stellen Sie sich dabei vor, wie die Energie zwischen Ihren Händen die Wirbelsäule entlangfließt.

Wechseln Sie dann nach vorn und legen Sie Ihre Hände auf den Bauch, auf die Hüften (zwischen Rippenende und Beckenknochen), die Knie, die inneren und äußeren Fußknöchel und nochmals auf die Füße.

Halten Sie jede Position eine halbe bis eine Minute.

Hat Ihr Klient an bestimmten Körperstellen Beschwerden, sollten Sie diese auch mit Energie versorgen und dort eventuell länger verweilen.

Arbeiten in der Aura

Nachdem der Körper mit Meisterenergie aufgeladen ist, beginnen Sie mit der Energetisierung der Aura. Wählen Sie eine Auraschicht aus und lassen Sie Ihre Hände langsam von oben nach

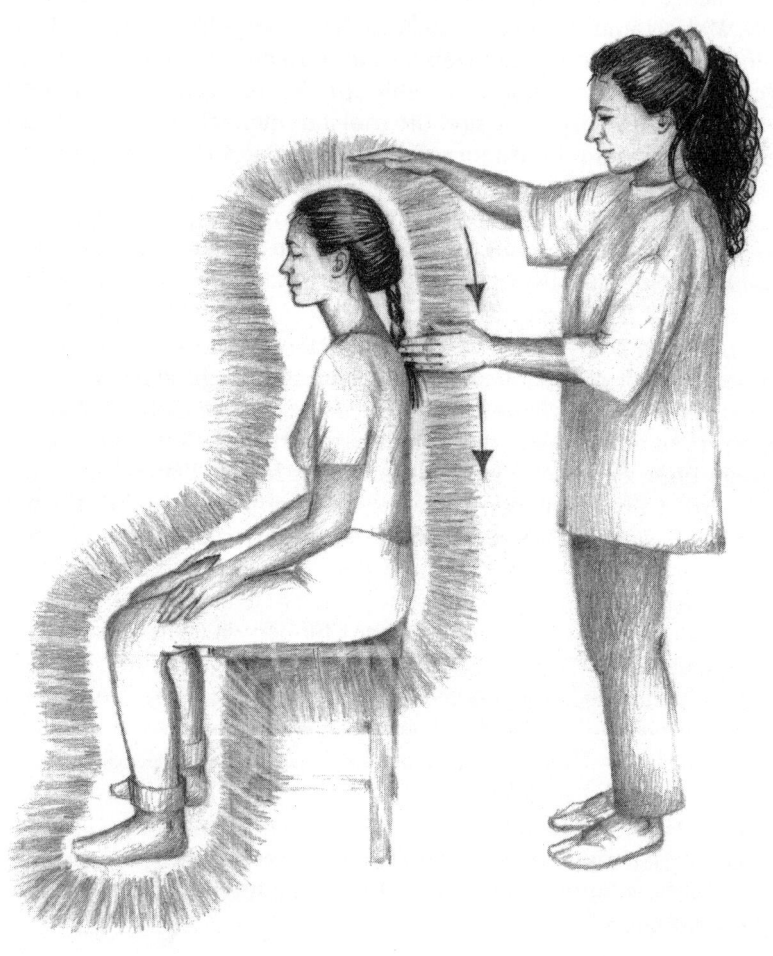

Energieübertragung auf die Aura

unten durch die Aura gleiten. Die Handflächen zeigen dabei zum Klienten. Beginnen Sie wieder auf der Rückseite in Höhe des Hinterkopfes. Lassen Sie sich von Ihren Händen führen, und füllen Sie die gewählte Auraschicht mit der Energie, wieder vom Kopf bis zu den Füßen. Dann wechseln Sie zur Vorderseite der Person und energetisieren diese in der gleichen Weise.

Falls Sie möchten, können Sie auch noch eine weitere Auraschicht mit Meisterenergie versorgen. Achten Sie jedoch darauf, wann es Ihrem Klienten zuviel wird. Die ersten Anwendungen, die jemand erhält, sollten lieber kürzer sein. Je vertrauter der Klient mit der Meisterenergie ist, desto mehr Energie wird er aufnehmen können. Sie können ihn außerdem bitten, Ihnen zu sagen, wann er genug hat, oder während der Behandlung nachfragen. Achten Sie aber zusätzlich auf Ihr eigenes Gefühl und vertrauen Sie Ihrer Intuition. Wenn Sie den Eindruck haben, daß genügend Energie geflossen ist, beenden Sie die Sitzung.

Falls sich der Klient schwindelig oder unwohl fühlt, fällt es seinem Energiesystem schwer, die übertragene Energie zu integrieren. Diese Gefühle werden nach einer Weile von selbst wieder verschwinden. Sie können dies unterstützen, indem Sie die überschüssige Energie mit Ihren Händen in die Erde ausstreichen (wie bei Punkt „Das Glattstreichen der Aura"). Dann wird sich der Zustand meist innerhalb kurzer Zeit verbessern.

Das Ausstreichen der Aura

Während der Energetisierung haben sich energetische Blockaden gelöst, die Sie herausstreichen können. Lassen Sie dazu Ihre Fingerspitzen leicht über den Körper oder durch die Aura des Klienten gleiten, und ziehen Sie diese gelösten Blockaden heraus, so als ob Sie mit einer Harke altes Laub zusammenziehen. Auch hierbei bewegen Sie sich wieder vom Kopf zu den Füßen (wie der Katze das Fell glattstreichen). Immer wenn Sie an den Füßen angekommen sind, schütteln Sie Ihre Hände aus, so wie Sie das alte Laub aus der Harke schütteln.

Übertragen der Meisterenergie in das Chakrensystem

Nachdem die Aura gereinigt und energetisiert ist, lassen Sie die Meisterenergie in das Chakrensystem fließen. Halten Sie Ihre Hände oberhalb vom Scheitel des Klienten. Die Handflächen zei-

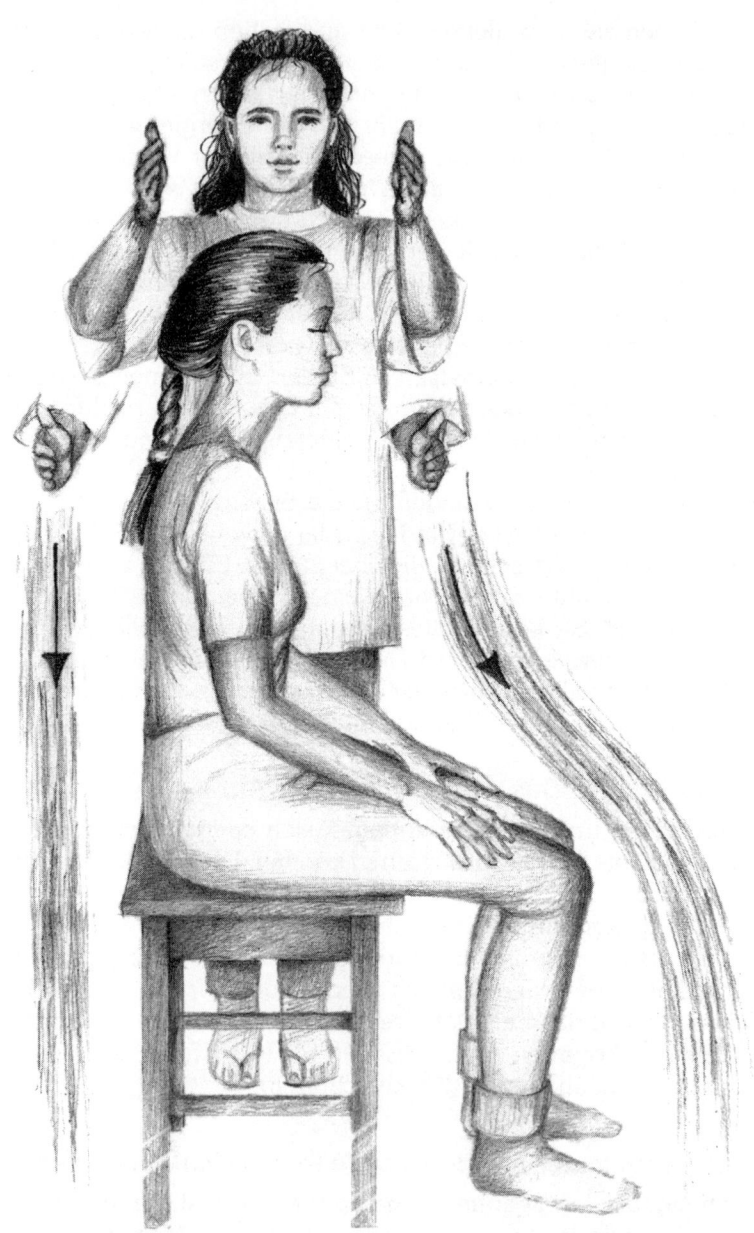

Übertragen der Meisterenergie in das Chakrensystem

gen zueinander. Eine Hand befindet sich auf der Körpervorderseite, eine auf der -rückseite. Dann ziehen Sie die Energie von ca. 50 cm oberhalb des Scheitelpunktes zu den Füßen, indem Sie langsam eine Hand auf der Vorderseite und eine Hand auf der Rückseite des Körpers heruntergleiten lassen. Der Körper des Klienten ist dazwischen.

Be-ACHT-en

Zum Abschluß be-ACHT-en Sie den Klienten, indem Sie mit den Handflächen *langsam und behutsam* liegende Achten ([]) in die Aura zeichnen. Auch hierbei beginnen Sie wieder auf der Rückenseite in Höhe des Hinterkopfes und gehen langsam zu den Füßen. Dabei übertragen Sie noch einmal harmonisierende Meisterenergie in die Aura.

Beenden des Energieflusses

Nach der Anwendung stoppt der Zufluß an Meisterenergie, wenn Sie sich von ihr verabschieden oder bitten, den Zufluß zu stoppen. Wenn Sie mögen, können Sie sich für die Unterstützung und den Energiefluß bedanken.

Energiestrich

Durch das Glattstreichen der Aura und die Energieübertragung gelangt der Klient meist in einen sehr tiefen Entspannungszustand. Belebend wirkt, wenn Sie mit der Hand ein- bis zweimal in der Aura die Wirbelsäule entlang vom Steißbein zum Kopf streichen. So wie eine Katze wieder munter wird, wenn Sie ihr gegen das Fell streichen, wirkt dies auch bei Menschen belebend.

Nach der Anwendung

Geben Sie Ihrem Klienten etwas Zeit, wieder hier anzukommen.
Es kann vorkommen, daß Menschen in sehr tiefe Entspannungszustände sinken und eine Weile brauchen, bis sie wieder im Hier und Jetzt sind. Bevor die Person Sie verläßt, stellen Sie sicher, daß sie wieder völlig wach und fit ist. Dies gilt besonders, wenn sie anschließend mit dem Auto fahren will. Vielleicht unterhalten Sie sich noch eine Weile oder bringen Sie die Person

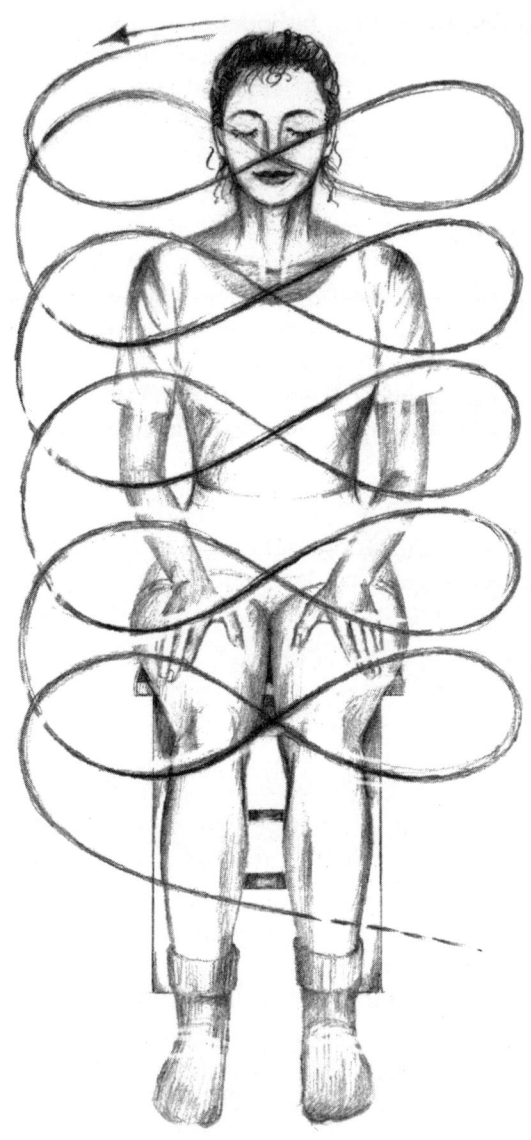

Be-ACHT-en

dazu, sich zu bewegen. Es ist eine schöne Möglichkeit, Bewegung und Verarbeitung des soeben Erlebten zu verbinden, indem sie zu einer ruhigen Musik tanzt und dabei das Erlebte oder den eigenen Zustand ausdrückt.

Reinigung

Fließendes kaltes Wasser wird seit Menschengedenken als energetische Reinigung verwendet. Um sich von allem Anhaftenden zu befreien, waschen Sie Ihre Hände nach der Energieübertragung unter fließendem kalten Wasser.

Viel Wasser trinken

Durch die Energieübertragung werden Prozesse in Gang gesetzt, und der Körper beginnt oft mit einer Reinigung. Dies gilt sowohl für den Klienten als auch für den Geber. Um den Körper zu unterstützen, sollten beide viel Wasser trinken. Wie bereits gesagt, schwarzer Tee oder Kaffee haben eine belastende anstatt einer entgiftenden Wirkung.

Mögliche Reaktionen des Klienten

Während der Energieübertragung lösen sich Blockaden, die Energie beginnt wieder zu fließen. Der Klient kann darauf in unterschiedlicher Weise reagieren, manche spüren starke Gefühle, beginnen zu lachen oder zu weinen, andere empfinden Hitze oder Kälte an den Stellen der Blockade, einige werden sehr entspannt, gelöst und heiter, andere mißmutig, traurig oder fühlen sich unwohl. Wie auch immer der Klient reagiert – dies sind Zeichen der Veränderung im Energiefluß. Geschieht während der Energieübertragung eine solche Reaktion, lassen Sie die Energie weiter fließen und gehen Sie im Ablauf weiter. In den meisten Fällen entspannt sich der Klient nach einer Weile wieder. Falls der Klient zu weinen beginnt, reichen Sie ihm ein Taschentuch und ermuntern Sie ihn, die Tränen fließen zu lassen. Tränen reinigen, und danach ist viel von der alten Anspannung verarbeitet.

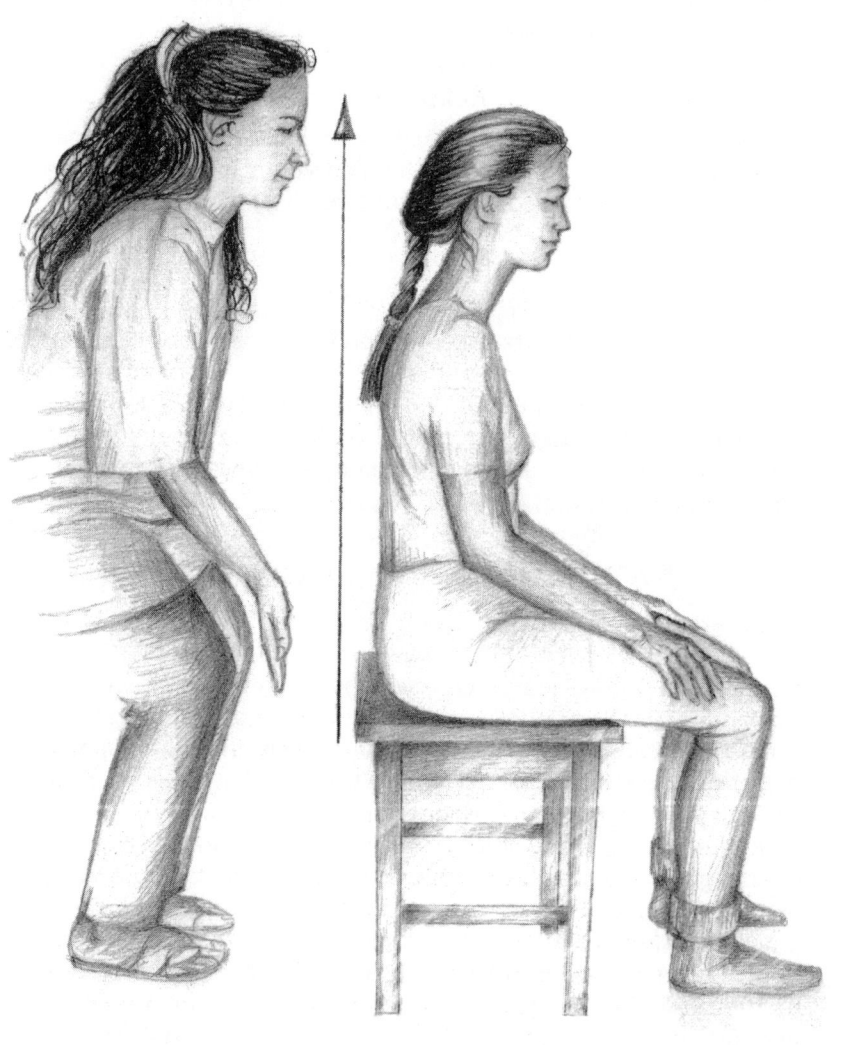

Energiestrich

Die Anwendung bei Kindern

Auch der Lebensabschnitt der Kindheit gehört zum Entwicklungsweg des Bewußtseins und beinhaltet Lernschritte. Nach durchgestandenen Krankheiten haben Kinder oft auch geistig Schritte gemacht und sind „reifer" geworden.

Außerdem werden in der Kindheit prägende Erfahrungen gesammelt, die das spätere Leben beeinflussen.

Die Verbindung zwischen dem Höheren Selbst und dem irdischen Bewußtsein ist bei Kindern oft viel ausgeprägter als bei Erwachsenen. Doch durch ihre Sozialisation, durch den Konflikt zwischen ihrem Erleben und dem, was Erwachsene ihnen vermitteln, sinkt die Durchlässigkeit zwischen den Ebenen. Kinder werden abgeschnitten von ihrem „innersten Kern", so wie es die meisten von uns erlebt haben.

Die Meisteressenzen bringen den göttlichen Kern im Menschen zum Klingen und können dadurch auch Kinder unterstützen, den natürlichen Einklang zwischen den Seinsanteilen Höheres Selbst, Unbewußtes und Wachbewußtsein aufrecht zu erhalten. Und sie helfen Kindern durch Lernschritte zu gehen und im Einklang mit ihrem Lebensplan zu wachsen.

Wichtig ist, daß Kinder selbst entscheiden, ob sie die Meisteressenzen anwenden wollen und daß sie auch selbst auswählen!

Wir kennen Eltern, die ihre Kinder zur Anwendung der Meisteressenzen überreden wollen, „weil es den Kindern gut tun würde, es den Kindern dadurch doch besser geht oder es für die Kinder dadurch viel leichter wird" oder indem sie argumentieren, daß die Öle „ja so gut riechen".

Kinder wissen in der Regel selbst am besten, was ihnen gut tut – gerade, wenn es um feinstoffliche Dinge geht. Sie wissen genau, wann sie genug haben und wann sie Hilfe brauchen. Und manche Lernschritte wollen sie sich nicht leicht machen, sondern hindurchgehen. Wenn wir als fürsorgliche Eltern „besser wissen", was dem Kind gut tut, vermitteln wir ihnen, daß ihr eigener Zugang, ihr eigenes Wissen, ihre eigene innere Wahrheit falsch ist. Wir zerstören unter Umständen dadurch den Zugang und den Einklang mit dem Höheren Selbst, weil wir den Kindern vermitteln, daß sie selbst nicht in der Lage sind zu wissen, was für sie richtig ist. Das kann dazu führen, daß sie mehr und mehr nach außen und auf äußere „Autoritäten" hören anstatt auf ihre eigene innere Stimme.

Falls Sie Kinder unterstützen wollen, bieten Sie die Meisteressenzen an und überlassen Sie die Entscheidung dem Kind. Für
Kinder sollte die Meisteressenz in Form von Öl benutzt werden,
da die Tinktur Alkohol enthält. Das Öl stärkt außerdem die Verbindung der feinstofflichen Ebenen mit dem Körper, was der Entwicklung von Kindern näher kommt.

Hinweise für Therapeuten

Die LichtWesen Meisteressenzen unterstützen jede Form von Therapie, da sie den Prozeß der Bewußtwerdung fördern. Klienten
bekommen leichter Zugang zum Sinn und Hintergrund ihrer
Krankheiten oder Beschwerden und durchschauen ihre eigenen
Denk- und Verhaltensmuster. Sie erkennen schneller, worum es
wirklich geht.

Da ja bekanntlich die innere Einstellung maßgeblich den Thera-
pieerfolg mitbeeinflußt, lösen sich körperliche Symptome schneller, wenn der dahinterliegende geistige Lernschritt getan ist und
damit der Sinn der Krankheit entfällt.

Das geistige Prinzip der Meisteressenzen findet sich auch auf
körperlicher Ebene in den Krankheiten wieder. Als Beispiel: Die
Meisteressenz Nr. 4 bringt „zum Fließen". Wird dieses Prinzip im
geistigen Bereich integriert, können dadurch auch auf körperlicher Ebene Körperflüssigkeiten, die bisher gestaut sind, zum
Fließen kommen und Entgiftungsprozesse unterstützt werden.
Nr. 11 integriert das „Annehmen der Körperlichkeit" und unterstützt damit Funktionen des Körpers, die die Vitalität steigern
(Atmung, Durchblutung der unteren Extremitäten).

Auf dem Weg der Heilung kann es natürlich zu den bereits
beschriebenen Reaktionen kommen. Hier kann der Therapeut
durch Klarheit und durch seine Rolle des außenstehenden Beobachters und vertrauten Beraters unterstützen und auf den Zusammenhang zwischen geistigem und körperlichem Bereich
aufmerksam machen.

Auch den möglichen Konfliktbereich „Partner" (siehe Abschnitt
„Reaktionen auf die Meisteressenzen" S. 55) sollte der Therapeut im Auge behalten und darauf aufmerksam machen, daß in
der Übergangszeit die eigene Situation eventuell unrealistisch (zu
pessimistisch oder zu euphorisch) wahrgenommen werden kann.

Die Meisteressenzen können in der Arbeit mit dem Klienten auf unterschiedlichster Ebene unterstützend eingesetzt werden. Wird die entsprechende Meisteressenz noch einige Tage über die Sitzung hinaus eingesetzt, wird sich die Wirkung der therapeutischen Arbeit vertiefen.

Mischen von Tinkturen

Als weitere Anwendungsform sind Tinkturmischungen möglich. Sie eignen sich vor allem für komplexe Themenbereiche. Die Wirkung ist deutlich unterschiedlich, ob man von mehreren Tinkturen getrennt jeweils einen Tropfen einnimmt oder ob man sie zuerst mischt und dann die Mischung einnimmt. Den Unterschied in der Wirkung kann man sich so vorstellen: Nimmt man mehrere Essenzen gleichzeitig ein, ohne sie zu vermischen, arbeiten die einzelnen Energien unkoordiniert in ihrem Themenbereich, wie Arbeiter, die jeweils ihre Aufgabe tun, ohne sich abzusprechen. Stellt man ein Mischung aus den gleichen Essenzen her, bilden die einzelnen Energien ein Team und stimmen ihre Wirkung aufeinander ab. *Entscheiden Sie intuitiv, ob Sie mit einer Mischung oder mit einzelnen Essenzen arbeiten möchten.*

Herstellung der Mischung:
1. Wählen Sie die Bestandteile der Mischung mit dem gleichen Verfahren aus, mit dem Sie sonst einzelne Essenzen auswählen, z. B. Kartenset, Tensor, Pendel, Muskeltest etc.
2. Geben Sie von den einzelnen Tinkturen jeweils einen Anteil (z. B. bei vier Elementen jeweils 1/4 Flaschenfüllung) in eine leere, saubere Glasflasche mit Pipetten- oder Tropfverschluß, verschließen Sie diese gut und schütteln ein paarmal.

Wichtig:
- Auch für die Herstellung der Mischung sollen die Tinkturen nicht verdünnt werden.
- Verwenden Sie nur dicht schließende, saubere, neue, heiß oder mit Alkohol gespülte Flaschen.
- Stellen Sie nur die Mischungen für den Gebrauch in den nächsten Wochen her, mischen Sie lieber bei längerer Anwendung einer Mischung nochmals neu.

Eine erprobte Mischung stellen die Krisen-Tropfen „Relax" dar. Diese kann man selbst herstellen oder auch fertig beziehen.

Die LichtWesen Meisteressenzen Mischung „Relax"

Hierbei handelt es sich um sogenannte „Krisen-Tropfen", die bei energetischen Schockzuständen eingesetzt werden können.

Gute Erfahrungen gibt es auch bei kleinen Unpäßlichkeiten des Alltags wie z. B. Mückenstichen. Wir haben „Relax" immer zur Hand.

Die Relax-Essenz ersetzt weder Arzt noch Heilkundler!

Die Tinktur harmonisiert den Energiefluß des Körpers, der in Krisensituationen aus dem Gleichgewicht geraten kann: die Energie beginnt wieder zu fließen und die Heilungskräfte des Körpers werden aktiviert. Der energetische Schockzustand wird schneller überwunden. Die Essenz bewirkt zudem, daß die eigentliche Ursache des Ereignisses und der dahinterstehende Lernschritt deutlich werden. Es kann bei der Anwendung zum Durchleben alter Gefühle kommen. Nehmen Sie diese Reaktionen liebevoll an. Die „Relax"-Tropfen können auch mit anderen LichtWesen-Essenzen kombiniert werden.

Zusammensetzung der „Relax"-Mischung:

Nr. 8 – Angelika: Transformiert die Vergangenheit und die hinter dem Ereignis liegenden Ursachen; unterstützt das Verstehen.

Nr. 9 – Orion: macht deutlich, wo man gerade steht, weshalb das Ergebnis eingetreten ist, welche Schritte als nächstes anstehen.

Nr. 13 – Seraphis Bey: stärkt den gesamten Energiefluß (insbesondere stärkend auf Hara und erstes Chakra), unterstützt die Selbstheilungskräfte des Körpers.

Nr. 18 – Lady Portia: bringt wieder ins innere Gleichgewicht, aus dem man durch den energetischen Schock herausgefallen ist; bringt inneren Frieden und Zufriedenheit.

Nr. 21 – Maria: starke energetische Heilenergie auf allen Ebenen.

Anwendung:

In Krisen- und Schocksituationen einige Tropfen äußerlich auftragen oder in die Mundhöhle geben (nicht bei offenen Wunden oder Verbrennungen, enthält Alkohol!), nach Bedarf mehrmals anwenden. Es ist auch möglich, einige Tropfen in ein Glas Wasser zu geben und zu trinken. Bei Kindern bevorzugt äußerlich anwenden, z. B. einige Tropfen auf das Kronenchakra reiben. Sonst stark verdünnt in Wasser geben.

Teil 3

Die Beschreibung
der 21 Meisterenergien

Einleitung

In den folgenden Abschnitten werden die Energien und Essenzen der 21 Meister beschrieben. Das dort Ausgeführte gilt sowohl allgemein für die Energie des Meisters, mit der Sie beispielsweise in Meditationen arbeiten, als auch für die LichtWesen Meisteressenzen.

Alle Beschreibungen sind einheitlich strukturiert:

- Zu Beginn finden Sie das *Thema*, das durch die Meisterenergie entfaltet werden kann.

- Es folgt die Beschreibung der *Wirkung* der LichtWesen Meisteressenzen.

- Dann ist das *Chakra* genannt, auf das die Essenz hauptsächlich wirkt. Zusätzlich beeinflußte Chakren sind in Klammern aufgeführt.

- Der Meisterenergie sind *Farben, Tarotkarten* (Rider-Waite-Tarot, in Klammern der Name im Crowley-Tarot) und *Edelsteine* zugeordnet. Diese Zuordnung ermöglicht ein tieferes Verständnis der Energie. Außerdem können Farben und Edelsteine gleichzeitig mit den Essenzen angewendet werden, beispielsweise indem der entsprechende Edelstein getragen wird.

- Es folgen die *Körperstellen, auf denen das Öl gezielt aufgetragen werden kann.* Die Empfehlungen wurden uns von den Meistern durchgegeben. Zur Erläuterung finden Sie auf der folgenden Seite eine Zeichnung.
  Wie bereits gesagt, können Sie das Öl auch nur auf den Puls und/oder den 7. Halswirbel auftragen oder Ihrer Intuition folgen und es auf die Körperstellen reiben, zu denen Sie sich hingezogen fühlen.

- Anschließend ist dargestellt, wie ein *Mensch* ist, *der diesen Aspekt ausgeglichen* beziehungsweise *nicht ausgeglichen hat,* das heißt, diese Seelenqualität voll entfaltet beziehungsweise stark blockiert hat. Diese Beschreibung erleichtert das Verständnis und die Auswahl.

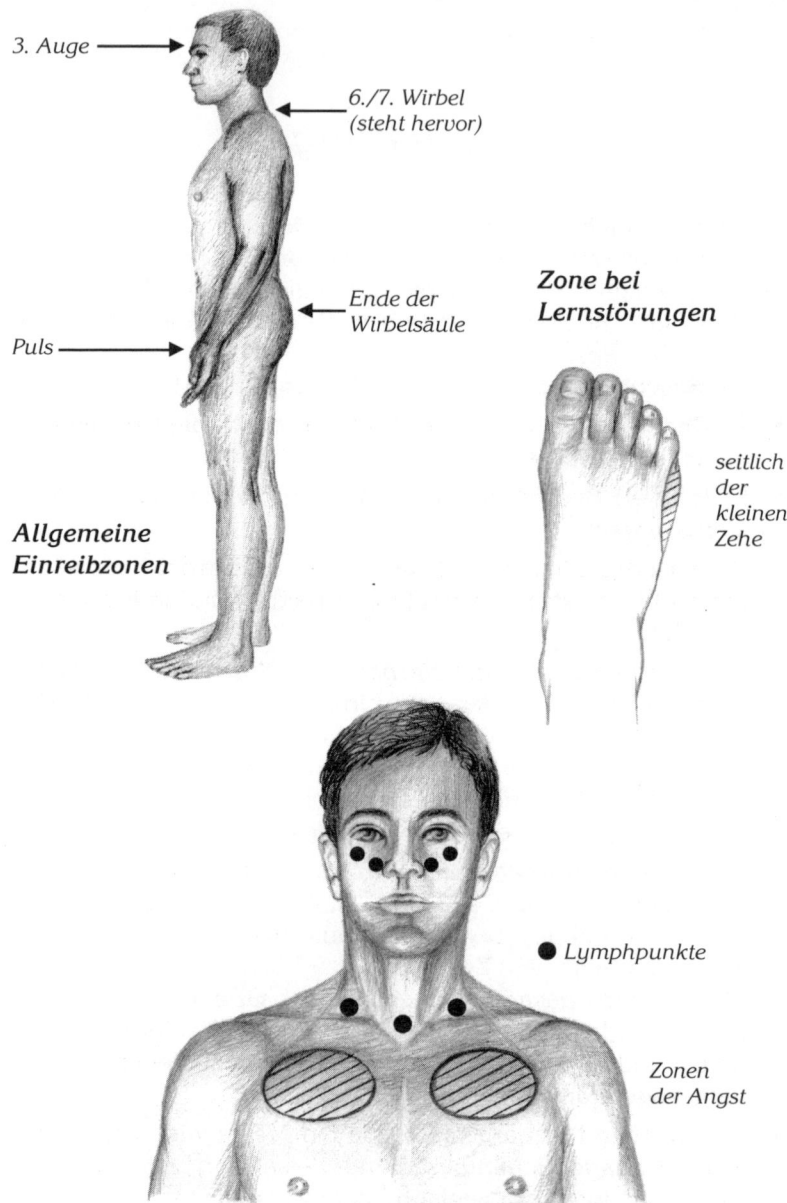

3. Auge ——→

6./7. Wirbel
(steht hervor)

Zone bei
Lernstörungen

Ende der
Wirbelsäule

seitlich
der
kleinen
Zehe

Puls ——→

Allgemeine
Einreibzonen

● Lymphpunkte

Zonen
der Angst

Körperstellen zum Auftragen des Öls oder der Tinktur

Bedenken Sie, daß in der Beschreibung der Extremfall dargestellt ist, um den Zustand zu verdeutlichen. Nicht alle Punkte werden auf einen einzelnen Menschen zutreffen.

Manchmal finden sich Überschneidungen in den Darstellungen. Grund hierfür ist, daß gleiche „Symptome" unterschiedliche Ursachen haben und auch auf unterschiedlichen Wegen behoben werden können. So kann „mangelndes Selbstwertgefühl" aus einem überstarken Urteilen kommen – dann empfiehlt sich Nr. 2 – *Lao Tse* – oder weil man seine eigene Kraft nicht annimmt und sich als Opfer sieht – dann unterstützt Nr. 6 – *Djwal Khul*. Unterschiede in der Wirkung der Meisteressenzen zum gleichen Thema sind kurz aufgeführt.

- Unter dem Abschnitt *Beschreibung* werden einige Aspekte der Wirkung noch einmal aufgegriffen und verdeutlicht. Hier finden Sie ebenfalls Erfahrungen von Anwendern.

- Die *Meditationsbeschreibung* wurde vom jeweiligen Meister durchgegeben. Sie stellt einen Weg dar, die Energie des Meisters und der Seelenqualität direkt zu erfahren. Außerdem verstärkt sie die Wirkung der Essenz.

- Zum Abschluß wurde die gechannelte *Botschaft* des Meisters aufgenommen.

Nr. 1 – *Maha Chohan*

Innere Weisheit

Die Wirkung der Meisteressenz

Die Essenz läßt innerlich einen Schritt zurücktreten und damit das eigene Handeln beobachten. Dadurch ist klares Sehen und Einschätzen der Situation möglich. So hilft sie auch im Streß, wenn wir in der Arbeit versinken, den Überblick verlieren und uns verzetteln. Es ist dann möglich, sich wieder den Überblick zu verschaffen, Prioritäten zu setzen und planvoll zu handeln.

Sie öffnet den Kontakt zum Unbewußten und erleichtert die Kommunikation mit dem Inneren und höheren Bewußtseinsebenen. Sie befähigt dazu, die innere Stimme, die innere Weisheit zu hören.

Die Essenz hilft, Erkenntnisse verständlich auszudrücken, weil man die eigene Position überblickt und den Standpunkt des Gesprächspartners mit einbezieht.

Zuordnung zu den Chakren: Halschakra (Stirnchakra)

Farbe: Türkis

Tarotkarte: Nr. 5 – Der Hierophant (Der Hohepriester)

Edelstein: Blauer Andenopal, grünblauer Turmalin

Auftragen des Öls: Hals und Nacken, Stirnchakra

Ein Mensch, der diesen Aspekt ausgeglichen hat,

- kann jederzeit innerlich einen Schritt zurücktreten;
- behält den Überblick;
- sieht Situationen, Menschen, sein eigenes Leben mit Abstand und in den richtigen Proportionen;
- kann sich gut einfühlen; erfaßt den Zustand des Gegenübers oder die Situation sehr gut und behält gleichzeitig den eigenen Standpunkt;

- holt den anderen dort ab, wo er steht; drückt sich verständlich aus; stellt sich auf das Gegenüber ein;
- erfaßt leicht Abläufe, Zusammenhänge, Wechselwirkungen;
- erkennt Ursachen, Hintergründe, Beweggründe aus der Position eines neutralen Beobachters, der alle Aspekte erkennen kann;
- hat guten Kontakt zum Unbewußten, Zugang zur inneren Weisheit und ist offen für Impulse vom Höheren Selbst und höherer Bewußtseinsebenen;
- bringt „Spiritualität" und Alltag in Einklang;
- hat die Fähigkeit, Wissen zu vermitteln, und pädagogische Fähigkeiten.

Ein Mensch, der diesen Aspekt noch nicht ausgeglichen hat,

- verstrickt sich leicht im Detail; sieht die Welt wie durch ein Vergrößerungsglas und verliert dadurch den Überblick; „sieht den Wald vor lauter Bäumen nicht", ist dann überfordert und erdrückt;
- ist von einer Kleinigkeit so beeindruckt, daß er innerlich damit voll beschäftigt ist und von außen nichts mehr aufnimmt, ist dann nicht mehr ansprechbar, in seiner eigenen Welt gefangen;
- verliert schnell den „roten Faden";
- hat übermäßige Gefühlsreaktionen; bleibt im Gefühl stecken und ist dann unfähig, klar zu denken;
- hat das Gefühl „verstrickt und verwickelt" zu sein und fühlt sich dadurch eingeengt und unfrei;
- wirkt oft kopflos und orientierungslos;
- verliert sich in Kleinigkeiten und im Detail; „Detailkrämer";
- ist in seiner Welt und im Selbstbild gefangen; sieht nur seine Welt und nimmt Impulse von außen nicht wahr und nicht an; ist rechthaberisch;
- hängt in alten Verhaltensmustern fest; ein Impuls genügt, um das Muster wieder abspielen zu lassen; lernt nicht von anderen;

- neigt zum Verallgemeinern: alles, immer, alle, niemals ...;
- ist ein sehr sensitiver Mensch, der aus seiner Umgebung mehr aufnimmt als andere und als er verarbeiten kann;
- hat Schwierigkeiten, sich von anderen abzugrenzen; wird in Gesprächen mit anderen völlig gefangen, verliert seine eigene Position, vergißt die eigenen Gefühle und Bedürfnisse;
- wird von anderen völlig absorbiert; reagiert stark auf die Stimmung, die in der Luft liegt;
- hat keinen Zugang zur inneren Stimme; ist daher oft in Entscheidungsschwierigkeiten, weil er nicht sehen kann, was für ihn langfristig gut ist;
- hat Schwierigkeiten mit Stille und Meditation; sobald er zur Ruhe kommt, laufen im Kopf die Bilder des Tages wie Filme ab; ist in den Geschehnissen des Tages so gefangen, daß sie in Gedanken weitergehen.

Aber auch ein Mensch, der

- zu Überheblichkeit und Arroganz neigt: „ich weiß alles besser, ich weiß, wie es richtig geht"; „Besserwisser".

Ein Berater, der diesen Aspekt noch nicht ausgeglichen hat,

- leidet als Therapeut mit den Klienten; wird von deren Situation und Geschichte gefangen; fühlt sich nach der Sitzung ausgelaugt, unklar, verwirrt; kann schwer Grenzen ziehen;
- hat als Führungskraft soviel Mitleid mit den Problemen seiner Mitarbeiter, daß er seine eigenen Interessen und die Interessen des Unternehmens aus dem Auge verliert;
- interpretiert als Berater seine eigene Sicht, sein eigenes Erleben, seine eigene Weltanschauung in den Klienten hinein und „berät", wie es für ihn selbst am besten wäre, anstatt die Umstände des anderen zu sehen;
- wird oft von den Problemen und Ansichten seiner Klienten gefesselt wird.

Beschreibung

Vielleicht erinnern Sie sich, wie Sie Auto oder radfahren gelernt haben. Da mußte man beim Autofahren die Straße im Blick haben, lenken, mit den Füßen die Pedale treten und gleichzeitig auch noch die Schaltung bedienen – so viele Dinge gleichzeitig, daß man den Überblick verlor und sich überfordert fühlte. Auch im Leben gibt es solche Situationen. Alles scheint gleich wichtig zu sein, und im Kopf jagen sich die Gedanken. In einem solchen Zustand ist der Zugang zur inneren Weisheit und zur inneren Stimme blockiert.

Die Energie von *Maha Chohan* läßt ein Stück aus den Geschehnissen zurücktreten und sie mit Abstand anschauen. Sie führt in die Rolle des Beobachters, in der wir gleichzeitig handeln und beobachten können, in der wir Abläufe, Zusammenhänge und Wechselwirkungen verstehen. Durch diesen Abstand überwinden wir leichter Ängste, die mit der Situation verbunden sind. Wir können Glaubenssätze erkennen, überprüfen und lösen uns aus einschränkenden Denkstrukturen und Verhaltensmustern. Wir sehen die Dinge in den richtigen Proportionen und finden die Gelassenheit wieder. Teilausschnitte werden nicht mehr wie mit dem Vergrößerungsglas betrachtet.

Wer in den Geschehnissen verstrickt ist, kann meist nicht über den Tellerrand des eigenen Erlebens hinausschauen. Er wird leicht zum „Besserwisser". Er bewertet andere Anschauungen als „falsch".

Wer nicht vom Geschehen gefangen ist, ist offen für Anregungen und Änderungen. Er lernt von Menschen, die mit Situationen anders umgehen. Oder er erinnert sich an Zeiten aus seinem eigenen Leben, in denen er Probleme und Schwierigkeiten erfolgreich gemeistert hat. Dadurch findet er Alternativen zum bisherigen Verhalten und Handeln.

Verwenden wir das Bild eines Theaters, um die Wirkung von *Maha Chohan* zu verdeutlichen: Die Essenz befreit uns aus der Verhaftung des Schauspielers mit seiner Rolle. Der Schauspieler, der sich mit seiner Rolle identifiziert und glaubt, in der Rolle gefangen zu sein, hat keine Handlungsfreiheit. Er sieht nur sich und seine Rolle und muß so handeln, wie seine Rolle es vorschreibt.

Durch die Essenz begibt er sich in den Zuschauerraum und gewinnt einen anderen Blickwinkel. Er versteht das Schauspiel, erkennt andere Möglichkeiten, zu reagieren, den Verlauf des Stükkes zu beeinflussen, sieht, was in seiner Situation gebraucht wird und welche Reaktion in diesem Moment erfolgversprechend ist. Und er erkennt vom Zuschauerraum aus auch, wie sich das Stück entwickelt, wenn er anders reagiert. Er ist nicht mehr im alten Selbstbild gefangen. Und es gelingt ihm, über das „Stück auf der Bühne" zu schmunzeln.

Auf der Bühne schlüpft er wieder völlig in seine Rolle hinein, er erlebt und durchlebt das Stück mit allen Aspekten. Er hat Freude am Spiel, und sogar in die dramatischen Teile des Stückes kann er total hineingehen. Aber er ist nicht mehr in seiner Rolle verfangen oder unbewußt. Er weiß, daß es noch eine andere Wirklichkeit gibt und daß er selbst den Fortgang des Stückes beeinflussen kann.

Die Erfahrung einer Freundin in der Zeit, als sie mit *Maha Chohan* arbeitete, verdeutlicht die Wirkung: Eine Frau erzählte ihr, daß sie Krebs habe und dadurch in einer großen emotionalen Krise sei. Meine Freundin überlegte sich, wie es wohl wäre, wenn sie selbst an Krebs erkrankt sei, und versetzte sich in diesen Zustand hinein. Normalerweise vermied sie Vorstellungen von Krankheit und Tod, weil diese für sie mit sehr viel Angst verbunden waren. In diesem Moment fiel es ihr jedoch sehr leicht, und in ihr war das Gefühl: „Im Moment betrachtest du dein ganzes Leben als Experiment, es ist interessant, auch diese Situation anzuschauen und in Gedanken zu durchleben."

Wenige Tage später folgte eine ähnliche Situation: Sie wollte zu einem Seminar fahren und hatte ca. 60 km Fahrt vor sich. Es war Januar, die Straßen waren vereist, und es begann zu schneien. Sie hat Panik vor glatten Straßen und davor, die Kontrolle über ihr Auto zu verlieren. Jahre zuvor hatte sie eine sehr unangenehme Erfahrung gemacht, die ihr immer noch nachhing und sie veranlaßte, das Autofahren bei Schneewetter nach Möglichkeit zu vermeiden. So war sie nach 15 Minuten Fahrt ziemlich entnervt und entschlossen umzudrehen. Da kam jedoch ein neuer Gedanke: „Wenn du jetzt umdrehst, sitzt du nur zu Hause und ärgerst dich. Schau dir doch einfach an, was passiert, wenn du weiterfährst. Das ist auf jeden Fall spannender, als zu Hause zu sitzen." Sie kam gut im Seminar an.

Die Essenz von *Maha Chohan* hilft auch Menschen, die sehr sensitiv sind und mehr aus der Umgebung aufnehmen, als sie verarbeiten können, denen es schwerfällt, sich abzugrenzen. Solche Menschen spüren leicht die Stimmung, „die in der Luft liegt", die Gefühlszustände anderer Menschen und nehmen unter Umständen auch feinstoffliche Wesen wahr. Wenn sie sich nicht abgrenzen, verlieren sie sich selbst.

Die Energie unterstützt Berater, Therapeuten, Lehrer und Führungskräfte dabei, Menschen zu begleiten, ohne von deren Problemen und Ansichten gefesselt zu werden. Aus der Distanz erkennen sie leichter Ursachen, Hintergründe und neue Möglichkeiten. Sie können dem anderen helfen, die eigene Weisheit zu nutzen, und müssen nicht mehr selbst die Lösung für den Klienten finden. Sie kommen in die Lage, dem anderen das zu geben, was er wirklich braucht, und sich so auszudrücken, daß der andere versteht. Der Umgang mit dem anderen ist von Klarheit geprägt, respekt- und liebevoll.

Schwierig in der Arbeit mit Menschen ist auch, daß der Therapeut (Coach etc.) seinen eigenen Schwachstellen begegnet. Mit der Essenz fällt es leichter, die Distanz zu halten oder mit seinen eigenen blinden Flecken umzugehen.

Durch die notwendige Distanz vom Äußeren hilft die Energie auch, in die eigene Mitte zu kommen. Dort öffnet sich die Verbindung zur inneren Weisheit und zum Höheren Selbst. Und wir erkennen, daß es ganz natürlich ist, mit kosmischem Bewußtsein verbunden zu sein. Dieses ist Teil unseres Seins.

Die Meditation

Stell Dir vor, Du befindest Dich im Himalaja, auf einem Platz, von dem aus Du in die Welt hinein sehen kannst. An diesem Platz herrscht eine angenehm kühle Temperatur. Du bist umgeben von einem hellblauen Himmel, von schneebedeckten Bergen, und unter Dir ist der felsige Berg.

Von dort aus blicke zuerst auf die Erde, und anschließend auf Dein eigenes Leben.

In Momenten, in denen Du sehr verstrickt und verhaftet bist mit Deinem Leben, genieße es einfach, an diesem Platz der Weite, der Kühle und der Erhabenheit zu sein. In Gedanken wiederhole öfter das Wort „Erhabenheit" und laß dieses Gefühl in Dir entstehen, laß es durch Deinen ganzen Körper pulsieren – „Erhabenheit".

Die Botschaft

Ich grüße Euch, meine Freunde, von meinem Platz im Himalaja. Dort ist das Zentrum meiner geistigen Kraft. Es ist verbunden mit der Erde, mit den Tiefen der Erde und dennoch hoch im Himmel. Hier ist die Erde in ihrer massiven Form des Felsens präsent, und dennoch herrschen Weite und Klarheit. Hier ist das Wasserelement, das die Gefühle repräsentiert, Schnee.

Ich grüße Euch, und ich lehre Euch, die Göttlichkeit in dieser Welt zu leben, verbunden zu sein mit dieser Erde und gleichzeitig erhaben, erhoben über die Verstrickungen. Auf dieser Erde, die ich so liebe, auf dieser Erde könnt Ihr lernen, den Ausdruck der Göttlichkeit mit Eurem irdischen Leben zu verschmelzen, die Blüte der Göttlichkeit auf dem Boden der Erde entspringen und sich entfalten zu lassen. Und dies ist eine Aufgabe und Chance, die nur auf der Erde möglich ist, einem Ort, wo eine ungeheure Vielfalt an Gefühlen und Erfahrungen möglich ist, in Verbundenheit mit der Erde. Hier auf der Erde ist eine große Bandbreite möglich, und ich lehre Euch, in der Distanz und gleichzeitig mitten im Geschehen zu sein. Ich lehre Euch, gleichzeitig der Schauspieler auf der Bühne zu sein, im Zuschauerraum zu sitzen und die Regie zu führen.

Doch zunächst ist es wichtig zu erkennen, daß Ihr mit Herz und Seele in das Schauspiel verwickelt seid und darin aufgeht und gleichzeitig zuschaut. Wenn Ihr zuschaut und unbeteiligt seid, verfehlt Ihr eine Lernerfahrung.

Seid mitten drin im Leben, seid lebendig, laßt Euch berauschen von den Wellen des Lebens, von der Freude und Lebendigkeit des Lebens, von den Höhen und Tiefen des Lebens, werdet trunken vom Leben und spürt gleichzeitig Eure Erhabenheit, Eure Göttlichkeit, den göttlichen Kern.

Nr. 2 – *Lao Tse*

Akzeptieren und innere Ruhe

Die Wirkung der Meisteressenz

Die Essenz hilft, mit dem Bewerten und Verurteilen aufzuhören. Sie läßt erkennen, daß jede Situation, jeder Mensch, jedes Geschehen viele Seiten hat. In allem sind Vor- *und* Nachteile.

Sie läßt Fakten akzeptieren und danach handeln und entscheiden, anstelle sich über Geschehenes aufzuregen, über die Vergangenheit zu jammern.

Sie führt zum Innehalten, bringt die nötige Ruhephase vor dem Handeln, in der man Kraft für den nächsten Schritt sammelt.

Sie verhilft zu tiefer Meditation, zu innerer Ruhe und Gelassenheit.

Zuordnung zu den Chakren: Sakralchakra (Halschakra)

Farbe: Blau (königsblau)

Tarotkarte: Nr. 10 – Das Rad des Schicksals (Glück)

Edelstein: Saphir

Auftragen des Öls: Unterer Bauchbereich, Kreuzwirbelbereich, zusätzlich Kehlkopf, Hals

Ein Mensch, der diesen Aspekt ausgeglichen hat,

• kann Situationen betrachten, andere Menschen sehen und Ereignisse wahrnehmen, ohne zu urteilen;

• akzeptiert sich selbst, wie er ist; erkennt, daß er weder gut noch schlecht ist;

• erkennt das Wertvolle jeder Seinsform und jeder Situation;

• engt seinen Blickwinkel nicht ein und sieht auch Aspekte, die ihm unangenehm sind; nimmt alles wahr;

• kann den Wechsel im Leben sehen und akzeptieren;

• nimmt jedes Ereignis mit innerer Ruhe an; reagiert gelassen;

• schaut, was genau in diesem Moment richtig ist, und weiß, daß dies im nächsten Moment wieder anders sein kann; trifft

Entscheidungen im Moment; schaut genau hin und erkennt alle notwendigen Fakten;

- hat den richtigen Rhythmus für Arbeits- und Ruhephasen; sammelt Kraft vor dem nächsten Schritt.

Ein Mensch, der diesen Aspekt noch nicht ausgeglichen hat,

- verurteilt sehr stark; denkt schwarzweiß, alles wird in „gut" und „schlecht" eingeteilt, in Schubladen eingeordnet; handelt nach dem Prinzip „entweder-oder", übersieht dadurch viele Dinge und bekommt eine unrealistische Einschätzung;
- verurteilt sich selbst; fühlt sich schnell von anderen verurteilt und abgelehnt;
- blockiert sich durch Urteilen (das tue ich nicht, weil das schlecht ist);
- hat Selbstzweifel; glaubt, nichts wert zu sein, wertloser zu sein als andere;
- Hang zum Perfektionismus, nichts ist gut genug;
- kann keine neuen Perspektiven schaffen, weil er zu sehr in seinen Glaubenssätzen gefangen ist (das geht nicht, weil ...; das kann ich nicht; wenn ich das tue, dann passiert das und das);
- handelt aus einer inneren Hektik heraus; verurteilt innere Ruhe als Antriebsschwäche, Lustlosigkeit, Faulheit;
- hat Streß durch vermeintliche Ursache-Wirkungs-Kette (ich muß das tun, weil sonst ...);
- macht durch die eigene Hektik andere hektisch; steht ständig „unter Strom";
- ist mehr in der Zukunft oder Vergangenheit als in der Gegenwart;
- gerät in starke Gefühlsreaktionen, weil er sich gegen Fakten wehrt und diese nicht akzeptieren will.

Aber auch ein Mensch, der

- lethargisch oder in innere Erstarrung gefallen ist; eine übermäßige Ruhe hat, die ihn lähmt; dem alles egal ist;
- den eigenen Wert überschätzt.

Beschreibung

Während *Maha Chohan* uns ein Stück zurücktreten läßt, führt *Lao Tse* in die Unendlichkeit des Augenblicks, in das Hier und Jetzt. *Maha Chohan* bereitet vor, *Lao Tse* ist die Ausführung, das Leben im Moment.

Im Augenblick zu sein ermöglicht Ruhe, Weite und Gelassenheit. Am Anfang mag dieser Zustand ungewohnt sein, denn oft bewerten wir innere Ruhe als Antriebsschwäche, Lustlosigkeit, Faulheit. Es erscheint, als ob Handeln in diesem Zustand nicht möglich sei, als ob keine Energie zum Handeln vorhanden sei. Den Zustand von Ruhe verbinden viele Menschen mit Meditation oder Urlaub.

In innerer Ruhe zu arbeiten ermöglicht, eine neue Qualität von Arbeit zu erfahren. Wir arbeiten nicht mehr hektisch, sondern stetig und ruhig, aus der eigenen Mitte heraus. Das richtige Maß und die richtigen Zeiten für Anspannung und Entspannung, für Einsatz und Ruhe werden gefunden. Daran muß sich mancher erst gewöhnen.

Geraten wir in Hektik oder Streß, unterstützt die Energie von *Lao Tse* dabei, wieder in die eigene Mitte zu kommen, zu Ruhe und Gelassenheit zu finden. Die eigene gelassene Ausstrahlung beeinflußt dann auch andere Menschen in der Umgebung und läßt sie ruhiger werden.

Indem wir den Moment bewußt leben, ist jede Situation neu. Wir sind nicht mehr verhaftet in den Mustern und Glaubenssätzen der Vergangenheit und den Bildern, die wir uns für die Zukunft bereits erschaffen haben. Dadurch ist es möglich, neu zu reagieren, alle Fakten einer Situation hier und jetzt einzubeziehen und anders zu handeln – statt wieder ein altes Verhaltensmuster mechanisch abzuspulen. Wenn wir im Augenblick sind, können andere uns nicht mehr so leicht beeinflussen, da die Auslöser für bekannte Verhaltensmuster nicht mehr funktionieren.

Und wir verlassen das Verurteilen, die Einteilung in Gut und Schlecht, das Einordnen in Schubladen. Wir erkennen die Polarität, die Unterschiede, das Pendeln zwischen den Extremen und akzeptieren es. Damit verhaken wir uns nicht mehr in einem Extrem, halten nicht mehr am scheinbar Guten fest, sondern bleiben in Bewegung. Wir akzeptieren unser Leben in der Dualität.

Frei von Urteilen, die aus der Vergangenheit stammen, können wir Situationen realistisch und vollständig wahrnehmen. Wir entwickeln Realitätssinn und betrachten Menschen differenziert.

Wer mit der Essenz von *Lao Tse* arbeitet, wird auch mit der Frage nach dem Selbstwert konfrontiert. Da treten Urteile und Bewertungen über die eigene Person wieder in den Vordergrund, da stehen die Fragen nach dem, was man kann oder nicht kann, wieder sichtbar da. Und man fragt sich, ob man besser oder schlechter ist als andere. Das Spiel „jemanden auf einen Sockel zu stellen", um ihn dann wieder herunterzuwerfen und sich selbst hinaufzustellen, wird durchschaut. Es wird möglich, das Spiel, oben und unten, besser oder schlechter zu sein, zu durchschauen und sich selbst und andere so anzunehmen, wie man ist. Es ist möglich, den Wert jedes Menschen und jedes Seins zu sehen.

Wer beobachten kann, ohne zu bewerten, erkennt den ständigen Wechsel im Leben. Gegensätze folgen aufeinander, Liebe folgt Haß, Tage von Traurigkeit werden gefolgt von Tagen voller Freude, auf Glück folgt Pech, nach jedem Tief folgt ein Hoch, auf Regen folgt Sonnenschein. An einem Tag wachen wir morgens fröhlich voller Tatkraft auf, am nächsten Tag sind wir müde und verstimmt. Doch in der eigenen Mitte sind wir der Beobachter, der von diesem Wandel unberührt bleibt, der weiß, daß das einzig Beständige der Wandel ist und daß derjenige, der sich im Außen in diesen Wechseln befindet, hin und her geworfen wird. An der Peripherie des Wirbelsturmes kann es uns schwindlig werden, im Zentrum herrscht Ruhe. Aus diesem Zentrum heraus läßt sich das Auf und Ab des Lebens mit Gelassenheit anschauen, akzeptieren und nutzen.

Eine Frau litt sehr unter dem Tod ihres Hundes, der Gift gefressen hatte. Wenige Stunden nach der Anwendung der Essenz konnte sie seinen Tod akzeptieren und den Schmerz loslassen.

Indem wir uns nicht mehr mit dem Geschehen *identifizieren*, fallen Ängste weg. Wenn wir die Angst als das sehen, was sie ist, nämlich ein Gefühl wie jedes andere, hat sie wenig Einfluß. Identifizieren wir uns jedoch damit, sind wir mitten in der Angst, erzeugt dies eine Reihe von weiteren Gedanken und Gefühlen, die den Zustand verstärken. Man sucht Ursachen für diese Angst und schafft damit eine Ursache-Wirkungs-Kette, die vielleicht

gar nicht besteht. Ereignisse werden nicht mehr neutral gesehen, sondern als Bestätigung. Alles scheint diese Angst zu be-
stätigen, Ereignisse werden aus dieser Perspektive betrachtet und
interpretiert.

Ein Beispiel: Es ist heller Tag, Sie sitzen in einem Raum und
hören ein Geräusch. In den meisten Fällen nehmen Sie dieses
Geräusch überhaupt nicht bewußt wahr oder vergessen es sofort wieder.

Anders ist das, nachdem Sie sich nachts einen Gruselfilm angeschaut haben. Sie lauschen förmlich auf jedes Geräusch, und
wenn Sie eins hören, schrecken Sie zusammen.

Die Energie von *Lao Tse* ermöglicht in solchen Momenten zu
erkennen, daß die Identifikation mit dem inneren Zustand wie
hier mit der Angst die Wahrnehmung färbt. Ähnlich ist es mit
anderen Wahrnehmungen und Gefühlen.

> *Solange wir uns mit etwas identifizieren,*
> *leben wir in Fesseln.*
> WEI WU WEI

Wenn wir aufhören, zu urteilen und uns zu identifizieren, werden die Ereignisse des Lebens als Lernangebote angenommen,
als Herausforderungen, die uns wachsen lassen. Ob die Situationen angenehm oder unangenehm sind, ist nicht mehr so wichtig, denn beides sind Lernschritte, sie sind „gleich gültig".

Ein Beispiel mag das verdeutlichen: Wenn wir ein Haus bauen
und weiße Kunststofffenster bestellt haben, aber Holzfenster geliefert bekommen, haben wir die Möglichkeit, die Holzfenster
zurückzuschicken oder sie einzubauen. Wir brauchen uns nicht
zu ärgern, die Lieferung ist eine Tatsache, die unsere Entscheidung fordert. Die Entscheidung hat zwar unterschiedliche Nach-
wirkungen, das Haus sieht anders aus, Kunststofffenster bringen
andere Probleme als Holzfenster, doch egal ob wir die Lieferung
annehmen oder nicht, es werden weitere Ereignisse eintreten.
Wir lernen immer, egal wie wir entscheiden.

Alles sind Lernschritte und Erfahrungen, es gibt kein Richtig
und kein Falsch. Für uns Menschen gibt es jedoch ein Angenehmer und ein Unangenehmer, einen Weg, der sich gut anfühlt,
und einen Weg mit Schwierigkeiten. Auch das sind Erfahrungen.

Die Energie hilft, den Weg zu gehen und das, was uns auf dem Weg begegnet, zu akzeptieren und frei zu handeln.

„Ich arbeite jetzt seit zwei Wochen mit Lao Tse und dem Akzeptieren. Ich habe genug davon, abzuwarten und die Hände in den Schoß zu legen. Ich will jetzt endlich wieder etwas machen", war die Reaktion einer Seminarteilnehmerin, als sie wieder *Lao Tse* zog. Diese Reaktion zeigt, was für viele „akzeptieren" bedeutet, nämlich: nimm es hin, du kannst ja sowieso nichts daran ändern; rege dich nicht auf und schlucke deine Reaktion runter. Es bedeutet für sie, nicht zu handeln.

Aber das ist nicht damit gemeint. Akzeptieren heißt, die Fakten sehen, ohne sie in die Schublade „gut oder schlecht" zu stecken, ohne sich zu ärgern oder zu hadern. Geschehnisse sind weder deprimierend noch spannend, sie sind einfach Tatsachen des Lebens. Unsere Bewertung gibt ihnen die Färbung von gut oder schlecht. Und was mir schlecht erscheint, kann für andere gut sein: „Mist, es regnet", ärgert sich derjenige, der ein Gartenfest gibt. „Welches Glück, jetzt brauche ich nicht zu gießen", freut sich der Gartenbesitzer.

So, wie die Energie hilft, aus einem ständigen Verurteilen herauszukommen, hilft sie auch aus Lethargie und Gleichgültigkeit heraus. Wertfreiheit bedeutet nicht Fatalismus oder hilfslos alles geschehen zu lassen.

Manche Menschen geraten in Panik und glauben, sofort alles ändern zu müssen, wenn sie Erkenntnisse über sich gewonnen haben. Wenn sie jedoch akzeptieren, daß es im Moment so ist, wie es ist, können sie in Ruhe Entscheidungen über Änderungen und den besten Zeitpunkt für die Veränderung treffen. Und manche Verhaltensmuster können auch erst einmal so stehen gelassen werden, weil im Moment anderes wichtiger ist oder sie für eine Veränderung noch nicht bereit sind. Daran ist dann nichts mehr gut oder schlecht.

Akzeptanz ist auch Voraussetzung für Vertrauen, Liebe und Selbstliebe. Manche Menschen werden mit der Energie von *Christus* oder *Lady Nada* nicht arbeiten können, wenn sie nicht vorher gelernt haben, Erkenntnisse und Reaktionen zu akzeptieren und liebevoll anzunehmen.

Daß Akzeptieren der Liebe vorausgeht, wird deutlich, wenn man sich verliebt. Dann ist man im Moment des Augenblicks.

Eine Begegnung findet im Moment statt. Einander in die Augen zu sehen führt in den *Augenblick*.

Und Akzeptieren ist Voraussetzung für Transformation. Nur wer seine unerwünschten Verhaltensweisen als Hinweis auf die eigenen Schattenseiten und unangenehme Erfahrungen als notwendige Erkenntnis akzeptiert, kann die Erfahrungen nutzen, um heil zu werden, um das Fehlende zu lernen.

Lao Tse bringt in den Moment, und das ist Meditation. Diese Energie bringt in einen „no-mind"-Zustand, in den innersten Kern, der vom ständigen Auf und Ab des Lebens unberührt ist. Dort sind Bewußtheit und Selbst-Erkenntnis möglich. Die Verbindung zur Existenz öffnet sich, denn die Existenz ist immer im Augenblick, sie ist außerhalb von Raum und Zeit, und wir kommen damit in Kontakt, weil auch wir im Moment sind.

Die Meditation

Stell Dir vor, Du sitzt mit dem Rücken an den Stamm eines Baumes gelehnt, spürst die Energie, die aus den Wurzeln in die Blätter fließt, hörst das leise Rauschen der Blätter im Wind. Und Du schaust auf ein weites, weites klares Land, ein Grasland, in dem es sonst keinen Baum oder nur vereinzelt einen Baum gibt. Und am Horizont siehst Du Berge, die diese Weite eingrenzen.

Sitze da und schaue einfach auf dieses Grasland, die Weite, die Klarheit, über Dir der blaue Himmel.

Als nächsten Schritt spüre den Baum. Es ist ein hoher Baum.

Werde dann zu diesem Baum. Streck Deine Wurzeln in die Erde, spüre, wie der Stamm kräftig und hoch ist, und recke Deine Blätter in den Himmel hinein. Und dann steh da als dieser Baum, alt und verwurzelt, und schaue als dieser Baum über das weite Land. Und empfinde, was der Baum empfindet, sieh, was der Baum sieht, höre, was der Baum hört.

Und wenn du noch weiter gehen willst, beginne den dritten Teil der Meditation. Dort, wo Du vorher gesessen hast an diesem Baum, sitze nun ich, *Lao Tse,* und schaue auf das weite Land. Und Du als Baum hörst meine Worte. Du hörst die Botschaft, die ich der Welt und Dir bringe, die Botschaft für diesen Moment, und sie wird kurz und klar sein.

Und zum Abschluß werde wieder zu Dir, der am Baum sitzt, und komme aus dieser Meditation heraus.

Die Botschaft

Ich grüße Euch und umgebe Euch mit der Energie von Klarheit, Weite und Weitblick.

Ich, *Lao Tse,* unterstütze Euch Menschen dabei, Eure Wahrheit und Klarheit zu finden. Zu erkennen, zu durchschauen und anzunehmen. Denn nur das, was angenommen wird, kann transformiert werden. Wenn Menschen etwas transformieren wollen, um es loszuwerden, hat dies nur eine begrenzte Wirkung. Wirkliche Veränderung geschieht nur dadurch, daß Ihr annehmt, liebevoll ins Herz schließt, akzeptiert, wie es ist, und Ausschau haltet nach dem Ziel und dem Weg, auf dem Ihr dorthin gelangen wollt. Akzeptiert das, was im Moment ist.

So, als ob Ihr ein Kind habt, das gerade vier ist und anfängt, die ersten Buchstaben zu lesen. In dem Moment akzeptiert Ihr dieses Kind so, wie es ist. Ihr akzeptiert, daß es gerade erst beginnt zu lesen. Ihr akzeptiert, daß es Fehler macht, weil es sich auf den Weg begibt. Das Kind hat ein Ziel vor Augen: lesen zu lernen. Wenn Ihr es für jeden Fehler tadeln würdet, wenn Ihr unzufrieden wärt oder wenn Ihr die Fehler, die es macht, möglichst schnell loswerden wollt, dann setzt Ihr das Kind unter Druck, und es wird langsamer lernen und aus Angst mehr Fehler machen. Und es wird nicht in Freude dieses Ziel erreichen. Freut Ihr Euch mit ihm über die Schritte, die es tut, über seine Lebendigkeit, nehmt Ihr es so an, wie es ist, mit den Fehlern, die es macht beim Lernen, unterstützt Ihr seine Lernschritte. Dann wird es gern lernen und sehr schnell sein Ziel erreichen.

So geht auch mit Euch selbst um: akzeptiert, was ist. Schaut es Euch an, geht bis auf den Grund, hinterfragt und hinterfragt, immer weiter und immer tiefer, bis Ihr an die Wurzel kommt, bis Ihr die Wurzel findet, bis Ihr feststellt, daß alles aus dem gleichen Ursprung kommt. Und wenn Ihr diesen Punkt gefunden habt, dann könnt Ihr über alles hinausgehen in eine neue Dimension.

Ich unterstütze Euch, klar zu sehen, anzunehmen, gelassen und liebevoll mit Euch selbst zu sein, diese Welt als Beobachter zu betrachten und das Leben als Spiegel zu nutzen für Eure Entwicklung. Ich lehre Euch, zu beobachten, zu akzeptieren, anzunehmen und dadurch zu transformieren. Denn mit jeder Schicht, die Ihr akzeptiert, geht Ihr eine Stufe tiefer zur Wurzel, um dann darüber hinauszugehen.

Nr. 3 – *El Morya*

Vertrauen

Die Wirkung der Meisteressenz

Die Essenz stärkt das Urvertrauen, das Vertrauen zu sich selbst, zu anderen Menschen und in die Existenz. Dadurch werden Ängste geringer.

Sie unterstützt eine realistische Einschätzung eigener Fähigkeiten und anderer Menschen.

Sie unterstützt therapeutische Arbeit an pränataler und frühkindlicher Zeit hinsichtlich Traumen und Schocks des Urvertrauens (zum Beispiel Rebirthing, Pränatale Massage, Primärtherapie).

Zuordnung zu den Chakren: Solarusplexuschakra (Basis- und Kronenchakra)

Farbe: Aquamarin

Tarotkarte: Nr. 1 – Der Magier

Edelstein: Blauer Aquamarin, blauer Topas, Lapislazuli

Auftragen des Öls: Unterer Bauchbereich, unterhalb des Schlüsselbeins (Zonen der Angst), zusätzlich: Knie, um den Nabel, um den Kehlkopf

Ein Mensch, der diesen Aspekt ausgeglichen hat,

• besitzt Urvertrauen;

• hat Vertrauen in seine eigenen Fähigkeiten; vertraut, daß er es schafft, daß er Unterstützung bekommt, daß das Richtige passiert, daß er die Fähigkeit zur Lösung jedes auftretenden Problems in sich trägt;

• hat Selbstvertrauen und beginnt zu handeln, auch wenn er noch nicht perfekt ist; weiß, daß Fehler Lernschritte sind, und läßt sich dadurch nicht abschrecken;

- schätzt seine Fähigkeiten realistisch ein; hat Mut zu handeln; hat Mut, erworbenes Wissen, Fähigkeiten und Kenntnisse anzuwenden und auszuprobieren;
- hat Vertrauen in die Unterstützung aus der feinstofflichen Welt (Gott, Meister, Engel, Erde);
- vertraut anderen Menschen; kann sich in Beziehungen einlassen;
- vertraut anderen Menschen Aufgaben an; erkennt, zu was sie fähig sind und mit was sie überfordert sind.

Ein Mensch, der diesen Aspekt noch nicht ausgeglichen hat,

- hat kein Vertrauen in die eigenen Fähigkeiten; hat wenig Selbstvertrauen („das schaffe ich nicht, dazu bin ich nicht fähig, ich bin noch nicht gut genug"), ist dadurch unsicher in seinem Verhalten und seinen Fähigkeiten;
- hat kein Vertrauen zur Existenz, glaubt „keiner hilft mir, ich muß alles allein machen";
- hat Hemmungen im Kontakt mit anderen Menschen; ist sehr scheu, unsicher und zurückgezogen;
- hat starkes Mißtrauen zu anderen Menschen; gerät dadurch in Isolation;
- ist nicht beziehungsfähig, weil er dem anderen nicht vertraut und sich nicht einläßt;
- leidet unter starken Ängsten: Existenzangst, Überlebensangst, Versagensangst, Angst vor dem Unbekannten (aufgrund des verlorenen Urvertrauens);
- leidet unter starker Verlustangst, und daraus resultiert Eifersucht;
- hat Angst vor allem, was man nicht sehen kann, aber ahnt oder fühlt (wie beispielsweise feinstoffliche Erscheinungen);
- hat Verspannungen aus Angst (hochgezogene Schultern).

Aber auch ein Mensch, der

- übertriebenes Selbstvertrauen hat: traut sich alles zu und erkennt seine Grenzen nicht;

- überzogenes Vertrauen zu anderen hat, ständig betrogen wird und weiter vertraut; jedem alles glaubt und jedem uneingeschränkt vertraut;
- übertriebenes Vertrauen in Hilfe von außen hat: „Ich brauche nichts zu machen, die Existenz wird schon machen, ich muß nur vertrauen."

Der Unterschied zwischen Nr. 3 – El Morya und Nr. 6 – Djwal Khul zum Thema „Selbstvertrauen"

Nr. 3   stärkt das Selbstvertrauen, indem die Ängste wegfallen.
Nr. 6   stärkt, indem das Wissen um die eigene Kraft gestärkt wird.

Der Unterschied zwischen Nr. 3 – El Morya und Nr. 2 – Lao Tse zum Thema „Angst"

Nr. 3   hilft dabei, die Ängste durch Vertrauen zu überwinden.
Nr. 2   hilft Ängste durch Akzeptieren und Abbau von Identifikation zu überwinden.

Beschreibung

Die Energie von *El Morya* lehrt uns Vertrauen zu uns selbst, in unsere eigene Kraft (3. Chakra), zur Erde (1. Chakra) und in die Unterstützung des Ganzen (7. Chakra). Die Essenz bringt uns wieder in Kontakt mit dem Urvertrauen, der Verbindung zur Existenz, die wir geborgen im Mutterleib besaßen. Dadurch heilt sie auch belastende Traumen und Schocks der pränatalen Zeit und der frühen Kindheit. Sie transformiert die unangenehmen Erfahrungen, verlassen zu sein, hilflos ausgeliefert zu sein und getrennt zu sein, die zu Mißtrauen und Angst führen. Dadurch unterstützt die Essenz auch die Arbeit der Primärtherapie, Rebirthing oder anderer Therapieformen, die an solchen Traumen arbeiten.

Vertrauen ist wie ein fester Boden, auf dem wir stehen und gehen können.

Je größer das Mißtrauen und die Angst sind, desto mehr verlassen uns Kraft und Mut. Angst bringt uns dazu, uns zurückzuhalten, unsere Kräfte und Fähigkeiten nicht auszuprobieren, uns mit weniger zufriedenzugeben, als möglich wäre. Sie führt zu faulen Kompromissen, die wir bereuen und dennoch nicht beenden.

Die Angst vor Fehlern, Schuld und Versagen ist wohl in jedem Menschen tief verwurzelt. Letztlich steht dahinter die Angst, abgelehnt zu werden.

Vertrauen löst das auf, was uns bisher daran gehindert hat, die eigenen Fähigkeiten zu sehen und zu nutzen. Und durch Selbstvertrauen steigt der Mut, Fähigkeiten, erworbenes Wissen und Kenntnisse anzuwenden, mit seinen Fähigkeiten „nach draußen" zu gehen. Der Satz: „Ich bin noch nicht gut genug, ich kann das noch nicht." kann nur durch Handeln, durch Ausprobieren und Üben überwunden werden. „Übung macht den Meister", sagt die Volksweisheit. Daß beim Üben Fehler passieren, ist normal, denn Fehler sind Lernerfahrungen, die uns zeigen, wie es nicht geht. Fehler sind jedoch kein Versagen. Nur wer sich traut, bis an seine Grenzen zu gehen, und Fehler riskiert, kann Begrenzungen überschreiten und wachsen.

Und Vertrauen ist die Grundlage jedes neuen Schrittes. In etwas Neues hinzugehen heißt, sich zu verändern, ein neues Verhalten, eine neue Umgebung, neue Menschen. Wer den Schritt wagt, läßt Altes zurück.

Als wir mit dem Buch und den Essenzen auf der Frankfurter Buchmesse standen, kam eine Frau vorbei, die eher unkonzentriert den Gesprächen zuhörte. Als sie eine Karte mit der Frage zog: *„Welche Essenz unterstützt mich im Moment am meisten?"* kam das Thema „Vertrauen" (Nr. 3 – *El Morya*). Als sie etwas Öl auf ihrem Puls verrieb, bemerkte sie augenblicklich, wie sie ruhiger, kraftvoller und selbstbewußter wurde. Ganz erfreut darüber erzählte sie mir, daß sie ein Buch geschrieben habe und eigentlich vor einer halben Stunde ein Gespräch mit einem Verleger hatte. Der Termin hatte sich jedoch verschoben, und sie war nervös und aufgeregt umhergewandert. Dabei war sie „zufällig" auf die Essenzen gestoßen.

Am nächsten Tag kam sie wieder, um mir zu sagen, daß ihr Gespräch erfolgreich gewesen war und daß sie sich während des ganzen Gesprächs sehr ruhig und zentriert gefühlt hatte.

Eine andere Anwenderin berichtete von der Wirkung der Essenz bei ihrem Sohn. Er war vor kurzem eingeschult worden und litt unter einer „nervösen Blase". Das hieß, daß er alle halbe

Stunde auf die Toilette mußte und damit den Unterricht störte. Die Anwenderin rieb daraufhin seinen Bauch mit Öl Nr. 3 – *El Morya* ein – was er sehr genoß und sie auch daran erinnerte, falls sie es vergaß –, und nach einigen Tagen besserte sich sein Zustand. Er mußte nur noch in den großen Pausen, das heißt alle anderthalb Stunden auf die Toilette.

Vertrauen ist die Grundlage jeder Beziehung. Die Entfaltung des Selbstvertrauens läßt uns selbstsicher werden und ermöglicht selbstsicheres Auftreten. Dadurch entsteht eine innere Gelassenheit, ein offener und natürlicher Ausdruck, und der Kontakt zu anderen Menschen wird leichter. Die Essenz eignet sich daher für Menschen, die Kontaktschwierigkeiten haben, weil sie sich vor dem anderen fürchten oder mißtrauisch sind.

So berichtete eine Anwenderin, daß sie, seit sie die *El-Morya*-Essenz verwendet, sehr interessante Menschen kennenlernt. Ihr fiel auf, daß sie diesen Menschen vorher aus mangelndem Selbstbewußtsein aus dem Weg gegangen war.

Auch in partnerschaftliche Beziehungen können wir uns mit größerem Vertrauen mehr einlassen. Vertrauen ist die Voraussetzung für Hingabe und Liebe.

So fand eine Anwenderin den Mut, mit ihrem Lebenspartner über Probleme und belastende Gewohnheiten zu reden, die sie vorher verschwiegen hatte. Dadurch konnten sich beide neu auf die Beziehung einlassen.

Die Energie von *El Morya* stärkt auch das Vertrauen in das weibliche und männliche Prinzip. Die Essenz unterstützt die Auseinandersetzung mit Vater- und Mutterthemen und heilt Wunden. Das Auftragen der Essenz um den Nabel stärkt das Vertrauen in die eigene weibliche Kraft, um den Kehlkopf herum das Vertrauen in die eigene männliche Kraft und das männliche Prinzip. Beide Bereiche sind wichtig für Männer und Frauen, denn jeder Mensch enthält beide Anteile.

Das Vertrauen zur Quelle, zu Gott stärkt die Verbindung und öffnet die Durchlässigkeit für Impulse vom Höheren Selbst. Dadurch kann die eigene Intuition besser wahrgenommen und genutzt werden.

Als wir mit *El Morya* arbeiteten, befielen uns wieder lähmende Ängste, die wir aus der Vergangenheit kannten. Da waren plötzlich unbegründete Existenzängste, Angst vor der Zukunft, Angst davor, zu verhungern und unter Brücken schlafen zu müssen. Wir gingen noch einmal hindurch und erreichten danach das Vertrauen in uns selbst und die Existenz. Seitdem sind diese starken Ängste nicht mehr aufgetreten.

Diese Erfahrung zeigt, daß Vertrauen und Angst eng miteinander verbunden sind. Aus unserer Kindheit sind oft noch angstvolle Erfahrungen gespeichert, die heute ihre Grundlage verloren haben.

Und Angst färbt die Wahrnehmung sehr stark. Man „ist ständig auf der Hut", „sieht hinter jedem Busch eine Gefahr", reagiert angespannt und unangemessen und erzeugt damit auch in der Umgebung Gereiztheit und Abwehr. Die ständige Anspannung macht müde und läßt wichtige Dinge übersehen. Und schließlich führt sie auch im Körper zu Verspannungen, was man oft an hochgezogenen Schultern erkennen kann.

Angst schränkt auch Denkfähigkeit und Kreativität ein.

Angst blockiert den Energiefluß und läßt die Aura schrumpfen, Liebe und Vertrauen dehnen die Aura aus. Sind wir in Liebe und Vertrauen, können wir uns von unseren Ängsten lösen und uns vertrauensvoll auf etwas Neues einlassen (zum Thema Angst siehe auch Nr. 2 – *Lao Tse*).

Die Meditation

Stell Dir vor, Du stehst vor einem Torbogen, einem hellblauen Torbogen. Es sind keine Türen in diesem Tor, nur ein hellblauer Torbogen. Dahinter befinden sich eine ganze Reihe dieser hellblauen Torbögen, so wie es manchmal bei einem Rosenspalier ist.

Lies die Inschrift auf dem Torbogen. Es kann sein, daß die erste Inschrift lautet „Vertrauen zu dir selbst", „Vertrauen zur Erde" oder „Vertrauen zu höheren Energieformen".

Dann durchschreite den ersten Torbogen des Vertrauens sehr bewußt und nimm wahr, was in Dir geschieht. In dem Moment, in dem Du hindurchschreitest, gewinnst Du diese Qualität, Du gewinnst sie in Dir, sie füllt Dich aus von den Füßen bis zu den Haarspitzen und alle Schichten Deiner Aura.

Beende dann für diesen Tag die Meditation und laß die neugewonnene Energie in Dir wirken und sich ausdehnen.

Am folgenden Tag gehe in Deiner Meditation an die Stelle, an der Du beim vorherigen Mal die Meditation beendet hast. Schau Dir wieder den Torbogen an, der vor Dir liegt und schau Dir auch den oder die an, die hinter Dir liegen.

Lies dann die Inschrift des Torbogens, der vor Dir ist, und durchschreite ihn dann.

Und so gewinne immer mehr Vertrauen, laß Dich immer mehr ein auf diesen Prozeß. Schau Dir auch Deine Widerstände an. Wenn es einen Torbogen gibt, den Du noch nicht durchschreiten möchtest, dann warte, bleibe davor stehen, betrachte Deine Widerstände; und die, die Du ablegen willst, kannst Du am Fuß des Torbogens hinlegen und zurücklassen.

Laß Dir Zeit. Und erst wenn Du bereit bist – und das kann Tage dauern – dann durchschreite den Torbogen.

Die Botschaft

Ich grüße Euch und sende Euch die Energie des Vertrauens, des Vertrauens in Eure eigene Kraft und Stärke, in die Führung durch Euch selbst, durch den Aspekt, den Ihr „das Höhere Selbst" nennt, das Vertrauen zu den höheren Bewußtseinsebenen, die letztlich auch wieder nur Aspekte des göttlichen allumfassenden Seins, Eures Selbst sind. Auch wir, die Meister auf der Meisterebene, sind Energien, die sich in Euch spiegeln. Ihr tragt all diese Energien und Aspekte auch in Euch, und deshalb können wir wirken und Euch unterstützen.

Alles ist miteinander verbunden, alles schwingt in der göttlichen Liebe. Wovor habt Ihr Angst, wenn alles in der Liebe ist und Ihr selbst in der Liebe seid? Es gibt auf der Erde Licht und Schattenseiten. Doch alles ist Spiegel Eures eigenen Seins. Und solange Ihr die Schattenseiten noch als bedrohlich empfindet, gibt es Anteile in Euch, die Ihr ausklammert, die Ihr nicht annehmt. Wenn es Euch gelingt, das Vertrauen wiederzuerlangen, das Vertrauen der göttlichen Liebe, dann gibt es keine Angst mehr, dann seid Ihr frei von Angst. Denn wovor solltet Ihr Euch fürchten, wenn Ihr eingehüllt seid in der Liebe, wenn Ihr verbunden seid mit allem und eins seid?

Vertrauen heißt, zur eigenen Göttlichkeit zurückzufinden, Dich wieder zu verbinden mit Deinem göttlichen Kern und dem Eins-sein und zu erkennen, daß alles, was geschieht, in Ordnung ist. Daß alles, was geschieht, Schritte sind auf Eurem Weg und daß Ihr immer Unterstützung habt, auch an den dunkelsten Stellen Eures Lebens. Sie gehören dazu. Sie sind selbst erschaffene Lernerfahrungen, in denen Ihr unterstützt werdet. Ihr habt genügend Kraft und Energie, um sie zu durchleben und um die Lernschritte zu tun. Für jedes Problem, das Ihr erschafft, habt Ihr auch die Lösung mitgenommen.

Vertrauen könnt Ihr nicht trainieren. Am schnellsten könnt Ihr es erlangen, wenn Ihr Euch wieder mit der eigenen Göttlichkeit verbindet.

Nr. 4 – *Kwan Yin*

Hingabe

Die Wirkung der Meisteressenz

Die Essenz hilft, mit dem zu fließen, was geschieht, und sich wirklich einzulassen. Damit unterstützt sie Menschen, die zögern, sich auf Neues und Unbekanntes und letztlich das Leben einzulassen.

Sie bringt gestaute, festgehaltene Gefühle ins Fließen, so daß sie heilen können.

Sie öffnet den Zugang zu den eigenen Gefühlen, hilft, sie auszudrücken und zu leben.

Sie ist sehr hilfreich für Trauerarbeit und für Menschen, die Tränen festhalten und nicht weinen können.

Sie kann Körperflüssigkeiten ins Fließen bringen (beispielsweise verstopfte Nase).

Zuordnung zu den Chakren: Herzchakra (Kronenchakra)

Farbe: Koralle

Tarotkarte: Nr. 9 – Der Eremit

Edelstein: Regenbogen-Mondstein, Wassermelonenturmalin, grüner Granat

Auftragen des Öls: Brustbereich, 7. Halswirbel; zusätzlich zur Steigerung des Lymphflusses auf die Punkte für den Lymphfluß, siehe Abbildung auf Seite 94.

Ein Mensch, der diesen Aspekt ausgeglichen hat

• ist neugierig auf das Leben; ist abenteuerlustig; springt ins Leben und läßt sich überraschen; sagt freudig „Ja" zum Leben;

• nutzt die eigene Stärke, Kraft und Fähigkeiten im Fluß des Lebens;

• weiß, wann er handeln muß und wann er geschehen lassen soll (Intuition);

- handelt mit voller Kraft, wenn der Zeitpunkt zum Handeln gekommen ist;
- hat Zugang zu seinen Gefühlen und kann sie zeigen; drückt Gefühle spontan aus, zeigt, wie er sich im Moment fühlt;
- ist im Fluß; kann Wandel akzeptieren; weiß, „daß das einzig Beständige der Wandel ist";
- schwimmt durch Höhen und Tiefen des Lebens; ist nicht darin verhaftet;
- läßt sich in Gefühle fallen, ohne darin zu versinken;
- hat Mitgefühl und Toleranz.

Ein Mensch, der diesen Aspekt noch nicht ausgeglichen hat,

- hat keinen Zugang zu seinen Gefühlen, hält sie fest, schneidet sich davon ab;
- hat Angst, sich fallen zu lassen;
- sitzt innerlich auf einem Pulverfaß an unverdauten Gefühlen wie Wut, Trauer, Angst;
- kann Gefühle nicht ausdrücken, Tränen werden festhalten und nicht geweint; hat Stein auf dem Herzen;
- hat extrem starke Selbstbeherrschung, man kann außen meist nicht erkennen, was innen vorgeht;
- bewegt sich starr;
- leidet an starken inneren Anspannungen und Verkrampfungen, die Nerven sind zum Zerreißen gespannt, weil Gefühle unterdrückt werden, weil er Angst hat, innerlich loszulassen, Angst hat vor dem, was dann geschieht, was dann noch einmal angeschaut werden muß;
- hält am Alten fest aus Angst vor Veränderung; kann seinen Blick nur schwer in die Zukunft richten;
- hat Angst vor Abenteuer, vor Veränderung, vor dem, was morgen kommt, vor dem, was das Leben bringt; läßt sich nicht oder nur sehr zögernd auf Neues und Unbekanntes ein;
- hat am Morgen Angst vor dem beginnenden Tag;
- benutzt oft das Wort „muß";

- fühlt sich nur wohl, wenn er die Ereignisse planen und kontrollieren kann.

Aber auch ein Mensch, der
- das Leben dahinfließen läßt, ohne im rechten Moment zu handeln, der lethargisch ist.

Der Unterschied zwischen Nr. 4 – Kwan Yin und Nr. 17 – Pallas Athene zum Thema „Gefühle ausdrücken"

Nr. 4   löst alte, gestaute und blockierte Gefühle, öffnet den Zugang zu Gefühlen.

Nr. 17   hilft, die momentanen Gefühle spontan und natürlich auszudrücken.

Der Unterschied zwischen Nr. 4 – Kwan Yin und Nr. 10 – Kamakura zum Thema „Handeln"

Nr. 4   stärkt eher die passive Seite des Handelns, das Geschehenlassen, das Handeln im Einklang mit dem Lebensfluß. Sie hilft Kontrolle und Festhalten zu lösen. Ängste werden losgelassen und heilen dadurch.

Nr. 10   bringt Energie für die Tat, stärkt das aktive Handeln zum richtigen Zeitpunkt. Die Transformation der Ängste geschieht durch positive Erfahrungen.

Beschreibung

Wer vertraut, kann sich leicht dem Fluß des Lebens hingeben. Wer sich hingibt, ist auf das Leben neugierig wie ein Kind, das über die Welt und die Geschehnisse staunt und für die Ereignisse des Lebens offen ist. Kinder sind offen, wenn sie sich sicher fühlen. Ihre Intuition warnt sie oft vor Gefahrensituationen.

Hingabe bedeutet nicht, sich fatalistisch in alles hineinzubegeben, nichts zu tun, die eigene Wahrnehmung und Intuition zu mißachten. Wahre Hingabe bezieht die eigene Stärke und Kraft mit ein. Sie nutzt die eigenen Fähigkeiten, um mit dem Fluß des Lebens zu schwimmen und in Einklang zu sein mit dem Lebensplan. Das erfordert weniger Kraftaufwand. Und wer den

Mut hat, sich einzulassen, kann erfahren, daß er getragen wird und Unterstützung bekommt.

Das Bild der Ente auf einem Bach verdeutlicht, was gemeint ist. Die Ente hat genügend Kraft, gegen den Strom zu schwimmen oder aus dem Bach hinauszugehen. Sie läßt sich jedoch vom Wasser tragen, setzt zusätzlich ihre eigene Kraft ein und paddelt mit den Füßen, um schneller vorwärtszukommen. Sie nutzt den Strom, um ohne Anstrengung, ohne Widerstände weiterzukommen, und genießt Stromschnellen und Strudel.

Dies heißt nicht, „mit dem Strom zu schwimmen". Der eigene Fluß des Lebens kann völlig verschieden sein von dem anderer Menschen. Er kann Wege und Handlungen beinhalten, die andere nicht nachvollziehen können. Manchmal können uns nur wenige Menschen verstehen und akzeptieren, wenn wir unsere eigenen Wege gehen. Hingabe an sich selbst ist Selbst-Verwirklichung. Und es kann Abschnitte auf diesem Weg geben, während der wir allein sind.

Der Gegenpol zu Hingabe ist Kontrolle. Manche Menschen versuchen durch übertriebenes Durchdenken und haargenaue Planung und Organisation die Kontrolle zu behalten. Sie blockieren damit jedoch ihre eigene Intuition und „glückliche Zufälle", verpassen die unerwarteten Geschenke der Existenz. *Kwan Yin* hilft, die Kontrolle loszulassen.

Die Energie von *Kwan Yin* unterstützt uns dabei, schneller zu erkennen, ob wir im Einklang mit unserem Lebensplan handeln. Wir nehmen schneller wahr, ob Schwierigkeiten dazu dienen, unsere „Kraft zu trainieren", oder Hinweise sind, daß dieser Weg nicht weiterführt. Sie läßt uns unsere eigene Kraft, Verantwortung und den Lebensweg erkennen. Auch derjenige, der sich vom Geschehen nur treiben läßt, trägt dafür die Verantwortung.

Und wer in Einklang lebt, erkennt, wann er handeln und seine eigene Kraft einsetzen muß und wann er geschehen lassen kann. Hier erfüllt sich die Bitte: „Gib mir die Kraft, zu handeln, wenn ich handeln soll. Gib mir die Geduld abzuwarten, wenn ich abwarten soll. Und gib mir die Weisheit zu unterscheiden, wann ich handeln und wann ich abwarten soll."

Ein Thema der *Kwan-Yin*-Energie ist Struktur und Chaos. Wie beim „Handeln und Geschehenlassen" bringt sie diese beiden

Pole in Balance. Starre, einengende Strukturen werden gelöst, und chaotische Energien werden zielgerichtet in eine Bahn gebracht und damit wirkungsvoll. Sie hilft Menschen, die ein starres einengendes Weltbild haben, die sich dadurch gezwungen und unfrei fühlen. Diese Menschen benutzen häufig das Wort „muß" und reagieren allergisch auf Zwänge von außen, wenn ein anderer zu ihnen sagt: „Du mußt ..."

Und die Essenz fördert den Mut, sich auf etwas Neues einzulassen, neue Erfahrungen zu machen.

Die Essenz unterstützt auch Menschen, die planlos und chaotisch leben und mehr Struktur und Zielstrebigkeit in ihr Leben bringen wollen, oder jene, die zwischen Strukturierung bis ins kleinste und Chaos hin und her pendeln. Solche Menschen verbringen Stunden damit, Schreibtisch und Haus zu säubern, machen bis ins kleinste Detail alles perfekt. Dann tun sie nichts mehr, und auf dem Schreibtisch entsteht ein neues Chaos.

Die Meisteressenz hilft, die Energie zu richten und in Bahnen zu lenken und die Verantwortung für sein Handeln und seine Ziele zu übernehmen und sich zu entscheiden, welchem Plan man folgen will. Dies ist die Vorbereitung für die *Christus*-Energie.

„Alles, was fließt, ist gesund", sagt der bekannte Heilpraktiker Peter Mandel. Und die Energie von *Kwan Yin* bringt in Fluß, was gestaut ist oder festgehalten wird. Sie wirkt wie Wasser, das solange gegen ein Hindernis fließt, bis es weggeschwemmt oder abgetragen ist.

Dies gilt sowohl für starre, festgefahrene Strukturen, in denen jemand festhängt, als auch für Emotionen, die festgehalten werden. Tränen, die nicht geweint wurden, beginnen zu fließen, verdrängte Traumen werden weggespült, Gefühle kommen in Fluß.

Eine Anwenderin litt unter Asthma und hatte nachts oft Schwierigkeiten, Luft zu bekommen. Als sie gerade angefangen hatte, die *Kwan-Yin*-Essenz zu nehmen, wachte sie etwa 10 Tage lang jede Nacht um 2 Uhr auf und „heulte Rotz und Wasser". Anschließend fühlte sie sich leichter, bekam wieder Luft und konnte ruhiger weiterschlafen. Nach diesen 10 Tagen war ihre Lunge freier geworden, viel Schleim war abgeflossen.

Eine andere Anwenderin hatte Liebeskummer und nahm ein Bad, dem sie *Kwan-Yin*-Öl zufügte. Ihr wurden ihre verdrängten Sehnsüchte und Enttäuschungen bewußt, und sie weinte drei Stunden. Danach fühlte sie sich besser.

Die Essenz bringt die Energie eines blockierten Gefühlskörpers wieder zum Fließen. Auch die gedankliche Blockade der Gefühle „ich darf nicht weinen, ich darf meine Gefühle nicht zeigen, ich habe keinen Zugang zu meinen Gefühlen" wird unterhöhlt, da die Energie direkt im Gefühlskörper und im Herzchakra ansetzt. Besonders Männer sind manchmal überrascht, daß mit dieser Essenz das Gefühl der Traurigkeit und Tränen kommen. *Kwan Yin* öffnet die Energie des Herzens auf eine weiche und liebevolle Weise. Die Energie heilt das Herzchakra und den Astralkörper von Wunden, läßt „den Stein vom Herzen fallen" und befreit. Während der Reinigungsphase kann es sein, daß belastende Gefühle sehr stark wahrgenommen werden und man sich schwermütig fühlt. Jedoch werden wir nicht in den Gefühlen versinken oder davon überschwemmt werden. Wir behalten eine Beobachterposition, die liebevoll teilnimmt an den Prozessen und schließlich zu einer inneren Ruhe und Entspannung oder auch zu einer heiteren Gelöstheit führt.

Eine Freundin berichtete, daß sich ihr Mann, wenn er *Kwan-Yin*-Essenz nimmt, den ganzen Tag heiter und gelöst fühlt und unbeschwert wirkt.

Nicht nur uns selbst gegenüber sind wir tolerant und liebevoll, auch gegenüber anderen entwickeln wir Mitgefühl und Verständnis, ohne mit zu leiden. Dieses Mitgefühl entsteht aus der liebevollen Verbindung mit allen anderen Wesen. Wenn wir uns nicht als getrennt erleben, sondern uns verbunden fühlen, hängt unser Wohlbefinden mit dem der anderen zusammen. So wie eine Mutter sich wohl fühlt, wenn es ihrem Kind gut geht.

Auch auf der körperlichen Ebene kann die *Kwan-Yin*-Essenz Verspannungen lösen, die durch emotionales oder gedankliches Festhalten entstehen. Wird sie auf die Lymphpunkte aufgetragen (siehe Abbildung auf S. 94), unterstützt sie die Selbstheilungskräfte des Körpers bei Erkältungen, Kopfschmerzen, Sinusitis. Eine verstopfte Nase kann anfangen zu laufen.

Die Meditation

Schau Dir an, wie eine Ente den Bach hinunter schwimmt. Die Ente, selbst ein kraftvolles Tier, läßt sich tragen von dem dahinfließenden Bach, der manchmal langsam, manchmal schneller ist, manchmal wirbelt. Und sie folgt dem Fluß. Nur wenn Hindernisse in den Weg kommen, schwimmt sie daran vorbei. Und jederzeit kann sie ihre Kraft einsetzen. Manchmal paddelt sie sogar mit ihren Füßen, um schneller mit dem Fluß zu schwimmen. Doch hält sie sich nicht am Rand fest, verhakt sich nicht in den Bäumen. Entweder sie schwimmt in diesem Fluß leicht dahin, läßt sich tragen und wird getragen, oder sie beendet dieses Fließen und geht ihrer eigenen Wege.

So haben auch wir die Kraft zu tun, was wir wollen. Wir sind nicht ein Blatt, das willenlos diesem Fluß ausgeliefert ist. Sondern wir haben einen eigenen Willen. Dennoch können wir diesen Willen dazu benutzen, im Fluß zu sein und zu beobachten, was im Fluß geschieht.

Werde zu der Ente, die sich von dem Bach tragen läßt. Schau Dir genau an, wie Dein Bach aussieht: Ist es ein Wildbach, oder fließt er ruhig dahin? Ist das Bachbett sandig, oder liegen dort Steine? Sind die Steine spitz oder rund? Macht der Bach viele Biegungen und Kurven, oder ist es ein gerader Flußlauf? Besteht die Gefahr, daß Du ans Ufer getrieben wirst, oder kannst Du in der Mitte dahin schwimmen? Bist Du umgeben von anderen Enten, die gemeinsam mit Dir schwimmen, oder bist Du allein? Welche Gefühle hast Du, während Du vom Wasser getragen wirst? Bist Du angstvoll, oder genießt Du auch eine schnelle Fahrt? Hast Du Vertrauen in Deine eigene Kraft und in das Getragen-Werden, und hast Du Vertrauen in die Natur? Schau Dir Deine Umgebung an, nimm Deine Gefühle wahr, und gib Dich hin.

Werde Dir bewußt, welche Ängste Du hast, und laß die Ängste, die Du loslassen willst, zu einem Blatt werden, das Dich verläßt und vom Fluß des Lebens weggetragen wird.

Die Botschaft

Ich grüße Euch und lehre Euch die Hingabe, die Hingabe an das Leben, an die Dinge, die geschehen, voller Liebe das Leben zu leben, voller Liebe die Dinge zu tun, die Ihr tut. Ich lehre Euch, die Schönheit zu erkennen in allem, was Ihr tut, egal ob es Gartenarbeit ist, eine Rose zu betrachten oder am PC zu arbeiten. Ihr könnt in allem mit Liebe und Hingabe sein dadurch, daß ihr Euch öffnet, Euch verbindet mit all dem, was ist. Ihr könnt Euch fließen lassen, im Fluß sein, Ihr könnt Euch tragen lassen, ohne Eure eigene Kraft und Stärke zu verleugnen.

Sich dem Leben hinzugeben ist wie ein Bad im Ozean, ist wie ein Getragen-Sein, ein Baden in einem stillen See, ist wie das Schwimmen in einem Fluß, ist, als ob ein Blatt vom Wind verweht wird. Manchmal ist es still und manchmal sehr lebendig. Es gibt Traurigkeit und Freude. Manchmal ist es an der Zeit, seine Kraft zu leben und sie einzusetzen, und ein anderes Mal ist es an der Zeit, zu empfangen und zu ernten. So wechselt dieses Leben. Und der, der sich hineingeben kann, wird getragen von sich selbst. Und er wird getragen vom Kosmos.

Und alle, die voller Traurigkeit sind, voller Kummer und Sorgen, voller Leid und Schmerz, all die wird meine Energie trösten und heilen. Und sie werden befreit vom Alten, von dem, was schwer auf ihnen lastet, wenn sie bereit sind, das Schwere gehen zu lassen und sich hinzugeben an das Sein.

Dann umhülle ich Euch mit meiner Liebe, damit Ihr das Leben wieder freudig leben könnt, damit das Schwere von Euch fällt und Ihr wieder lebendig im Moment seid.

Nr. 5 – *Christus*

Wahrheit und bedingungslose Liebe

Die Wirkung der Meisteressenz

Die Essenz verbindet mit der Herzenergie und bringt in Kontakt mit Wahrheit, bedingungsloser Liebe und der Liebe zum Mitgeschöpf. Sie unterstützt dabei, die eigenen Glaubenssätze und die Werte der Gesellschaft immer wieder zu überprüfen.

Wenn die Essenz auf die Handchakren aufgetragen wird, öffnet sie den Energiefluß der *Christus*-Schwingung. Sie ist daher hilfreich für Bodyworker und Menschen, die mit Kranken arbeiten.

Sie unterstützt die Bearbeitung von Vater-Problemen und des Themas „Autorität".

Sie unterstützt Selbstfindungsprozesse, auch in der Pubertät.

Zuordnung zu den Chakren: Halschakra (Herzchakra)

Farbe: Rot (Rubinrot)

Tarotkarte: Nr. 4 – Der Kaiser (Der Herrscher)

Edelstein: Rubin, gelber Diamant

Auftragen des Öls: Hals vorn, Nacken, unter dem Schlüsselbein (Zone der Angst, siehe Abbildung auf S. 94), zwischen den Schulterblättern; zusätzlich: Handchakren (Handflächen innen)

Ein Mensch, der diesen Aspekt ausgeglichen hat,

- kennt die eigene Wahrheit, Werte, Wünsche und Bedürfnisse und lebt danach;
- übernimmt Verantwortung für sein Handeln;
- überprüft immer wieder, ob das Handeln mit der eigenen Wahrheit übereinstimmt, und ändert gegebenenfalls sein Handeln;
- kann die Anschauung und Wahrheit von anderen akzeptieren und respektieren, muß andere nicht von seiner Meinung überzeugen;

- kann Kritik und Widerspruch annehmen und darüber nachdenken, läßt sich aber nicht einschränken durch diese Ansicht, sondern lebt seine eigene Wahrheit;

- hat Liebe zu allem Sein, zu Menschen, Pflanzen, Tieren – diese Liebe bezieht sich auf konkrete Dinge, sie ist nicht nur abstrakt; handelt in Liebe zum Wohle der Erde, zu allem Sein, zu allen Menschen;

- erkennt, daß Liebe mit Annehmen des anderen zu tun hat und damit, für dessen höchstes Wohl zu sorgen, und daß Handeln aus Liebe für andere schmerzhaft sein kann (zum Beispiel einem Alkoholiker im Entzug keinen Alkohol zu geben, auch wenn er noch so fleht);

- hat genügend Weitblick, um zu erkennen, was für andere wirklich das Beste ist;

- hat Führungsqualitäten; führt aus Stärke und Liebe, zum Wohl des anderen und zum Wohl der Gesamtheit (wie Friedrich der Große sagte: „der Herrscher ist der erste Diener seines Staates");

- kann das Wohl der Gesamtheit und des Individuums in Einklang bringen;

- lebt seine natürliche Autorität ohne Herrscherallüren;

- geht Auseinandersetzungen mit anderen nicht aus dem Weg, aber provoziert sie auch nicht; ist in Auseinandersetzungen klar, hat Verständnis für den anderen, ist offen für dessen Meinung und überprüft die eigene;

- hat seine Willenskraft mit Liebe verbunden.

Ein Mensch, der diesen Aspekt noch nicht ausgeglichen hat,

- hat starke Selbstzweifel;

- lebt nicht nach seiner Wahrheit;

- fühlt sich klein, unfähig, als Versager; versteckt sich hinter anderen; hat Angst vor Strafe, wie ein kleines Kind Angst vor dem autoritären Vater hat;

- hat Probleme mit Autoritäten; ordnet sich freiwillig unter, weil er das Gefühl hat, daß er sowieso keine Chance hat; läßt sich entgegen seiner eigenen Überzeugung vor fremde Karren spannen;

- lebt in ständiger Angst vor Strafe, ist deshalb auch unehrlich sich selbst und anderen gegenüber;
- unterdrückt seine Wünsche und Bedürfnisse zugunsten anderer; lebt falsch verstandene opferbereite „Liebe";
- schaut nicht hin, was er will; gibt zuviel, weil er nicht „Nein" sagen, keine Grenzen ziehen kann; kann aber auch nicht annehmen; will sich Liebe durch Geschenke erkaufen;
- sieht Liebe als etwas, womit der andere überschüttet wird, als rosarot-einlullend, dumpf machend; glaubt, daß man alles schlucken muß, wenn man liebt;
- fühlt sich ungeliebt, allein, verlassen, verraten;
- hat ungelöste Vaterprobleme.

Aber auch ein Mensch, der
- übertriebene Autorität lebt; anderen seinen Willen und seine Sichtweise aufzwingen will; nicht zuhört;
- Macht als Manipulation, Powertrips lebt;
- Macht ausübt, um andere zu beherrschen, aber glaubt, „zum Besten der anderen" zu handeln, weil er sie für unmündig hält;
- das Gefühl für andere verloren hat, nur nach eigenen Wertvorstellungen handelt, die er als richtig ansieht; „die Wahrheit mit Löffeln gefressen hat", überzeugt ist von der eigenen Wahrheit und sie ohne Rücksicht auf andere überträgt;
- „hart" ist;
- wenn andere seine Ansichten nicht annehmen, sich von der ganzen Welt unverstanden fühlt.

Der Unterschied zwischen Nr. 5 – Christus und Nr. 6 – Djwal Khul zum Thema „Macht und Kraft"

Nr. 5   entfaltet Macht und Führungsqualität aus der Liebe und Verantwortung zum Ganzen.

Nr. 6   bringt in die eigene Kraft und unterstützt dabei, sie einzusetzen.

Beschreibung

Mit der *Christus*-Energie ist die Energie des *Christus*-Bewußtseins gemeint und nicht der historische Jesus, über den die Bibel spricht. Soweit ich aus Channelings erfahren habe, wurde die Person Jesus, von der die Bibel spricht, geführt vom *Christus*-Bewußtsein und löste schließlich seine Ich-Jesus-Definition auf, um mit dem *Christus*-Bewußtsein zu verschmelzen (zur Erklärung siehe in Kapitel 3 „Die Lebensaufgabe"). Im Leben von Jesus können wir die *Christus*-Energie deutlich erkennen und erfahren, welchen Weg sie führt. So waren auch bei Jesus herausragende Themen die göttliche Liebe oder die Liebe des Vaters, Bewußtwerdung und die Wahrheit leben (auch wenn das unangenehme Folgen brachte). Daher werden einige Aussprüche von Jesus als Beispiele der *Christus*-Energie aufgeführt.

Allumfassende Liebe zeigt sich in der Liebe zum Menschen, zum Nachbarn, zu dem Menschen, der mir täglich begegnet. Und sie zeigt sich in der Liebe zur Erde, zu den Pflanzen, Tieren, Mineralen, zum Wasser – eben zu allem Sein. Allumfassende Liebe kann nicht abstrakt sein. Ich kann nicht sagen, „ich liebe Gott" und bekämpfe die Menschen und zerstöre die Erde. Göttliche Energie ist in jedem Menschen. Sie ist die Essenz allen Seins. Gott lieben heißt, seine Geschöpfe lieben. Die Liebe zu Gott ist die Liebe zu allem Sein. Jesus drückt es so aus: „Was ihr dem geringsten meiner Brüder tut, das habt ihr mir getan." Und Jesus' Liebe zu den Menschen war so groß, daß er selbst am Kreuz Verständnis für sie hatte: „Vater vergib ihnen, denn sie wissen nicht, was sie tun." Er weiß, daß die Menschen sich in tiefem Schlaf befinden, daß sie so mit ihrem Ego beschäftigt sind, daß sie die Verbundenheit und Wahrheit nicht sehen können. Wir glauben, getrennt zu sein vom Ganzen, wir glauben, daß unser Wille ein anderer ist als „Gottes Wille", und aus diesem Zustand heraus handeln wir. Und gleichzeitig befinden wir uns auf dem Weg der Erkenntnis, und wir sind geliebt und angenommen vom Ganzen, verbunden mit der gesamten Existenz.

Viele Menschen, die mit dieser Energie arbeiteten, berichteten von einem warmen Gefühl, sie fühlten sich angenommen, begleitet und unterstützt, so als ob jemand an ihrer Seite ginge. Sie waren gestärkt in ihrer Situation.

Die Liebe des *Christus*-Bewußtseins ist klar und direkt, nicht einlullend, vernebelnd und alles schluckend, zu allem „Ja" sagend. In ihr erkennt man den größeren Zusammenhang, die göttliche Quelle. Aus Liebe zu Gott und den Menschen vertrieb Jesus die Händler aus dem Tempel und stritt mit den Pharisäern. Diese Energie läßt uns klar sehen und erkennen, führt uns zu unserer eigenen Wahrheit, die letztlich identisch ist mit der universellen Wahrheit. Doch auf diesem Weg kann es Zwischenstufen geben, die wir nicht überspringen können. Auf diesem Weg werden wir uns mit anderen auseinandersetzen, da sie an einem anderen Punkt stehen als wir selbst. Und diese Auseinandersetzung kann klar und respektvoll stattfinden. „Ich akzeptiere dich in deinem Sein und mit deiner Wahrheit, ich respektiere mich in meiner Wahrheit, aber versuche nicht, mir deine Wahrheit überzustülpen."

Die *Christus*-Energie hilft, die eigene Wahrheit zu erkennen und immer wieder zu überprüfen: „Stimmt das, was ich tue, mit meiner Wahrheit überein?" Dies kann zu Konflikten führen, wenn die Umgebung nicht akzeptiert, daß man sein Verhalten ändert.

Eine Frau, die mit der *Christus*-Energie arbeitete, begann nun, die Konflikte mit ihrem Mann und ihrer Schwiegermutter auszutragen, die bei ihr schon seit Jahren anstanden. Sie hatte sich in Familienstrukturen begeben und dabei ihre eigenen Wünsche und Bedürfnisse immer mehr zurückgestellt. Als sie begann, auf sich zu achten und ihren Weg zu gehen, stieß sie auf Widerstand.

Es ist nicht notwendig, die eigene Wahrheit durch Auseinandersetzungen und Kampf zu erreichen. Die *Christus*-Energie läßt uns auch Wege erkennen, wie wir unsere Wahrheit vermitteln können, damit andere sie verstehen. Doch Verständnis bedeutet nicht „immer alles zu schlucken". Und so kann es zu Auseinandersetzungen kommen. Das Ziel sollte jedoch nicht sein, den Konflikt zu gewinnen oder recht zu behalten, sondern ein gegenseitiges Verstehen und Respektieren. Dazu ist erforderlich, den anderen auch in seiner Situation zu sehen und zu akzeptieren, sich auszutauschen und zuzuhören. Manchmal ist ein Austausch wie ein reinigendes Gewitter, manchmal muß man akzeptieren, daß es im Moment keine Übereinstimmung, keine gemeinsame Lösung gibt.

Die Energie wirkt unterstützend in Selbstfindungsprozessen und auch bei der Ich-Findung in der Pubertät. Es sind Zeiten, in denen wir alte Glaubenssätze und Ansichten der Gesellschaft hinterfragen und überprüfen.

Zur Selbsterkenntnis brauchen wir Kraft und Liebe, um auch unsere Schattenseiten anzusehen und zu integrieren. Nur dadurch können wir heil werden und im vollen Strom der Lebensenergie und Lebenskraft sein.

Der Weg der Selbsterkenntnis beinhaltet auch Zeiten von Zweifel – Zeiten, in denen wir unserer Wahrnehmung nicht trauen, uns orientierungslos fühlen, in denen wir hadern und uns fragen, ob wir uns auf die Hilfe der feinstofflichen Welt verlassen können. Auch Jesus ging durch diese Prozesse, zum Beispiel im Garten von Gethsemane. Sie gehören zum Weg und stärken letztlich unsere Erkenntnis.

Die Essenz macht ungelöste Autoritäts- und Vaterprobleme bewußt.

Dadurch werden auch Menschen unterstützt, die Führungsqualitäten entwickeln wollen. Echte Führung handelt im Einklang mit dem Kosmischen Gesetz und der Liebe. Sie ist klar und verständnisvoll und agiert zum Wohl des Ganzen und des einzelnen Menschen. Das bedeutet, daß man einem Alkoholkranken während des Entzuges nicht die Flasche mit Alkohol reicht, weil er leidet und darum fleht.

Eine echte Führungsperson hat Ausstrahlung und Charisma, sie nimmt Kritik, Widerspruch und Hilfe von anderen an. Solche Menschen folgen ihrer eigenen Wahrheit und sind bereit, sie immer wieder zu überprüfen und am Ganzen zu orientieren. Damit können sie nicht vor fremde Karren gespannt werden, wenn sie dies nicht selber wollen.

Echte Führung beruht auf Liebe. Führung ohne Liebe ist Zwang, Kraft ohne Liebe ist Gewalt. Damit ist die *Christus*-Energie ein Wegbereiter, um die eigene Kraft anzunehmen, für Nr. 6 – *Djwal Khul*.

Thema der *Christus*-Energie ist auch „Nehmen und Geben", zwei Seiten der gleichen Energie. Wer nicht nehmen kann, kann auch nicht wirklich aus Liebe geben. Manche Menschen glauben, daß sie nur etwas annehmen dürfen, wenn sie dafür etwas geleistet haben oder etwas wiedergeben. Und manche wollen sich Zuneigung und Zugehörigkeit über Geschenke erkaufen. Dies geschieht oft unbewußt. Wenn wir mit der *Christus*-Essenz arbeiten, wird uns unser dahinterliegendes Bedürfnis nach Liebe und Angenommen-Sein bewußt, und wir entfalten die Kraft, die anstehenden Schritte zu tun.

Wird das *Christus*-Öl auf die Handchakren aufgetragen, öffnen sie sich. Der Energiefluß heilender Liebe wird verstärkt. Gleichzeitig öffnet sich der Zustrom dieser Energieschwingung. Dies unterstützt Bodyworker und Menschen, die oft in Kontakt mit Kranken sind, weil dadurch ihre eigene Lebensenergie *nicht* abfließt. Da kranke Menschen ein niedrigeres Energiepotential haben, fließt die Lebensenergie des Gesunden dorthin. Und nach einiger Zeit fühlt sich der Gesunde selbst oft müde, abgespannt und ausgelaugt, es sei denn, seine Lebensenergie wird unmittelbar wieder aufgefüllt.

Wenn die *Christus*-Essenz auf dem Herzchakra aufgetragen wird, heilt sie emotionale Wunden.

Die Meditation

Stelle oder setze Dich und laß aus Deiner Mitte einen weißgoldenen Lichtschein entstehen, der Dich einhüllt. Er entsteht in der Mitte des 2. Chakras in Deinem Körper und beginnt zu leuchten wie die Sonne und wächst und wird größer, dehnt sich immer weiter aus. Und während diese Sonne und der Lichtschein der Sonne wächst, kannst Du erkennen, wo um Dich herum dunkle Bereiche sind. Du kannst diese Bereiche durch die Sonne, durch Deine eigene Lichtkraft erwärmen und auflösen. Manches wird einfach verschwinden, und manches wird bleiben.

Für die Dinge, die bleiben, ist es notwendig, daß Du sie bewußt anschaust, annimmst, liebevoll in den Arm nimmst und akzeptierst.

Und laß diesen Lichtschein über Deinen Körper hinaus in alle Schichten Deiner Aura wachsen.

Laß diesen Lichtschein jeden Tag ein Stückchen weiter wachsen.

Nach der Meditation ziehe den Lichtschein auf die Größe zurück, die für Dich stimmt, bis Du eines Tages mit Deinem voll strahlenden Licht in die Welt hinausgehst.

Während das Licht durch Dich leuchtet, laß Dich heilen aus Deiner eigenen Kraft, nimm Dich an und wärme Dich an Deiner eigenen Göttlichkeit und spüre die Verbindung mit allem Sein und die Verbindung mit dem höchsten Sein, mit Gott oder wie immer du dieses höchste Sein nennst. Verweile in diesem Licht so lange, wie Du magst, und schöpfe Kraft für den neuen Tag oder für die Nacht. Du kannst es benutzen wie eine Dusche – morgens, um Dich zu energetisieren, und abends, um Dich zu reinigen. Und immer wieder zwischendurch. Und wenn Du das Gefühl hast, Deine eigene Kraft in Deiner Mitte reicht nicht aus, um Dich zu erhellen, dann rufe zusätzlich die *Christus*-Energie zu Hilfe.

Die Botschaft

Ich grüße Euch und sende Euch Klarheit und Wahrheit und die kosmische, göttliche, bedingungslose Liebe, die alles heilt, die Altes auflöst und transformiert, die Euch zur Erfüllung und Bestimmung führt. Liebe ist der Schlüssel zu allem. Die Liebe verbindet und heilt und läßt Euch wachsen. Liebe ist alles, sie ist wie der Boden, die Pflanzen, der Dünger, der Regen. Sie umfaßt alles, und sie ist die Essenz allen Seins.

Indem ich Euch diese Energie sende und Euch unterstütze, lehre ich Euch, Euch selbst anzunehmen mit Euren Fehlern und Schwächen, mit Euren Stärken und mit Eurer Göttlichkeit. Ich lehre Euch zu wachsen auf dem Weg der Liebe, die Euch begleitet durch die Höhen und Tiefen, die Euch die Schönheit zeigt, die Schönheit der Höhen, die Schönheit der Tiefen des Lebens, die mit Euch ist und Eure Hand hält, die in Euch ist und die den Kern Eures Seins ausmacht. Die Liebe, die von den Menschen so oft mißverstanden wird, die mit Leid und Drama verbunden wird, die mit Macht verbunden wird und Machtmißbrauch, die Liebe, die in Wirklichkeit öffnet und verbindet und Euch mit allem eins sein läßt und die Euch Euer wahres Sein erkennen läßt. Diese Energie wird Euch dabei unterstützen, Euch selbst, Euer wahres Sein zu erkennen, Eure Wahrheit zu sehen und diese Wahrheit zu leben, kraftvoll dazu zu stehen und über all die alten negativen Erfahrungen und Ängste hinwegzugehen und zu erkennen, daß Wahrheit und Liebe eins sind.

Und meine Energie wird oft wie eine Umarmung sein, wie ein „Sich-angenommen-Fühlen", wie ein Kind, das zu Hause ange-

135

kommen ist und liebevoll willkommen geheißen wird und das gleichzeitig weiß, daß es noch wächst und wachsen muß, und das auch will und wird.

So lehre ich Euch, die wahre Liebe zu erkennen, den Grund allen Seins, den Ursprung, die Quelle. Ich lehre Euch in Wahrheit und Klarheit zu sein, Euch selbst liebevoll anzunehmen und die Welt mit liebevollen Augen zu betrachten. Augen, die nicht vernebelt sind und rosa getüncht, sondern die klar auch die höheren Zusammenhänge erkennen und sehen, verstehen und annehmen.

Nr. 6 – *Djwal Khul*

Die eigene Kraft annehmen

Die Wirkung der Meisteressenz

Die Essenz hilft, die eigene Kraft, Stärke und Macht zu sehen und anzunehmen.

Sie stärkt das Hara und die Aura.

Sie unterstützt, die Verantwortung für das eigene Leben zu übernehmen.

Sie läßt sehen, wo die eigene Kraft blockiert ist und daß jeder sein Leben selbst gestaltet, auch die Schicksalsschläge.

Zuordnung zu den Chakren: Solarusplexuschakra (Halschakra)

Farbe: Grün (Smaragdgrün)

Tarotkarte: Nr. 16 – Der Turm

Edelstein: Dioptas, Moldavit

Auftragen des Öls: Solarplexuschakra vorn und hinten, zwischen den Schulterblättern, Oberarme (Bizepsbereich)

Ein Mensch, der diesen Aspekt ausgeglichen hat,

- kennt seine eigene Kraft und Stärke und lebt sie, ohne sie nach außen demonstrieren zu müssen („Was stört es den Baum, wenn das Wildschwein sich an ihm reibt");

- handelt aus einer inneren Stärke heraus, aus dem Wissen, genügend Kraft zu haben, um Schwierigkeiten und Widerstände zu durchleben;

- hat Durchhaltevermögen, Zuversicht, Selbstvertrauen, Selbstbewußtsein („Ich bin, und ich kann!"); hat die Gewißheit, daß sich Schwierigkeiten meistern lassen;

- hat unerschütterliche Zuversicht trotz schwieriger Umstände;

- setzt seine Kraft ein, um zu erreichen und zu materialisieren, was er erreichen will, handelt dabei in Liebe und Einklang, nicht mit Gewalt;

- hat seine Macht mit Weisheit und Liebe verbunden;

- hat innere Ruhe aus der inneren Kraft; ist vergleichbar mit einem kraftvollen Tiger, der gelassen und ruhig sein kann, weil er weiß, daß er in jedem Moment viel Energie mobilisieren kann; ist gleichzeitig wach und aufmerksam.

Ein Mensch, der diesen Aspekt noch nicht ausgeglichen hat,

- fühlt sich als Opfer: „Ich bin zu schwach, ich kann ja doch nichts machen, die anderen sind kraftvoller, ich kann nicht, das passiert mir immer und wird mir immer passieren, ich habe keine Chance". Das sind typische Sätze für diesen Zustand;

- hat Mangel an Selbstvertrauen: „Ich kann das nicht, ich habe kein Durchhaltevermögen, weil ich zu schwach bin."; gibt schnell auf und erwartet grundsätzlich Fehlschläge;

- wird von anderen gelebt, weil er alles mit sich geschehen läßt;

- grollt dem Schicksal; fühlt sich für seine Lage nicht selbst verantwortlich, schuld sind immer die anderen; fühlt sich hilflos ausgeliefert; erlebt sich als machtlos;

- sucht Schuld außen, bei anderen, in der Gesellschaft, in der bösen Welt;

- hat starke Projektionen;

- denkt erst gar nicht über sein Leben nach, macht sich keine Vorstellungen, weil er sowieso keine Chancen hat;

- hegt den Wunsch, in einer heilen Welt zu leben, versorgt zu werden; will Verantwortung wie ein Kind abgeben; klagt über das Unheil dieser Welt, „aber man kann ja doch nichts ändern";

Aber auch ein Mensch, der

- dominierend auftritt, seine Kraft demonstriert, um anderen zu zeigen, daß er stärker ist (darunter liegt Selbstzweifel, sich ständig beweisen müssen, daß man Kraft hat);

- aus Angst, selbst zum Opfer zu werden, zum Täter wird;

- immer angriffsbereit und streitlustig ist, weil er innerlich glaubt, zu schwach zu sein, und der Umgebung oder sich selbst aber beweisen will, daß er stark ist.

Der Unterschied zwischen Nr. 6 – Djwal Khul und Nr. 20 –
Aeolus zum Thema „Opfer-Sein"

Nr. 6   stärkt besonders, wenn man glaubt zu schwach zu sein,
         keine eigene Kraft zu haben; stärkt den Glauben an die
         eigene Kraft.

Nr. 20   stärkt besonders, wenn man glaubt, dem großen Gan-
         zen ausgeliefert zu sein; stärkt die Kraft aus der Verbun-
         denheit mit dem Ganzen.

Der Unterschied zwischen Nr. 6 – Djwal Khul und Nr. 5 –
Christus zum Thema „Macht und Kraft"

Nr. 6   bringt in die eigene Kraft und unterstützt dabei, sie ein-
         zusetzen.

Nr. 5   entfaltet Macht und Führungsqualität aus der Liebe und
         Verantwortung zum Ganzen.

Beschreibung

Djwal Khul ist der Meister, der uns die Augen öffnet für die eigene Kraft und Stärke.

Oft ist es für uns viel bequemer, Opfer zu sein und andere oder
die Welt dafür verantwortlich zu machen, wie es uns geht.

Es ist einfacher, sich hilflos, machtlos und ausgeliefert zu fühlen, zu glauben, nicht das tun zu können, was man will, und damit
andere zu zwingen, etwas für uns zu tun. „Ich kann nicht." und
„Warum passiert mir das immer?" sind typische Sätze für „Opfer".

Wieviel leichter ist es, zu klagen und zu jammern, wenn uns
etwas nicht gelingt, die Schuld für unsere Situation bei anderen
oder in der Gesellschaft zu suchen, unsere Schattenseiten auf
andere zu projizieren und diese Menschen dann zu verurteilen
oder zu meiden!

Der Schritt zum Meister unseres Schicksals beginnt damit,
anzuerkennen, daß wir selbst die ganze Verantwortung für unser
Leben haben, für alles, was wir tun und was geschieht. Dies ist
nicht leicht, und dies zu lernen dauert eine Weile. Doch nur dann,
wenn wir diesen Schritt gehen und unsere Gestaltungsmöglich-
keiten anerkennen, unsere Schöpferqualitäten sehen, öffnen wir
uns für unsere Fähigkeiten, unser eigenes Leben selbst zu ge-

stalten. Dann erhalten wir immer mehr Zugang zu unserer wirklichen Kraft – einer Kraft, die nicht beschränkt ist, sondern eine Verbindung zur kosmischen Kraftquelle hat.

Ein Anwender, der eine eigene Firma besitzt, geriet in der Zeit, als er die Essenz benutzte, in erhebliche finanzielle Schwierigkeiten. Er war in ein größeres Büro mit mehr Kosten umgezogen und verlor gleichzeitig seinen größten Kunden. Doch anstatt wie sonst in eine angstvolle Lähmung zu fallen, begann er sofort mit verstärkter Akquisition und fand schnell neue Kunden. Er nutzte diesen Wechsel auch, um sich an die Kunden zu wenden, deren Aufträge ihm mehr Freude machten. Er erzählte, daß er während der ganzen Übergangsphase zwar Ängste und Sorgen hatte, aber nicht wie früher daran verzweifelte, sondern immer wußte, daß er genug Kraft hat, es zu schaffen.

Ein weiterer Schritt ist, die Vorstellung der „heilen Welt" des Kindes zu verlassen und zu sehen, daß die Welt nicht heil ist, weil wir nicht heil sind. Die Welt ist unser Spiegel, diese Welt ist eine Welt der Polarität und damit entzweit. Es gibt angenehm und unangenehm, Leid und Freude, Tag und Nacht, und auch in uns sind Licht- und Schattenseiten. Und es ist gerade unser Heilungsweg, diese Polarität anzuerkennen und zu integrieren, die Polarität zu überwinden und wieder heil und eins zu werden.

Djwal Khul zeigt uns mit seiner kraftvollen Energie, wo wir unsere Kraft verleugnen, wo wir die Verantwortung nicht übernehmen wollen. Er macht uns die Blockaden bewußt und löst sie auf, was erschütternd wirken kann. Es ist nicht leicht anzuerkennen, daß wir uns auch unsere Schicksalsschläge erschaffen haben. Er zeigt uns die Zusammenhänge zwischen uns und dem, was in unserem Leben geschieht.

Gleichzeitig macht er uns bewußt für unsere eigene Kraft. Er verbindet uns mit der Kraft unseres Haras, läßt sie uns erfahren und öffnet den Zugang zur kosmischen Kraftquelle. Dies ist eine starke Transformation und dadurch entsteht Selbstvertrauen und Selbstbewußtsein, „ich bin, und ich kann". Wer dies anzunehmen lernt, erfährt eine innere Ruhe aus dem Wissen um die eigene Stärke, vergleichbar mit einem kraftvollen Tiger, der gelassen und ruhig sein kann, weil er weiß, daß er in jedem Moment viel Energie mobilisieren kann. Wer Kraft hat, kann es sich leisten, ruhig, gelassen und souverän zu sein. Und er hat Durchhaltevermögen.

Wer die Essenz benutzt, kann wahrnehmen, daß wirkliche Kraft nur in Verbindung mit Liebe gelebt werden kann, in Verbindung mit dem gesamten Sein. Daher geht *Christus* der Energie von *Djwal Khul* voraus. Die Essenz öffnet und stärkt die Verbindung zwischen dem Solarusplexus- und Herzchakra. Denn auch Herzenergie kann nicht wirklich gelebt werden, wenn sie kraftlos ist.

So lehrt *Djwal Khul* auch, mit Macht und Kraft umzugehen, damit wir nicht zu Tyrannen werden, die Kraft nicht mißbrauchen. Menschen, die ihre Macht anderen immer wieder beweisen müssen, zweifeln meist an sich selbst.

Die Auseinandersetzung mit diesem Thema ist in unserer westlichen Gesellschaft wichtig. Viele von uns leben in Opferbildern, mit dem Gefühl, hilflos und machtlos zu sein. Menschen, die die Verantwortung für sich und ihr Leben voll übernehmen und ihr Potential leben, sind selten, und wir betrachten sie als Ausnahme. Von uns selbst glauben wir, zu schwach zu sein, Rücksicht nehmen zu müssen und nicht wirklich uns selbst leben zu können. Wer sich mit dieser Energie auseinandersetzt, kann am Anfang vielen Blockaden begegnen, die sich auch in Form von Müdigkeit, Abgeschlagenheit und Lustlosigkeit ausdrücken.

Die *Djwal-Khul*-Energie hat die Farbe Grün, das Grün, das wir in der Kraft der Natur finden. Es ist die Kraft des Samens, der zum Baum wird, die Kraft der Graspflanze, die sich durch den Beton schiebt, die Kraft des Efeus, der Hauswände emporklettert. Die Natur überwindet Blockaden und entfaltet ihr Potential zur vollen Größe. Davon können wir lernen.

Die Meditation

Werde zum Felsen, zum Berg, und wenn Du kannst, zum Himalaja. Beginne mit kleineren Bergen, du mußt nicht direkt mit dem Himalaja beginnen. Beginne dadurch zu spüren, was Macht und Kraft bedeuten, was es bedeutet, tief in die Erde hineinzuragen und an dem Platz zu stehen, stark und mächtig zu sein, hinauszuragen in die höchsten Höhen, zu spüren, wie Bäume auf der Oberfläche wachsen und ihre Wurzeln nur wenig hineindringen, wie manchmal Menschen auf dir herumwandern und Tiere, wie diese Menschen Dich besteigen bis zum Gipfel und glauben, sie hätten den Berg bezwungen.

Spüre, daß es keinerlei Notwendigkeit gibt, diesen Menschen zu beweisen, daß sie Dich nicht bezwungen haben. Spüre, daß es keinerlei Notwendigkeit gibt, Deine Kraft und Deine Macht irgend jemandem zu beweisen und zu zeigen. Und selbst wenn Stein- oder Schneelawinen an Dir herunterstürzen – es ist ein Prozeß, der an der Oberfläche stattfindet, der Dich aber nicht berührt in Deinem Inneren. Du schaust zu, Du läßt geschehen, Du siehst die Wirkung.

Und selbst wenn Du als Berg begrünt bist bis zu den Gipfeln und eine wunderschöne Vegetation auf Dir wächst und durch das Werk der Menschen alles zerstört wird, selbst dann besteht keine Notwendigkeit, Deine Macht zu demonstrieren. Du überdauerst Wechsel, Du hast Eiszeiten überstanden, warst da, lange bevor es Vegetation gab, und Du wirst da sein, lange nachdem es Vegetation gab.

Das, was in wenigen Jahren geschieht, erhält eine andere Bedeutung für Dich, du lebst in größeren Dimensionen.

Und dennoch erlebst Du an jedem Tag den Sonnenaufgang und den Sonnenuntergang, und dennoch ist jeder Tag für Dich ein neuer Tag.

Lerne, jeden Tag bewußt zu sein, in jeder Minute zu leben und dennoch zu wissen, daß Zeit nicht existiert.

Wichtig: Nach der Meditation tanze, werde wieder lebendig, verharre nicht in dem Gefühl, ein Stein zu sein, denn das ist nicht Deine Natur. Es verdeutlicht Dir nur einen Aspekt von Macht und Kraft, die nicht zu Taten und Aktionen ruft, sondern die einfach da ist, die Du auch als Mensch besitzt. Deswegen ist es ganz wichtig, am Ende wieder zum lebendigen Menschen zu werden, zu einem Kind, das vor lauter Freude über seine Lebendigkeit und über das Leben zu einer lustigen Musik tanzt und hüpft. Nach der Meditation tanze mindestens für 5 Minuten ausgelassen und heiter und werde wieder lebendig.

Die Botschaft

Ich lehre Euch, die Macht, die Ihr Menschen besitzt, in Liebe anzunehmen und zu nutzen. Denn Ihr alle habt mehr Macht und Kraft, als Ihr sehen wollt. Eure innere Macht und Kraft ist wahrhaft grenzenlos. Denn sobald Ihr Euch öffnet, seid Ihr angeschlossen an ein Kraftreservoir auf einer anderen Ebene. Und von dort fließt wirklich unbegrenzte Energie, auch wenn das für Euren begrenzten Verstand nicht vorstellbar ist.

Meine Essenz, meine Schwingung wird Menschen in Kontakt bringen mit Macht, mit der eigenen Kraft und Stärke. Sie lehrt Euch, die Verantwortung für Euer Leben zu übernehmen, klar zu sein und klar zu erkennen, Eure eigenen Fähigkeiten klar zu sehen.

Ich werde die Menschen durchschütteln, so wie auch Ihr durchgeschüttelt wurdet und wie so manche andere, die mit meiner Energie gearbeitet haben, durchgeschüttelt wurden. Und am Ende dieses Prozesses wird ein Stück mehr Göttlichkeit stehen, ein Stück mehr Klarheit, ein Stück mehr Schöpfer sein.

So lehre ich, die eigene Schöpferkraft anzunehmen, zu erkennen und anzunehmen und zu sehen, wie man sie bisher unbewußt eingesetzt hat und wie man sie in Zukunft bewußt einsetzen kann.

Ich lehre auch, sich liebevoll anzunehmen, nachdem man durch einen Prozeß gegangen ist, denn wahre Macht kann nur in Verbindung mit dem Herzen und der Liebe gelebt werden. Daher folge ich auf *Christus*, der die Wahrheit und die Göttliche Liebe lehrt. Und erst wenn das Herz geöffnet ist, kann man mit der Macht und Kraft umgehen.

Nr. 7 – *Sanat Kumara*

Himmel und Erde verbinden

Die Wirkung der Meisteressenz

Die Essenz bildet die Brücke zwischen Himmel und Erde, zwischen dem kosmischen und irdischen Bewußtseinsanteil und läßt in allem Irdischen den göttlichen Anteil erkennen.

Sie öffnet für die Energie der Erde und des Kosmos und läßt Erdenergie durch das Kronenchakra und kosmische Energie durch das Fußchakra fließen, verbindet das 1. und das 7. Chakra.

Sie läßt den Sinn des Lebens auf der Erde verstehen und Freundschaft schließen mit dem Leben auf der Erde.

Sie hilft Dualität als Lernschritt anzunehmen.

Durch die Essenz können Vater- und Mutter-Themen bewußt und geheilt werden. Das männliche und weibliche Prinzip wird ausbalanciert.

Zuordnung zu den Chakren: alle

Farbe: Orange (Gelb-orange)

Tarotkarte: Nr. 7 – Der Wagen

Edelstein: Chrysokoll

Auftragen des Öls: 1. und 7. Chakra und 7. Halswirbel, zusätzlich: auf den Schultern bei Verspannung

Ein Mensch, der diesen Aspekt ausgeglichen hat,

• hat Freude am Leben auf der Erde; ist sich seines göttlichen Anteils bewußt und lebt gern auf der Erde;

• lebt in Liebe zur Materie und irdischen Dingen;

• richtet sich auf der Erde häuslich ein, sowohl im übertragenen Sinn – das Leben wird angenehm gestaltet – als auch im konkreten Sinn – das Haus und die Arbeitsumgebung wird behaglich eingerichtet;

• nimmt Dualität und Sexualität an als Weg zur Einheit.

Ein Mensch, der diesen Aspekt noch nicht ausgeglichen hat,

- hat tiefe Sehnsucht nach „himmlischen" Bereichen; lebt nicht gern auf der Erde, in der Dualität; sehnt sich nach Einheit, nach dem Paradies und läßt sich nicht oder nur notgedrungen auf das Leben auf der Erde ein; vermeidet Lernschritte;
- empfindet das Leben auf der Erde als freudlos, hart, als eine Last;
- hat verspannte Schultern von der irdischen Last, die er trägt;
- lebt in ungeordneten, chaotischen, bedrückenden Verhältnissen; pflegt seine Umgebung nicht, sondern läßt sie verkommen; mißt den irdischen Dingen keinen Wert bei;
- hat im Extremfall Todessehnsucht;
- will die irdischen Dinge nicht sehen, sondern schaut ständig in andere Bereiche; Blick gen Himmel gerichtet;
- verbringt viel Zeit mit Träumen als Flucht vor der irdischen Realität;
- lebt seine Fähigkeiten nicht, weil er das als Verschwendung empfindet, sondern hält seine Fähigkeiten zurück;
- hat Visionen und Vorstellungen, die aus anderen Dimensionen zu kommen scheinen, die aber nicht hier auf die Erde passen und nicht integriert werden können, die Visionen werden oft nicht verstanden;
- empfindet sich als Wesen aus einer anderen Welt;
- lehnt Dualität ab, auch Sexualität, weil sie aus der Spannung zwischen den beiden Polen entsteht; glaubt, im Zölibat, in der Ablehnung der Dualität die Heilung zu finden.

Aber auch ein Mensch, der

- sehr erdig ist, der Themen der Spiritualität meidet, sich nicht mit Gedanken an die eigene Göttlichkeit auseinandersetzen will; dem es schwer fällt, seinen göttlichen Teil anzunehmen, da er keinen Zugang dazu bekommt;
- ein großes Potential besitzt und ungewöhnliche Ideen hat, sie aber nicht umsetzen kann, weil sie nicht in sein enges irdisches Weltbild passen;

Der Unterschied zwischen Nr. 7 – Sanat Kumara, Nr. 11 – Kuthumi und Nr. 13 – Seraphis Bey

Nr. 7   bildet eine Brücke zwischen Himmel und Erde, ist ein erster Kontakt mit der Erde.

Nr. 11 öffnet die Verbindung zur Erde, läßt Freundschaft mit der Erde schließen.

Nr. 13 führt mitten in die Materie hinein und bringt Bewußtheit in die Materie.

Beschreibung

Sanat Kumara ist der Lehrer der Erde. Er lehrt, den eigenen göttlichen Seinsanteil bewußt auf die Erde, in die Materie hineinzubringen. Damit ist er eine Hilfe für Menschen, die sich nach „dem Paradies im Himmel, außerhalb der Erde" sehnen, die Erde als ihr Zuhause anzunehmen. Er unterstützt Menschen, die nicht gern auf der Erde leben, die das Leben auf der Erde als schwer und bedrückend, als eine Last auf ihren Schultern betrachten und die deshalb auch oft angespannte Schultern und Verspannungen haben. Diese Menschen spüren oft eine tiefe Traurigkeit und Sehnsucht in sich, so als ob sie fern von Zuhause sind, an einem Platz, den sie nicht mögen und an dem sie nicht freiwillig sind. Manchmal geht diese Sehnsucht bis zum Todeswunsch. Mit Tod wird das Gefühl, „nach Hause zu kommen", verbunden, wieder in der Wärme und Geborgenheit sein, die man auf der Erde nicht finden kann – so glauben sie. Wenn diese Menschen mit anderen über diese Empfindung reden, werden sie meist nicht verstanden. Sie werden gefragt „Warum bist du traurig?", „Wo willst du denn hin?", aber darauf können sie keine Antwort geben.

Ihre Umgebung und ihr Körper sind ihnen nicht wichtig, sie pflegen den Körper wenig, materielle Dinge sind ihnen unbedeutend, ihre Wohnung ist meist sehr spartanisch eingerichtet und nicht sehr wohnlich, selten hängen Bilder an den Wänden, und sie sind bedacht, immer nur das Nötigste zu besitzen, nicht zuviel.

Meist erlitten diese Menschen in der Zeit der Schwangerschaft, der Geburt oder den frühen Lebensjahren einen Schock, der ihnen den Unterschied zwischen ihrer Herkunft und dem Leben auf der Erde schmerzlich bewußt machte. Und anstatt diese Spaltung zu bearbeiten, anstelle den Weg des Suchers zu gehen, der auf dieser Erde in die Einheit gelangen will, entziehen sie sich. Oft verbringen sie Stunden in Meditation oder Träumen und sind danach traurig, weil sie sich wieder der „realen Welt" und den ungeliebten Aufgaben zuwenden müssen.

Eine Anwenderin fühlte sich durch die Essenz unterstützt, als sie begann, ihr „irdisches Leben" in die Hand zu nehmen. Vorher hatte sie sich mit unterschiedlichen Jobs über Wasser gehalten und wurde immer unzufriedener mit ihrer Situation. Als Ausgleich hatte sie stundenlang am Fenster gesessen und geträumt. Als sie die Essenz nahm, stellte sie sich die Frage, was sie in diesem Leben will und was ihr das Leben auf der Erde angenehm macht. Sie fand Wege, um mehr Geld zu verdienen mit einer Arbeit, die ihr Freude machte. Sie zog in eine angenehmere Wohnung.

Sanat Kumara öffnet die Augen dafür, daß wir selbst dieses Leben auf der Erde gewählt haben, daß wir die Dualität gewählt haben, um wieder den Weg in die Einheit zu finden und dabei in unserem Bewußtsein zu wachsen. Aber nicht, indem wir von der Erde fliehen, dann hätten wir ja auch da bleiben können, wo wir waren, sondern indem wir hier auf der Erde unseren göttlichen Anteil entfalten und leben. Indem wir immer mehr unser wahres inneres Sein erkennen und uns hier auf der Erde wohl fühlen, die Erde erkennen als Platz, den wir vorübergehend als unser Zuhause gewählt haben. Er hilft, den Weg zu finden, die Dualität anzunehmen und sie zu lieben. Wir erkennen den eigenen Lebensweg, akzeptieren, respektieren und lieben die Erde mit all ihren Geschöpfen und Gegenständen, nehmen uns selbst und unseren Körper an. Und dann sind wir auch bereit, unsere Fähigkeiten, unser Potential einzubringen, das wir vorher zurückgehalten haben. *Sanat Kumara* hilft, die Erde als Heimat anzunehmen und die Schönheit dieses Platzes zu erkennen.

Als wir mit *Sanat Kumara* zu arbeiten begannen, verschönerten wir unsere Wohnung und richteten uns häuslich ein. Obwohl wir schon über ein Jahr darin wohnten, waren einige Umzugskartons noch nicht ausgepackt. Es fehlten Schränke, manche Räume waren nicht fertig eingerichtet, unsere Bilder standen alle noch eingepackt im Keller, und in einigen Räumen hingen die nackten Glühbirnen von der Decke. Vorher war uns das alles nicht wichtig gewesen.

Ebenso erging es einer Freundin, die gerade umgezogen war und nach anfänglicher Begeisterung keine Lust mehr hatte, die neue Wohnung fertig einzurichten. Nachdem sie begonnen hatte, die *Sanat-Kumara*-Essenz zu nehmen, richtete sie sich an einem Wochenende vollständig ein, packte die letzten Kartons aus und hängte die Bilder auf.

Mit *Sanat Kumara* begann ich, gern auf der Erde zu sein, das Leben auf der Erde zu lieben, ich war froh, daß ich hier bin und einen Körper habe.

Sanat Kumara ist die Brücke, der erste freundschaftliche Kontakt mit dem Leben auf der Erde. Wenn wir den Platz Erde angenommen haben, stärkt *Kuthumi* die Verbindung zur Erdenergie, bringt uns dem Irdischen ein Stück näher, damit *Seraphis Bey* dann unser Bewußtsein vollständig in unseren irdischen Körper, in die irdische Kraft und mitten in die Materie hineinbringen kann und unser irdischer Anteil mit unserem göttlichen Sein durchtränkt wird.

Diese Reihenfolge der Energien heißt jedoch nicht, daß Menschen, die Probleme mit der Erde haben, mit der *Sanat-Kumara*-Essenz beginnen sollten. Um zu erfahren, welche Essenz am besten unterstützt, sollte der Intuition vertraut oder mit einem entsprechenden Verfahren getestet werden.

Die *Sanat-Kumara*-Essenz verstärkt sowohl den Fluß der kosmischen Energie als auch der Erdenergie. Dadurch erhalten wir mehr Erdung und stärkere Verbindung zu unserem Körper. Gleichzeitig wachsen unsere geistigen Fähigkeiten. So wie der Baum, der tief in der Erde verwurzelt ist, auch eine größere Krone ausbilden kann, ohne aus dem Gleichgewicht zu geraten.

Ein Anwender, der mit der Essenz arbeitete, stellte fest, daß er Zugang zum Höheren Bewußtsein hatte. Er hatte schon immer ungewöhnliche Ideen gehabt, sie aber nicht umgesetzt, weil sie nicht in seine Weltanschauung und sein Leben hineinpaßten. Im irdischen Leben war er erfolgreich, fühlte sich jedoch oft unerfüllt und wie abgeschnitten. Durch die Essenz konnte er beide Anteile verbinden und erkannte, wie er seine Ideen verwirklichen konnte.

Wer das Öl auf die Schultern aufträgt, wird oft bemerken, wie die Schultern herunterfallen, so als ob eine Last von ihnen genommen wird. Wer erkennt, daß dieses Leben auf der Erde keine Last sein muß, sondern Spaß machen darf, der kann die Schultern lockern und entspannter im Leben sein.

Auch die Geschlechtlichkeit ist Ausdruck der Dualität und des Getrenntseins von der Einheit, von Gott. Daher wird in einigen Religionen auch versucht, durch das Verneinen oder Überwinden der Sexualität in die Einheit zurückzukehren. Indem man Dualität und Sexualität ablehnt und ausklammert, kann man jedoch nicht darüber hinausgehen, man bleibt weiterhin darin verhaftet. Sexualität und Geschlechtlichkeit ist ein Thema, in dem sich Dualität besonders stark ausdrückt. Gerade hier kann eine bewußte Auseinandersetzung mit diesem Thema stattfinden. Nimmt man die Polarität der Geschlechtlichkeit an, kann sie sich vereinigen, zur orgastischen Einheit verschmelzen.

Himmel und Erde symbolisieren auch das männliche und weibliche Prinzip, sind also Symbole der Geschlechtlichkeit. Durch die Essenz können wir Wunden der eigenen männlichen und weiblichen Seite sowie mit Vater- und Mutterthemen heilen. Sie stellt das Gleichgewicht zwischen den Polen her.

Die Meditation

Stell Dir vor, Du liegst auf einer Wiese. Gestalte sie Dir so, wie Du sie magst. Mit Pflanzen und Blumen und Blüten, vielleicht mit Bäumen am Rand oder auf der Wiese. Wenn Du magst, mit Tieren, die auf der Wiese sind: Rehe, Kühe, Insekten. Schau Dir den Himmel an. Sieh das Grün um Dich herum und die Farbenpracht der Blüten. Nimm alles auf, was für Dich zur Erde gehört und wichtig ist. Und Du kannst auch mit den erdverbundenen Wesen Kontakt aufnehmen, den Feen und Elfen, den Gnomen und Erdmännchen und was Dir sonst noch dort begegnet. Gehe ganz hinein in dieses Bild.

Und dann beginne mit den Seinsformen der Erde zu verschmelzen. Werde der Grashalm, der Schmetterling, werde die Kuh, die auf der Wiese steht und frißt, werde ein Regenwurm, zum Boden, aus dem das Gras wächst, werde zum Bach und zum Wasser, das durch die Wiese fließt, werde zu den Wolken, die am Himmel ziehen, zur Luft, die alles umgibt oder zum Baum. Strecke Deine Wurzeln tief in die Erde und Deine Blätter hoch hinauf in den Himmel und so weiter und so weiter.

Mache dies nicht alles an einem Tag. Wähle Dir bestimmte Themen oder schau während der Meditation, was Dich anzieht, ein oder zwei Dinge, die Du dann wirst. Und achte ganz genau auf Deine Wahrnehmungen, was Du empfindest und spürst als Grashalm, was Du siehst, wie Du die Welt wahrnimmst und wie Du über sie denkst, wie verbunden Du mit ihr bist und den anderen Pflanzen, mit den Menschen, was Dich ausmacht, was Dein Leben als Grashalm bedeutet. Erlebe dies alles.

Erlebe auch die Berge, den Ozean, die tiefsten Tiefen der Tiefsee und die höchsten Gipfel der Berge. Werde zur Pflanze, die auf dem Berg wächst, werde zum Kontinent, und werde schließlich, nachdem Du diese Meditation eine ganze Weile durchgeführt hast, zur Erde. Verbinde Dich mit der Wesenheit der Erde und empfinde, wie sie empfindet, was sie spürt, was sie wahrnimmt, wie sie sich im Universum sieht, wie sie nach außen schaut, ihre Bahn zieht, die Sonne sieht, ob sie Kontakt hat zu den anderen Planeten. Und nimm auch wahr, was auf ihr und in ihr geschieht, wie es ist, bedeckt zu sein von Land und Meer, ausgeraubt, verschmutzt und vergiftet zu werden, Tiere und Menschen zu gebären – und sie wieder vergehen zu lassen, Steine und Pflanzen hervorzubringen, Gebirge und Flüsse – und sie wieder vergehen zu lassen.

Nimm wahr, wie es ist, mit den Menschen in Verbindung zu sein und positive und negative Energien wahrzunehmen. Werde zur Erde und lerne, sie zu verstehen, und dann, am Ende der Meditation, danke ihr für das, was sie für Dich tut, für den Körper, den sie Dir geschenkt hat, für die Nahrung, die Dich am Leben erhält, für die Energie, die sie Dir jeden Tag gibt. Danke ihr und sende ihr Dein Licht oder Deine Liebe. Stärke sie und unterstütze sie, begleite sie auf ihrem Weg. Schenke ihr das, was Du ihr schenken möchtest.

Das sei dann das Ende der Meditation.

Die Botschaft

Meine Botschaft ist: Liebe die Erde mit allem, was dazugehört. Liebe Deinen Körper, denn er ist der Spiegel der Erde, der Mikrokosmos im Makrokosmos. Meine Botschaft ist die Liebe zum materiellen Sein.

Ich bin der Lehrer der Erde, der Lehrer der Menschheit und lehre Euch die Liebe zu allem Sein auf der Erde, zu dem, was Ihr belebte und unbelebte Natur nennt. Denn auch das unbelebte Sein ist belebt in seiner eigenen Form.

Ich bin der Lehrer der Erde und auch des anbrechenden Wassermannzeitalters mit einigen anderen meiner Freunde der Aufgestiegenen Meister. Ich, *Sanat Kumara,* lehre die Menschen, wieder in Verbindung zu treten und zu sein mit der Erde, lehre sie, ihren Körper zu lieben, die Erde zu lieben mit all ihren Seinsformen, Tiere, Pflanzen, Steine – alles, was es gibt. Und nicht nur die natürlichen Seinsformen, sondern auch von Menschen geschaffene Seinsformen, Maschinen wie Spülmaschinen, Autos und Zahnbürsten, jedes Ding, alles ist Materie der Erde. Es wurde bearbeitet.

Mit welchem Recht gebt Ihr einem Bild, das ein Künstler gemalt hat, mehr Aufmerksamkeit und mehr Liebe als einer Zahnbürste, die auch von einem Menschen erschaffen wurde, die auch von Materie gemacht ist? Beginnt, die Dinge zu respektieren und zu ehren, die Euch umgeben, und auch Euren Körper zu ehren und zu lieben, denn er ermöglicht es Euch, hier zu sein auf diesem wundervollen Planeten. Er ermöglicht Euch, schrittweise zu lernen und zu wachsen. Er ermöglicht Euch, Glück und Glückseligkeit zu empfinden und Euch in einer ganz bestimmten Art und Weise weiter zu entfalten.

Ihr könnt hier auf diesem Planeten Erde Erfahrungen machen, die sonst nirgends in diesem Universum möglich sind. Die Erde ist in vielerlei Hinsicht einzigartig, und so bin ich gern der Lehrer der Erde und sende meine Energie zu den Menschen, damit sie beginnen, ihren Körper und die Erde mit allen Seinsformen zu lieben. Und darüber hinaus auch das Wesen Erde zu respektieren und zu lieben.

Werdet Euch bewußt, was Ihr hier auf der Erde gelernt habt und lernen wollt. Ich unterstütze Euch auf Eurem Weg durch diese Inkarnation, ich unterstütze Euch dabei, Euch klar zu werden über Euer Ziel, das Ihr hier auf der Erde leben wollt. Und so wird viel Klarheit in bezug auf den eigenen Lebensweg hier auf der Erde geschehen, für die Menschen, die sich mit meiner Energie umgeben. Ich unterstütze Euch dabei, in den unterschiedlichsten Bereichen des Lebens Klarheit zu bekommen, damit Ihr aus dem Herzen heraus und mit Liebe Euer Leben leben könnt, mit Respekt vor den Geschenken, die Ihr erhaltet, aus Respekt vor der Erde.

Ich unterstütze Euch in Eurer Inkarnation auf der Erde, und ich unterstütze auch das Wesen Erde. Denn ich bin zuständig für den gesamten Planeten, um die Bewußtheit zu steigern. Alles ist miteinander verknüpft, und wenn die Menschheit in ihrer Bewußtheit ansteigt, wächst auch das Wesen Erde. Ihr könnt Euch gegenseitig unterstützen, indem Ihr Liebe für die Erde empfindet, Euch verbunden fühlt, Euren Körper liebt, der ein Geschenk der Mutter Erde ist.

In der Zeit der matriarchalischen Kultur war dies selbstverständlich. Die Menschen hatten eine starke Verbindung mit der Erde, weswegen sie auch Mutter genannt wurde. Es gilt jetzt in der kommenden Zeit, diese Verbindung wieder herzustellen. Sie ging verloren in der Zeit des Patriarchates, aber das war ebenfalls ein wichtiger Lernschritt, der auf Eurem Weg lag. Daher bewertet diese Zeit nicht negativ. Es sind dadurch Dinge erschaffen worden und entstanden, die es ohne diese Zeit nicht gegeben hätte. Viele Erfindungen, viele Werkzeuge, die Ihr besitzt, viele Techniken gäbe es nicht ohne die Zeit des Patriarchates. *So ist alles in Ordnung.*

Und der nächste Schritt ist, die beiden Teile zu verbinden. Und da Ihr Euch in der Zeit des Patriarchates befindet, gilt es, die Erde wieder zu lieben, mit ihr in Verbindung zu stehen, sie in einer liebevollen Art und Weise zu nutzen. Und auch die Energien der Erde zu nutzen für die eigene persönliche Entwicklung und für die Erschaffung von materiellen Dingen. Wenn Ihr dies in Harmonie mit der Erde tut, wird vieles besser gelingen und die Erde nicht belasten. Daher lernt, was es heißt, die Erde zu lieben, hier auf dieser Erde zu sein, sich in einem Körper zu entfalten und auch diesen Körper als Geschenk der Erde anzunehmen und zu lieben. Lernt auch, für die Erde den Weg für ihre eigene Entwicklung zu bereiten. Auch das ist ein Teil Eurer Aufgabe. So verbinde ich als Lehrer für die Erde Eure Seelen, die feinstofflichen kosmischen Energien mit der Erde, den grobstofflichen Energien. Wenn Menschen mit dieser Energie arbeiten, werden sie eine stärkere Verbindung bekommen, sie werden beginnen, die Erde zu lieben.

Nr. 8 – *Angelika*

Transformation der Vergangenheit

Die Wirkung der Meisteressenz

Die Essenz von *Angelika* läßt erkennen, daß negative Erfahrungen unerledigte Lernschritte sind, daß Erfahrungen abgeschlossen werden, indem man schrittweise lernt. Sie nimmt den emotionalen Ballast aus den Erinnerungen, die Vergangenheit erhält den richtigen Stellenwert. Man lernt aus ihr, hält sie aber nicht fest. Die Erfahrungen der Vergangenheit werden zur weiteren Entwicklung genutzt.

Sie unterstützt die Heilung von Traumen aus der Vergangenheit, auch aus vergangenen Leben.

Durch die Transformation der Vergangenheit wird der Zugang zum eigenen Potential geöffnet.

Sie hilft bei jeder Art, zu lernen, auszuwerten, Schlüsse zu ziehen.

Sie unterstützt jede Bearbeitung der Vergangenheit, öffnet den Zugang auch in der Therapie, wie beispielsweise Reinkarnationstherapie.

Bei der Massage von Problemzonen des Körpers mit *Angelika*-Öl können die dort gespeicherten Erlebnisse bewußt gemacht und transformiert werden.

Zuordnung zu den Chakren: Sakralchakra (Halschakra)

Farbe: Rosa

Tarotkarte: Nr. 13 – Tod

Edelstein: Labradorit, Rhodochrosit

Auftragen des Öls: Hals, seitlich vom Kehlkopf, vom Kinn bis zum Schlüsselbein, auf das Sakralchakra (2 fingerbreit unter dem Bauchnabel); zusätzlich auf das Stirnchakra

Ein Mensch, der diesen Aspekt ausgeglichen hat,

• hat Verständnis für die eigene Geschichte, den eigenen Lebensweg;

- hat begriffen, daß man vor der Vergangenheit nicht fliehen kann; wenn sie verdrängt wird, ist sie nur nicht sichtbar;
- steht in lebendigem Kontakt mit der Vergangenheit, die Erfahrungen der Vergangenheit werden genutzt;
- sieht und nutzt die Vergangenheit als Teil der eigenen Geschichte, des eigenen Entwicklungsweges;
- denkt über auffallende Situationen und den Ablauf des Tages nach, um daraus zu lernen;
- wiederholt Fehler nicht; sieht Fehler als Lernschritte und wertvolle Erfahrungen.

Ein Mensch, der diesen Aspekt noch nicht ausgeglichen hat,

- verdrängt die Vergangenheit und Traumen der Vergangenheit, erinnert sich nicht oder nur ungern, Vergangenheitsbewältigung wird vermieden;
- sieht die Verbindung zwischen der Vergangenheit und der jetzigen Lebenssituation nicht;
- vergräbt sich in der Vergangenheit, sein Blick ist nur auf die Vergangenheit gerichtet; erinnert sich meist nur an die „gute alte Zeit", glaubt, früher sei alles besser gewesen, klebt in positiven Erinnerungen und verliert den Blick für die Gegenwart; oder lebt nur in der Zukunft;
- ist geistig in der Vergangenheit steckengeblieben, Sätze wie „Früher habe ich ...", „Als ich noch ..." zeichnen diesen Zustand und zeigen, daß die Vergangenheit noch nicht richtig verdaut wurde;
- durchläuft immer wieder die gleichen Fehler, weil er nicht aus der Vergangenheit lernt, nicht zurückschaut;
- beginnt immer wieder Neues, ohne hinzuschauen, warum Altes schief gegangen ist; zieht keinen Gewinn aus den Erfahrungen der Vergangenheit;
- schaut sich eigene Muster und Denkstrukturen nicht an;
- hat Angst vor dem Unbewußten, vor Erinnerungen und Bildern, die aus dem Unbewußten aufsteigen könnten.

Der Unterschied zwischen Nr. 8 – Angelika und Nr. 15 –
St. Germain zum Thema „Vergangenheit"

Nr. 8   heilt durch Transformation.

Nr. 15   befreit durch Verstehen, läßt den tieferen Zusammenhang erkennen; dadurch entsteht eine neue Perspektive.

Beschreibung

Das Thema „Vergangenheit" ist ein Thema, mit dem Menschen
sehr unterschiedlich umgehen. Manche leben in Erinnerungen
und vergessen dabei, daß es auch noch ein Leben in der Gegenwart gibt. Andere wollen nichts mehr mit der Vergangenheit zu
tun haben, sie verdrängen sie oder wollen sie möglichst schnell
loswerden. Selten wird Vergangenheit genutzt als Reservoir von
Erfahrungen, auf die wir zurückgreifen können, wenn wir sie von
den anhängenden emotionalen Belastungen befreit haben. Die
Reinigung von den emotionalen Belastungen, das Heilen der alten
Wunden wird Transformation genannt. Die Erfahrungen werden
dadurch verfügbar, die Schätze der Vergangenheit können genutzt werden, nachdem sie vom anhängenden Staub befreit wurden.

Genau dabei unterstützt die *Angelika*-Energie. Sie hilft, sich
selbst zu erkennen, die eigene Geschichte zu begreifen und sich
dadurch in der Gegenwart neu definieren zu können.

Sie befreit die Vergangenheit von Wertungen, damit sie als das
gesehen werden kann, was sie ist: Lernerfahrungen, die wir nutzen können. Wenn wir Vergangenheit als „gut" bewerten, besteht
die Gefahr, sie nicht loszulassen, in Erinnerungen festzuhängen
und den Blick für die Gegenwart nicht frei zu haben. Bezeichnen
wir sie als „schlecht", neigen wir dazu, sie zu verdrängen. Dann
sinkt sie ab ins Unbewußte, und damit wir sie nicht wieder sehen
müssen, halten wir sie hinter einer Tür im Unbewußten fest.

Die Tür zuzuhalten kostet Energie, die uns an anderer Stelle fehlt.
Und verdrängte Erinnerungen haben die Tendenz, sich in Monster
zu verwandeln. Denn das, was wir krampfhaft im Dunkeln halten,
erscheint uns viel größer, gefährlicher, schlimmer, als es war oder
tatsächlich ist. Wir fürchten, falls es jemals doch ans Tageslicht
käme, würde es uns überwältigen. Wenn wir uns dann doch trauen,
es anzuschauen, ist es handhabbar. *Angelika* hilft dabei, solche

Türen langsam zu öffnen und die alten Wunden zu heilen. Dadurch wird die gebundene Energie wieder verfügbar, wir haben mehr Kraft, Lebensfreude, und es entsteht innerer Frieden. *Angelika* befreit auch von der Bewertung der Gegenwart. Dinge, die wir in der Gegenwart nicht sehen wollen und ausblenden, weil sie uns unangenehm sind, entwickeln sich zu verdrängten Lasten der Vergangenheit. Indem wir sie anschauen, können wir Lernerfahrungen erkennen, bevor sie sehr deutlich, beispielsweise als Krankheit, erscheinen. Und wir werden frei von festgefahrenen Verhaltensmustern, Glaubenssätzen, Prägungen und können uns in der Zukunft anders verhalten.

Transformation der Vergangenheit bedeutet nicht, alles möglichst schnell loszuwerden und aufzulösen. Manche Erlebnisse, zu denen wir keinen Zugang bekommen, haben auch in der Gegenwart eine wichtige Funktion in unserem Leben und werden noch gebraucht. Dann ist es momentan nicht an der Zeit, sie zu transformieren. Unangenehme Erlebnisse, die wir gehabt haben, können zum Beispiel eine Schutzfunktion übernehmen. Sie haben uns so sensibilisiert, daß wir (unbewußt) sehr wachsam sind, nicht wieder in eine solche Situation hineinzugeraten. Solange uns die Grundlage fehlt, solche Situationen bewußt zu vermeiden, kann dieses mit negativen Gefühlen behaftete Erlebnis nicht bearbeitet werden, da sonst die Schutzfunktion entfiele.

Ein Beispiel: Ein Kind hat ein unangenehmes Erlebnis in der Dunkelheit gehabt und fürchtet sich, nachts oder im Dunkeln allein aus dem Haus zu gehen. Die Angst vor dem Dunkeln kann lange Jahre erhalten bleiben, ohne daß sich dieser Mensch an sein Erlebnis erinnert. Für das Kind ist diese Angst ein Schutz, und es ist hilfreich, daß es sich nicht an das Erlebnis erinnert, es transformiert und dann die Angst vor der Dunkelheit verliert. Erst beim Erwachsenen, der Kraft und Weitblick genug hat, sich allein im Dunkeln zu bewegen, wird die Erinnerung an das unangenehme Erlebnis frei und kann aufgelöst werden. Die Schutzfunktion der Angst ist nicht mehr nötig.

Es ist wichtig, liebevoll mit sich selbst und den vergangenen Erfahrungen umzugehen. Sie haben nicht nur ihre Berechtigung, jedes Erlebnis beinhaltet einen wichtigen Lernschritt, ist ein Hinweisschild zur Einheit, auf dem steht, was uns noch fehlt, was wir noch integrieren müssen. Wer sich die Vergangenheit liebevoll anschaut, kann bewußt entscheiden, welche Teile er transformieren oder auflösen möchte, wo er neue Wege gehen will und bei welchen Teilen er noch nicht bereit ist, sie loszulassen. Das liebevolle Akzeptieren ist jedoch nicht immer leicht. Folgendes Bild mag dabei helfen: Sehen Sie das Alte, das aus dem Unbewußten nach oben kommt, wie ein dunkles Puzzleteilchen, das zum Gesamtbild fehlt. Es ist nicht schwarz, sondern unbeleuchtet. Ohne dieses Teilchen kann das Bild nicht vollständig werden. Wenn das Licht des Verstehens auf dieses Puzzleteilchen fällt, können Sie erkennen, was auf dem Puzzleteilchen dargestellt ist und an welche Stelle des Bildes es gehört. Legen Sie das Teilchen an die passende Stelle im Gesamtbild. Durch diese Übung kann es geschehen, daß –nachdem das eine Teilchen eingeordnet ist – andere dunkle Teile plötzlich auch hell werden: größere Zusammenhänge werden verstanden. Manche anderen unangenehmen Erfahrungen transformieren gleichzeitig.

Dieses Bild können Sie zu einer Meditation machen. Dabei ist es möglich, das hier beschriebene abstrakte Bild zu verwenden oder als „Puzzleteilchen" ein konkretes Bild der Vergangenheit zu benutzen.

Die Arbeit mit *Angelika* führt zu einem tiefen Verständnis des eigenen Entwicklungsweges. Wir können das Lebensziel für unser momentanes Leben und die Situationen auf unserem Weg verstehen, können sehen, warum wir diese Eltern, diese Geschichte, diese Schwierigkeiten und bisherigen Schicksalsschläge gewählt haben. Die Essenz erleichtert, sich die Situationen aus der Distanz, aus einer anderen oder höheren Perspektive und losgelöst von den emotionalen Verstrickungen anzuschauen. Wir verstehen und können sie annehmen. Denn schließlich hat uns diese Geschichte auf den Weg der Bewußtwerdung gebracht.

Die Energie ermöglicht nicht nur den Zugang zu Erlebnissen in diesem Leben, sondern auch in die pränatale Zeit und zu vergangenen Leben. Denn dort haben wir Karma geschaffen, Ereignisse, die wir dort nicht gelöst haben und die sich auf das jetzige Leben auswirken und hier ähnliche Ereignisse schaffen (siehe auch im Kapitel 3 „Vergangene Leben").

Die Essenz ermöglicht jedoch nur den Zugang zu den Situationen, die für uns reif sind, für die es an der Zeit ist, sie zu transformieren.

Anwender, die diese Essenz benutzen, berichten von intensiven Träumen während des Schlafes.

Die Vergangenheit um ihrer selbst willen zu bearbeiten macht wenig Sinn. Sie dient als Grundlage für Gegenwart und Zukunft, um vertrauensvoll in die Zukunft hineinzugehen. Daher geht *Angelika* der Essenz *Orion* voraus.

In der Vergangenheit liegen Fähigkeiten, die wir bisher noch nicht genutzt haben, sondern unbewußt blockierten. Daher hilft *Angelika* auch, unser Potential zu entfalten. Dies geschieht jedoch langsam. Könnten wir alle Blockaden mit einem Mal wegwerfen, würden wir Fähigkeiten erhalten, mit denen wir noch nicht umgehen können. Für manche Fähigkeiten brauchen wir eine bestimmte Reife. Ein dreijähriges Kind hat nicht die Kraft und Muskelbeherrschung, eine Araberstute zu reiten, und wohl keiner würde diesem Kind die Möglichkeit dazu geben. So ist auch in uns eine innere Weisheit, die die Türen verschlossen hält. Wir wachsen durch das Überwinden der Blockaden und erreichen dadurch die notwendigen Voraussetzungen, mit den sich öffnenden Fähigkeiten umzugehen.

Und die Blockaden bieten noch einen anderen Schutz. Manche Fähigkeit, die wir in uns tragen, wäre zerstört worden, wenn sie zu früh verfügbar gewesen wäre. Kinder verlieren ihre Hellsichtigkeit, weil sie ihre Wahrnehmung noch nicht einordnen können, weil sie lernen, daß sie nicht richtig ist, weil sie ausgelacht werden und nicht die Kraft und Weitsicht haben, sich zu wehren. Entfaltet sich die Hellsichtigkeit erst im Erwachsenenalter, können wir sie besser verstehen und integrieren.

Manchmal ist Heilung mit Traurigkeit verbunden. Alte Muster und Begrenzungen sind uns sehr vertraut, wir fühlen uns in ihnen sicher. Der Verlust dessen, was uns so lange begleitet hat und auf seine Weise auch unterstützt hat, kann erst einmal schmerzen.

Angelika hilft nicht nur, aus der Vergangenheit zu lernen, sondern unterstützt jegliche Art zu lernen, Erfahrungen auszuwerten, Schlüsse zu ziehen. Sie hilft auch Kindern mit Lernschwierigkeiten. Dann kann man das Öl auf die Lernpunkte (siehe Abbildung auf der nächsten Seite) auftragen.

Vorher sollten Sie auf jeden Fall das Kind fragen, ob es diese Essenz als Unterstützung will. Gerade Kinder haben in der Regel ein gutes Gespür, was für sie im Moment richtig ist. Wenn sie die

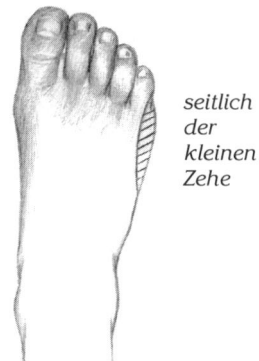

seitlich
der
kleinen
Zehe

Zone bei Lernstörungen (nach Peter Mandel)

Essenz nicht wollen, hat das einen guten Grund, den wir im Moment vielleicht nicht erkennen können.

Wenn das Öl auf Problemzonen des Körpers aufgetragen wird, kann es die dort gebundenen Energien und Erlebnisse lösen und bewußt machen. Die Heilung wird sehr unterstützt, wenn in einer solchen Arbeit die unten beschriebene Meditation durchgeführt und den Körperteilen gedankt wird. Vielleicht gelingt es auch, den Stellen zu danken, die Schmerzen und Beschwerden verursachen. Ein Versuch lohnt sich, auch wenn der Dank am Anfang vielleicht nicht ernst gemeint ist.

Mit *Angelika* begann in unserer Arbeit mit den Meistern eine neue Phase. Ich beendete die Arbeit, die ich vorher gemacht hatte, und „offene Baustellen", Dinge, die ich schon lange vor mir hergeschoben hatte. Dann richtete sich meine volle Energie auf den Prozeß mit den Meistern.

In diese Zeit fiel „zufällig" ein Seminar, das ich Monate vorher gebucht hatte und in dem ich mich mit unerledigten Abschnitten meiner Vergangenheit auseinandersetzte.

Unter anderem traf ich auf diesem Seminar einen Mann, der jemandem glich, mit dem ich noch etwas abzuschließen hatte. Ich war damals abgereist, ohne bestimmte Dinge zu klären. Ein Teil der Geschichte wiederholte sich mit dem Mann auf dem Seminar, und ich konnte mit ihm abschließen, was damals offen

geblieben war. Monate später begegnete ich „zufällig" dem ersten Mann, den ich zwei Jahre nicht gesehen hatte. Wir hatten
uns nichts mehr zu sagen oder zu bereinigen, umarmten uns und
trennten uns nach 5 Minuten in Freundschaft. Seitdem bin ich
ihm nicht mehr begegnet.

Die Meditation

Stell Dir vor, Du gehst in einer schönen Landschaft einen Weg
entlang und bist mit einem schweren Rucksack beladen, in dem
Deine ganze Vergangenheit enthalten ist. Du weißt nicht genau,
was sich in dem Rucksack befindet. Du glaubst, nur unnötiges
Zeug mit Dir herumzuschleppen.

Setz Dich dann an den Wegesrand, vielleicht auf einen Stein,
umgeben von einer schönen Landschaft mit Vogelgezwitscher und
einem Bach und öffne den Rucksack. Du findest viele Päckchen,
die in mehrere Schichten Papier eingewickelt sind. Du kannst nicht
erkennen, was sich darin befindet. Hole eins aus dem Rucksack
heraus und beginne, es auszuwickeln. Jede Papierschicht enthält
ein Stück Deiner Geschichte zu einem ganz bestimmten Thema.

Du kannst das Thema vorher wählen und dann den entsprechenden Gegenstand auswickeln, oder Du kannst einfach hin-
eingreifen und sehen, welche Bilder kommen.

Entferne die erste Schicht des Papiers und erfahre Teile deiner
Vergangenheit, vielleicht als Bilder zu Situationen, vielleicht als
Gefühle oder Erinnerungen, wie immer es für Dich stimmt. Du
kannst dann eine Schicht nach der anderen für Dich abwickeln.
Du findest Gefühle und Erinnerungen aus diesem Leben oder
vielleicht auch aus der Zeit davor.

Je mehr Du abwickelst, desto klarer wird Dir, welches Geschenk
Du in Händen hältst. Und jede Schicht Papier, die Du entfernst,
bringt Dich näher an das Geschenk, das darin enthalten ist. Und
je näher Du kommst, desto deutlicher erkennst Du die Kostbarkeit des Inhalts. Erkennst, wenn sie dann in Deinen Händen liegt,
Deine einzigartige Fähigkeit, Dein Potential, das Du Dir mitgebracht hast. Und vielleicht erkennst Du, daß es durch die Schichten Papier geschützt wurde. Sie haben Dein kostbares Potential
davor geschützt, zu früh ans Licht zu kommen und zerbrochen
zu werden. Das Auswickeln dieses Potentials, dieser Eigenschaft

ist Deine Entwicklung. Du gehst durch viele Schritte, um bereit zu sein, diese Kostbarkeit anzunehmen, um bereit zu sein, damit umzugehen und sie anzuwenden. Du gehst durch diese Schritte, um zu wachsen. Und daher kannst Du sowohl das Papier als auch die Kostbarkeit annehmen.

Am Ende der Meditation kannst Du wählen, ob Du diese Fähigkeit oder Eigenschaft wieder einpackst und sie in den Rucksack zurücklegst oder ob du sie am Körper trägst, um sie wirken zu lassen.

Dann verschließe den Rucksack und setz ihn Dir wieder auf. Vielleicht kannst Du merken, daß Du ihn jetzt mit mehr Liebe und Freude trägst. Du weißt zwar noch nicht, was in den anderen Paketen enthalten ist, aber Du weißt, daß auch sie etwas enthalten, was Du für die Reise benötigst. Und so setzt Du deinen Weg fort.

Wiederhole diese Meditation und packe Stück für Stück Deinen Rucksack aus und erkenne Deine Fähigkeiten.

Du wirst immer mehr darin finden, immer genauer erkennen, welche Fähigkeiten Du hast.

Je mehr Du ausgepackt hast, desto ruhiger und stiller wirst Du innerlich, kannst Deine Geschichte, die Vergangenheit und die Zukunft mehr und mehr akzeptieren, findest zu dem Wissen: „Alles ist gut, wie es ist – es ist, wie es ist." Du wirst immer mehr in die Leere, zu innerer Ruhe und Gelassenheit kommen.

Die Botschaft

Die Vergangenheit anzuschauen ist einer der wichtigsten Schritte im Wachstum des Menschen, denn die Vergangenheit ist der Boden und die Saat, aus der Ihr wachst. Wie ein Samen, der sich Nährstoffe von der Pflanze mitgebracht hat, von der er stammt, damit er wachsen kann, so habt auch Ihr Euch Eure Vergangenheit geschaffen. Und sie ist weder gut noch schlecht. Sie war, wie sie war, und sie hätte anders sein können. Es ist unerheblich. Ihr schafft Euch Lernschritte, Wege, Aufgaben, die Ihr bewältigen wollt. Und Ihr erhaltet auch Unterstützung.

Und in jedem Moment Eures Lebens seid Ihr Schöpfer, bewußt oder unbewußt. Und je bewußter Ihr werdet, desto klarer erschafft Ihr Euer Leben und wachst in andere Aufgaben hinein. Und wenn

Ihr die Vergangenheit annehmt und sie als etwas anseht, was war und zu dem geführt hat, wo Ihr heute steht, und Euch ermöglicht, Euren Weg zu gehen, egal ob Ihr an einem Punkt steht, den Ihr als positiv oder als schlecht anseht, Ihr steht an einer Stelle Eures Lebens, von der aus Ihr weitergeht, von der aus Ihr neue Erfahrungen sammelt und wo Ihr viele Erfahrungen bereits gesammelt habt. Jeder Punkt hat seine Aufgaben, und in jedem Punkt seid Ihr in der Liebe, der Liebe des Göttlichen, der Liebe von Euch selbst. Ihr seid nie allein, denn Ihr seid eins mit allem.

Meine Energie kann Euch bewußt machen, daß es nicht wichtig ist, welche Art von Vergangenheit Ihr gewählt habt, es hätte genauso gut die Vergangenheit Eures Nachbarn, Eurer Kinder oder Eurer Eltern sein können. Alles ist ein Weg, und alles führt zum gleichen Ziel, *zum Selbst.*

Meine Energie fördert den Prozeß, sich selbst mit seiner Vergangenheit ohne Wertung anzunehmen.

Nr. 9 – *Orion*

Visionen

Die Wirkung der Meisteressenz

Die Essenz öffnet die Verbindung zum Höheren Selbst und zum Lebensplan. Dadurch können Visionen für das eigene Leben deutlich gesehen werden. Man bekommt Vertrauen in die eigene Intuition, die eigene innere Stimme.

Sie unterstützt jede therapeutische Arbeit, die Verständnis und Struktur ins Leben bringt, wie beispielsweise Lebensberatung.

Hilft in jeder Phase von Neuorientierung und zum Beginn und Abschluß von Projekten.

Sie unterstützt Reisen nach innen.

Zuordnung zu den Chakren: Stirnchakra (Halschakra)

Farbe: Hellblau

Tarotkarte: Nr. 12 – Der Gehängte

Edelstein: Coelestin

Auftragen des Öls: Beckenkamm (oberer Rand des Beckenknochens), Drittes Auge, Medulla (Rückseite des Dritten Auges), Sitzbeinhöcker (Knochen im Gesäß, auf denen man sitzt)

Ein Mensch, der diesen Aspekt ausgeglichen hat,

- hat Visionen für den eigenen Lebensweg, die im Einklang mit seinem Lebensplan sind;
- kann Visionen aufsteigen lassen; hat Intuition;
- schaut sich seine Geschichte genau an; kann Gegenwart, Vergangenheit, Zukunft als Einheit, als Linie sehen und bekommt dadurch Überblick; gestaltet aus seinen Erfahrungen und der Gegenwart die Zukunft;
- hat erkannt, daß alles im Leben einen Sinn hat, sein Leben bekommt Struktur;
- sieht die Möglichkeiten, die ihm zur Verfügung stehen, sieht, wieviele Wege es zum Erreichen des Zieles gibt, ohne daß es

ihn ängstigt; kann den Weg leicht wählen und weiß, daß er diese Wahl immer wieder verändern kann, sich immer wieder neue Möglichkeiten auftun;

- hat Visionen auch für größere Zusammenhänge, wie zum Beispiel die Entwicklung von Trends, Entwicklung von Unternehmen und Projekten, Entwicklung der Menschheit;
- erkennt sein Potential und entfaltet es.

Ein Mensch, der diesen Aspekt noch nicht ausgeglichen hat,

- weiß nicht, wohin er will; hat keine oder nur diffuse, abstrakte Ziele;
- sucht nach Wegen für sein Leben, kann sich nicht entscheiden, weil er nicht weiß, wohin er will, auf ihn trifft der Satz zu: „Wer das Ziel nicht kennt, kann den Weg nicht finden";
- weiß nicht, wie er ein gestecktes Ziel realisieren soll, welche Schritte notwendig sind;
- weigert sich, Visionen zu haben;
- bleibt in der Verarbeitung der Vergangenheit, glaubt, sich immer weiter reinigen zu müssen, immer weiter die Vergangenheit bearbeiten zu müssen, weil er sich die Zukunft nicht vorstellen kann;
- sträubt sich, Ziele zu setzen, weil er Angst hat, sich zu entscheiden und damit die anderen Möglichkeiten zu verlieren;
- handelt, ohne vorher zu überlegen;
- beginnt immer wieder neue Projekte, will sich nicht festlegen;
- hat Angst vor Vorhersagen;
- hat keinen Kontakt zum Höheren Selbst;

Aber auch ein Mensch, der

- ein unrealistischer Träumer ist.

Beschreibung

„Wer das Ziel nicht kennt, kann den Weg nicht finden." lehrt uns die Volksweisheit. Und wir haben es selbst schon oft genug erfahren: Die besten Fähigkeiten und das umfangreichste Wissen sind wertlos, wenn wir nicht wissen, wofür man es einsetzt, so wie auch jedes noch so gute Werkzeug unbrauchbar ist, wenn man nicht weiß, was man damit macht.

In dem Moment, in dem wir unser Ziel klar sehen, öffnen sich Türen. Wir bekommen klare Ideen, hilfreiche Informationen und unterstützende Menschen begegnen uns. Wenn man zum Beispiel die Entscheidung für ein neues Auto getroffen hat und die Marke kennt, sieht man plötzlich überall diesen Wagen. Man findet darüber einen Artikel in einer Zeitschrift, Bekannte erzählen davon. Diese Information war vorher natürlich auch da, aber man hat sie nicht wahrgenommen, das Unbewußte hat sie als „unwichtig" eingestuft und ausgefiltert.

Ohne Ziel helfen uns auch wertvolle Hinweise und Informationen nichts, wir wissen nicht, was wir damit anfangen wollen. Warum fällt es uns oft so schwer zu entscheiden, was wir tun sollen? Nicht, weil wir die Zukunft nicht kennen, denn die Zukunft gestalten wir mit unserer Entscheidung. Es fällt uns schwer, weil wir unser Ziel nicht kennen. Wenn wir ein Puzzle zusammenlegen wollen, ohne das Bild vorher gesehen zu haben, können alle Teile vor uns liegen, die Entscheidung, was an welche Stelle gehört, fällt trotzdem schwer. Aber im Leben liegen neben den Puzzleteilchen, die zum Bild gehören, auch solche, die nicht dazu gehören. Wundern Sie sich dann noch, warum es Ihnen so schwerfällt, sich zu entscheiden?

Orion hilft Ihnen dabei, sich für Visionen und Ziele zu öffnen.

Ein Anwender war seit einiger Zeit auf Stellensuche, konnte aber nichts finden. Nachdem er mit der *Orion*-Energie gearbeitet hatte, wurde ihm bewußt, welche Art der Arbeit er sich wünschte und was ihm wichtig war. Kurze Zeit später fand er die passende Stelle.

Eine Anwenderin, Besitzerin eines Ladens in einer größeren Stadt, suchte schon seit einem halben Jahr eine neue Wohnung und eine Möglichkeit, ihren Laden zu vergrößern. Sie begann gleichzeitig mit *Orion*- und *Kamakura*-Essenz zu arbeiten und bekam innerhalb einer Woche ihre Traumwohnung mit günstiger

Miete in der Stadt, bekam sogar eine zweite passende Wohnung angeboten und fand einen Büroraum, der direkt gegenüber ihrem Ladenlokal lag. Dadurch konnte sie auch ihren Laden vergrößern.

Durch die Essenz öffnen wir den Kanal zu unserem Höheren Selbst und kommen wieder in Einklang mit unserem Lebensplan. Daraus ergeben sich langfristige und kurzfristige Ziele und dann auch die Wege. Nun fällt es leichter zu entscheiden.

Und es sind immer mehrere Wege, die zum Ziel führen. Manche Menschen setzen sich auch damit unter Streß und blockieren ihre Handlungskraft, weil sie glauben, daß es nur einen einzigen richtigen Weg gibt und daß sie den finden müßten. Wenn sie den falschen Weg betreten, ist alles aus oder kostet zumindest viel Zeit für Umwege. Dabei ist das Leben wie ein Buffet, es stehen viele Wege für uns bereit, und die einzelnen Wege sind miteinander verbunden. Wir können wählen, und wenn uns der gewählte Weg nicht schmeckt, können wir wieder zum Buffet gehen und neu wählen. Vielleicht sind dann nicht mehr die gleichen Wege da wie beim ersten Mal, doch die neue Auswahl ist genauso gut oder schlecht wie vorher.

Orion unterstützt dabei, die Lebenslinie zu sehen, was wir aus der Vergangenheit mitbringen, was in der Gegenwart ist und wo wir in der Zukunft hingehen wollen. Das gilt sowohl für einzelne Projekte als auch für einen großen Zusammenhang oder das ganze Leben. Es gilt sowohl für Entscheidungen des Tagtäglichen als auch für grundlegende Lebensentscheidungen. Und er läßt uns auch sehen, welche Blockaden im Weg sind oder wir uns in den Weg gelegt haben. Seien es alte Verhaltensmuster, die wir immer wiederholen, oder seien es Glaubenssätze, die den Erfolg verhindern. Wir erkennen, welche Werte uns wichtig sind, denn wenn die Werte bewußt sind, können wir sie als Wegweiser und Entscheidungskriterien nutzen. Dazu gehört auch zu sehen, was zu tun ist, damit die Visionen keine Traumschlösser bleiben, sondern sich im Hier und Jetzt verwirklichen.

Manche Menschen kleben in der Vergangenheit fest, reinigen die Wunden der Kindheit, sind mit der Reinigung schon in den vergangenen Leben angelangt und haben immer noch keine wesentlichen Fortschritte gemacht. Sie wundern sich, und wenn man sie fragt, wohin sie denn wollen, wissen sie keine Antwort.

Die Reinigung der Vergangenheit ist Selbstzweck geworden. Aber dadurch, daß die durch die Reinigung freigewordene Energie nicht in ein neues Projekt, in eine positive Vision fließen konnte, blieb sie ungenutzt. Manchem ist das Alte vertraut und lieb geworden, und deshalb schaut er nicht in die Zukunft. Wandel hat immer zwei Aspekte, nämlich das Alte abzuschließen und neu zu beginnen. Wen das Abschließen traurig macht, denn Abschließen ist auch immer ein Lebewohl-Sagen von etwas sehr Vertrautem, Bekanntem, der sträubt sich dagegen – und der will nicht in das unvertraute Neue.

Orion hilft, dies zu sehen, hilft, weiterzugehen und nicht stehenzubleiben im Alten. Das Leben ist eine Reise ins Ungewisse und Unbekannte. Wer das akzeptiert, kann leichter handeln.

Für manche Menschen öffnet sich durch die Anwendung der *Orion*-Essenz auch der Zugang zu größeren Dimensionen. Sie haben Visionen für große Projekte, für Unternehmen, für Unternehmungen, Firmen, Gruppen von Menschen, den Weg der Menschheit und der Erde.

Die Meditation

Stell Dir vor, Du stehst in einem Tal am Fuße eines Berges und schaust hoch zum Gipfel, den Du erreichen willst. Du kannst diesem Gipfel ein Thema geben, das Du im Moment anstrebst oder erreichen willst. Oder arbeite nur mit dem Bild des Gipfels.

Du trägst einen Rucksack, der alles enthält, was notwendig ist für die Reise. Dennoch fühlt sich der Rucksack leicht und angenehm an.

Wähle einen Weg, wie Du zum Gipfel gelangen willst, und beginne den Aufstieg. Manchmal liegen Steine im Weg, manchmal ist der Weg versperrt, und Du mußt einen anderen Weg finden, um weiterzukommen, oder auch ab und zu ein Stück zurückgehen oder Deine Route ändern. Es gibt Stellen auf Deinem Weg, die wunderschön sind, vielleicht eine Bergwiese mit Tausenden von Blumen in den unterschiedlichsten Farben, einem betörenden Geruch und zwitschernden Vögeln. Verweile dort eine Zeit.

An anderen Stellen fühlst du Dich schwer und bedrückt, zum Beispiel wenn Du durch einen dunklen Wald gehst, durch eine Schlucht oder über ein Geröllfeld, was unsicher unter Deinen

Füßen ist und wo Du Angst hast, eine Lawine auszulösen und von ihr in die Tiefe gerissen zu werden. Du gehst durch Phasen von Angst, Wut, Verzweiflung, Hilflosigkeit. Und dann kommen wieder Phasen von Licht und Glückseligkeit, von Freude und Ausgelassenheit.

Und so schreite voran und komm dem Gipfel immer näher. Schau Dir den Gipfel genau an. Nimm wahr, wieviel Hindernisse Du Dir in den Weg gestellt hast, aber auch wieviel Freude und Hilfe er beinhaltet.

Sei gewiß, Du erreichst den Gipfel. Laß Dir von Deinem Verstand nichts anderes einreden. Du erreichst den Gipfel, wenn Du es willst. Es liegt völlig in Deiner Hand.

Auch an Stellen, wo Du manchmal denkst, es führe kein Weg weiter, findest Du doch einen Weg. Weil Du ihn finden willst! Für den ersten, der hinaufgeht, ist es manchmal sehr schwierig, da er in Unbekanntes hineingeht. Und dennoch gelingt es ihm, auch wenn er zwischendurch einmal rasten muß oder vorübergehend ein Stück zurückgeht. Er erreicht den Gipfel.

Vielleicht entscheidet er sich auf dem Weg, einen anderen Gipfel, ein anderes Ziel zu wählen. Durch die Höhe, die er gewonnen hat, bekommt er einen besseren Überblick. Und so erlebst Du immer wieder, daß Du das Ziel, das Du erreichen willst, auch erreichen kannst.

Am Ende der Meditation sieh Dich auf dem Gipfel sitzen, und schaue den Weg zurück, den Du gegangen bist. Erkenne Dich dafür an, daß Du weitergegangen bist und Dein Ziel trotz der Hindernisse erreicht hast.

Freue Dich, daß Du in der Weite und Stille des Berggipfels bist, und genieße.

Die Botschaft

Ich grüße Euch und unterstütze Euch, einen klaren weiten Blick zu erhalten für Euer Leben, zu erkennen, welche Schritte für Euch anstehen, welchen Weg Ihr wählt. Ich öffne Euren Blick nicht nur dafür, welchen Weg Ihr wählt, sondern auch für die Vielfalt, die auf der Erde und auf Eurem Weg möglich ist. Ich lehre Euch, Visionen zu empfangen, damit Ihr Euren Weg in Einklang gehen könnt, Visionen, die im Einklang sind mit Eurem Lebensplan,

Visionen, die im Einklang stehen mit der universellen Wahrheit, mit dem kosmischen Ganzen. Es wird wie ein Licht sein auf Eurem Weg, wenn Ihr den Zugang habt, die Verbindung zu Eurem höheren Selbst, dann wird Euch so vieles so leicht fallen, dann wißt Ihr, was Ihr gewählt habt und welche Wege dorthin führen. Und Ihr könnt darüber hinaus sehen, was das Leben für Euch bedeutet.

Wenn Ihr Eure Tür geöffnet habt, ist es Euch auch möglich zu sehen, wie Ihr das Leben auf der Erde gestalten könnt, damit es im Einklang mit dem schöpferischen Sein ist.

Nr. 10 – *Kamakura*

Handeln

Die Wirkung der Meisteressenz

Die Essenz läßt die Energie wieder fließen. Sie energetisiert stark, *daher nicht abends nehmen.*
Es steht viel Energie für Arbeit zur Verfügung, die dann meist schneller getan ist als normal.
Sie hilft uns, praktisch zu handeln.
Sie bringt Freude an der Arbeit, an der Tat und an Bewegung.
Sie hilft über Blockaden und Ängste vor dem Handeln hinweg.
Sie stärkt den „inneren Krieger".
Die Essenz unterstützt Morgenmuffel, die Schwierigkeiten haben aufzustehen.
Für neue Projekte und bei Beginn neuer Abschnitte im Leben, ist eine Kombination von *Angelika, Orion* und *Kamakura* zu empfehlen.
Die Essenz sollte nicht genommen werden, wenn man keine Vorstellungen vom Ziel hat oder die Schritte noch nicht geplant und geordnet hat. Sie bringt dann Tatendrang, der aber nicht gelebt werden kann.
Sie hilft gegen Jet-lag. Bei Ankunft am neuem Ort bringt ein Tropfen Öl auf dem Dritten Auge Körper und Seele direkt ins Hier und Jetzt dieses Ortes.

Zuordnung zu den Chakren: Solarusplexuschakra (Basischakra)

Farbe: Grün

Tarotkarte: Nr. 11 – Die Kraft (Lust)

Edelstein: Citrin

Auftragen des Öls: Solarplexus, Kniescheiben, zusätzlich: die Wirbelsäule entlang vom Steißbein bis zu den Halswirbeln, Schulterblätter

Ein Mensch, der diesen Aspekt ausgeglichen hat,

- nimmt sein Leben in die Hand und tut, was er sich vorgenommen hat;
- erreicht seine Ziele; hat den Mut, Projekte anzugehen; hat Durchhaltevermögen;
- hat eine positive Einstellung zum Arbeiten;
- läßt sich von seinen Ängsten nicht davon abbringen zu handeln; kann Angst beiseite stellen und ausprobieren, tun;
- lernt durch die Tat; erkennt, was ihm noch fehlt, übt solange, bis er es gut kann;
- hat Freude an der Arbeit, an Bewegung, am Handeln;
- hat genügend Energie, um seine Ziele zu erreichen;
- erkennt, wann der richtige Zeitpunkt zum Handeln ist und wann er besser abwartet.

Ein Mensch, der diesen Aspekt noch nicht ausgeglichen hat,

- hat viele Visionen, ständig neue Ideen, was er tun könnte, beginnt aber nichts, tut keinen Schritt ins Praktische, schiebt alles auf die lange Bank;
- nimmt sich für den Tag viel vor, erreicht wenig und ist am Abend frustriert;
- hat die Vorstellung, daß er sich im Handeln verausgabt; möchte am liebsten im Bett bleiben, schläft zuviel;
- hat überfüllten Schreibtisch, vertagt die Arbeit jedoch immer wieder auf morgen, plant statt dessen lange, wie man die Arbeit am besten durchführen könnte und wie sie am schnellsten bewältigt wird;
- hat Tendenz zur Flucht in Krankheit, damit er einen Grund für sein Nicht-Handeln hat;
- sammelt Wissen, Ausbildung, Fertigkeiten, macht immer mehr, um sich zu verbessern, wendet das Wissen aber nicht an;
- hat Angst, etwas zu tun; Angst, seine körperlichen Kräfte wirklich einzusetzen und sich zu erschöpfen;
- läßt sich von seiner Angst abhalten zu handeln;
- lebt mit „angezogener Handbremse".

Der Unterschied zwischen Nr. 10 – Kamakura und Nr. 4 – Kwan Yin zum Thema „Handeln"

Nr. 10 bringt Energie für das Handeln, stärkt das aktive Handeln zum richtigen Zeitpunkt und hilft über Ängste hinweg. Die Transformation der Ängste geschieht durch positive Erfahrungen.

Nr. 4 stärkt eher die passive Seite des Handelns, das Geschehenlassen, das Handeln im Einklang mit dem Lebensfluß. Ängste werden losgelassen und heilen dadurch.

Beschreibung

Visionen sind die geistige Form der Wirklichkeit. Sie „wirken" in der geistigen Welt, jedoch noch nicht in der materiellen. *Kamakura* stellt den Schritt dar, die gedanklichen Formen auf die Erde zu bringen.

Vor jedem Handeln steht der Gedanke, egal ob wir kochen, das Auto betanken oder ein Unternehmen führen. Zuerst denken wir, daß wir etwas tun wollen, dann handeln wir. Meist ist dieser Ablauf unbewußt.

Kamakura bringt die Freude am Handeln, die Freude, etwas zu tun und in Aktion zu sein. Er läßt die Energie wieder fließen und uns praktisch handeln. Geplante Aktionen, die auf die „lange Bank" geschoben wurden, werden umgesetzt. Das innere Zwiegespräch verhindert nicht mehr die geplanten Schritte, man beginnt.

Der Inhaber einer Firma hatte schon lange geplant, seinen Betrieb umzustrukturieren, es aber nie getan. Als er begann, mit der *Kamakura*-Essenz zu arbeiten, führte er sein Projekt innerhalb von zwei Wochen durch und hatte dabei die Kraft und den Mut, tiefgreifende Veränderungen vorzunehmen. Auch in Verhandlungen war er klarer, durchsetzungsfähiger und gradliniger und erreichte seine Ziele.

Ein anderer Anwender von Nr. 10 begann, all die Dinge anzugehen und umzusetzen, die er schon lange Zeit vor sich hergeschoben hatte. Er hatte zwar genau gewußt, was er wollte und tun sollte. Aber statt zu beginnen, hatte er morgens lange im Bett gelegen und keine Lust, die Arbeit anzufangen. Durch Nr. 10 bekam er Schwung und Kraft und erledigte all die vor sich hergeschobenen Arbeiten in kurzer Zeit.

Blockaden, die uns vorher davon abgehalten haben, etwas zu tun, werden übersprungen. Die Energie fließt wieder, daher fühlen wir uns augenblicklich gestärkt und energetisiert, wenn wir die Essenz einnehmen. Durch den stärkeren Energiefluß lösen sich die Blockaden mehr und mehr auf. Dies zeigt die Erfahrung einer Anwenderin sehr deutlich. Seit 10 Jahren war sie aus Angst nicht mehr Auto gefahren. Sie war geschäftlich viel unterwegs und benutzte nur Bahn und Taxi. Nachdem sie *Kamakura* einige Tage genommen hatte, mietete sie sich spontan ein Auto und fuhr von Heidelberg nach Hannover. Sie hatte zwar immer noch Angst, ließ sich davon jedoch nicht mehr abhalten.

Die Essenz unterstützt auch Menschen, die zögern, neue Fähigkeiten oder neu Gelerntes anzuwenden. Ihr Argument ist: „Ich kann das noch nicht richtig, ich muß erst noch mehr lernen, es genügt noch nicht." Menschen, die warten, bis sie etwas perfekt können, werden wohl nie beginnen zu handeln, denn „Übung macht den Meister". All unsere Fähigkeiten und all unser Wissen nützen nichts, wenn wir sie nicht anwenden.

Neue Fertigkeiten bedürfen der Anwendung, damit man sie wirklich beherrscht. So würden Kinder nie radfahren lernen, wenn sie sich erst trauen zu fahren, wenn sie es perfekt können. Die Essenz verschafft in solchen Fällen Mut und Durchhaltevermögen. Erst wenn die gelernten Dinge angewendet werden, kann man beurteilen, was noch fehlt, wo noch Schwachstellen und Unsicherheiten sind. Ohne praktische Schritte bleibt man in der Illusion über sich selbst stecken.

Die *Kamakura*-Essenz führt zu kraftvollem Tun, aber im Einklang mit den Bedürfnissen des Körpers. Wenn wir zu sehr in Aktivität und Handeln gehen, ohne Grenzen zu respektieren, entsteht leicht Aktionismus, und wir schaden uns und unserer Umgebung.

Jemand, der noch keine klaren Ziele hat oder zwischen mehreren Alternativen hin und her schwankt, sollte *Kamakura* nicht anwenden, bevor er seine Richtung geklärt hat (zum Beispiel mit *Orion*). In solchen Fällen beginnt die Energie zu fließen, und ein Tatendrang entsteht, der uns innerlich zerreißt, der uns unruhig werden läßt, weil die Energie nicht zielgerichtet umgesetzt werden kann. Ähnliches gilt für Arbeiten, die noch nicht strukturiert sind.

Mit der Energie von *Kamakura* kommen wir in die handelnde Kraft. Morgenmuffel werden schneller wach und aktiv. Es entsteht Freude am Handeln. Eine Anwenderin erzählte, daß sie an Tagen, an denen sie die Essenz benutzt, viel mehr schafft und erreicht, aber aufpassen muß, daß sie sich nicht selbst überholt und über ihre eigenen Füße fällt. Ein anderer Anwender drückte es so aus: „Ich habe plötzlich soviel Energie, der Tag kann gar nicht lang genug sein für mich. Und ich erledige Dinge in einer Schnelligkeit und Klarheit, die ich bisher nicht an mir kannte."

Die Meditation

Die Meditation besteht aus drei Abschnitten: Im ersten Teil stell Dir vor, wie Du durch eine abwechslungsreiche Landschaft wanderst. Auf Deinem Weg gibt es Abschnitte, in denen Du Dich anstrengst, in denen Du Berge erkletterst, in Gewässern schwimmst. Und es gibt Plätze, an denen Du verweilst und Dich ausruhst, es einfach genießt zu sein, auf einer Wiese oder am Strand zu liegen. Gehe diesen Weg und beobachte, wann Du eine Pause machst und wann Du weitergehst.

Im zweiten Teil der Meditation geh den gleichen Weg noch einmal. Doch vorher begib Dich in Deine Mitte und erlebe die Meditation aus der Mitte heraus. Gehe und gehe doch nicht. Handele und empfinde gleichzeitig Deine innere Ruhe. Das wird Dir am Anfang vielleicht schwerfallen.

Im dritten Teil sieh Dir Situationen aus Deinem Leben an, vor denen du stehst. Sieh, was es zu tun gibt, sieh Dich handeln oder nicht handeln und verfolge vor Deinem geistigen Auge, wie es sich entwickelt. Sieh, wie Du all deine Kraft einsetzt, werde Dir bewußt, welche Widerstände es zu überwinden gibt und schau Dir an, was geschieht, wenn Du einfach geschehen läßt.

Wenn Du diese Meditation durchführst, kannst Du in Deinem täglichen Leben einen Sprung machen, einen Sprung auf eine Ebene, in der sich der Zugang zu höherem Wissen und zu Deinem inneren Sein, zu Deiner Mitte auftut.

Die Botschaft

Meine Freunde, Ihr seid auf diese Erde gekommen, um handeln und geschehen lassen zu lernen. Und dies ist nicht nur eine Frage der zeitlichen Abfolge, in manchen Situationen ist es auch eine Frage von Gleichzeitigkeit, daß Ihr gleichzeitig tut und geschehen laßt. Im ersten Moment mag Euch dies paradox erscheinen, doch das ist es nur dann, wenn Ihr in der Dualität, der Kontinuität und in zeitlicher Abfolge denkt und nicht im größeren Rahmen. Im größeren Rahmen könnt Ihr auf der menschlichen Ebene durchaus die Schritte tun, die anstehen, und dennoch in dem Gefühl sein, daß das, was Ihr gerade anstoßt, von sich aus geschieht. Und das, was sich daraus entwickelt, laßt Ihr geschehen. So daß Ihr Euch bewußt seid, in dem Moment wo Ihr etwas tut, seid Ihr gleichzeitig auch passiv und laßt geschehen. Das ist die wahre Harmonie zwischen männlicher und weiblicher Seite in Euch, das Gleichgewicht.

Auf dem Weg dorthin geht Ihr die zeitliche Abfolge. Es gibt Situationen, in denen Ihr handelt und in denen es angebracht und erfolgbringend ist zu handeln. Und es gibt Situationen und Zeitpunkte, da handelt Ihr nicht, da laßt Ihr laufen, laßt es geschehen. Es gibt auch hier Zeitpunkte und Situationen, wo es angebracht ist, geschehen zu lassen und zu beobachten, was geschieht. Die Schwierigkeit für Euch liegt in dem Erkennen der Zeitpunkte, liegt darin zu wissen, wann Ihr handeln und wann Ihr geschehen lassen sollt, um zum Erfolg zu kommen. Und das erfahrt Ihr, indem Ihr lernt, in Kontakt zu sein mit Eurer Intuition, in Kontakt zu sein mit Eurem Höheren Selbst und darüber hinaus in Kontakt zu sein mit den höheren Bewußtseinsebenen und Zugang zu Informationen zu erhalten, die in dem Moment für Euch, für Eure Entscheidung, Euer Handeln und Euer Nicht-Handeln wichtig sind.

Wenn Ihr das Ganze unter dem Lernaspekt betrachtet, ist das, was Ihr tut und nicht tut, gleich gültig. Beides hat den gleichen Wert, denn Ihr lernt, wie immer ihr Euch entscheidet, was immer Ihr auch tut. Und je bewußter Ihr durch die Prozesse geht, desto bewußter lernt Ihr. Und desto schneller lernt Ihr. Wenn Ihr jedoch aus Eurer menschlichen Sicht Erfolg und ein angenehmes Leben anstrebt, dann ist es nicht mehr gleichgültig, wie ihr handelt.

Dann ist es für Euch angebracht zu wissen, wann es etwas zu tun gibt und was zu tun ist. Das erfahrt Ihr am leichtesten, wenn Ihr in Kontakt seid mit Euren höheren Bewußtseinsebenen. Und aus dieser Sicherheit heraus könnt Ihr dann Eure ganze Kraft und Energie einsetzen, das zu erreichen, was Ihr erreichen wollt, die Schritte zu tun, die Ihr tun wollt, und die Blockaden, die noch nicht abgeschlossene Lernschritte sind, aufzulösen, zu transformieren, die Lernschritte abzuschließen.

Darin unterstütze ich Euch mit meiner Energie: zum richtigen Zeitpunkt zu handeln, die auftretenden Blockaden bewußt zu erkennen und zu transformieren und dadurch zu einem erfolgreichen Handeln zu kommen. Und auch in Kontakt zu sein mit der eigenen Intuition und die Zeitpunkte zum Handeln zu erkennen und die Situationen des Nicht-Handelns zu erkennen. Und auch die Blockaden und Widerstände gegen das Nicht-Handeln zu sehen und aufzulösen, so daß Ihr immer mehr in Eure eigene Mitte kommt, in einem Fluß von Informationen steht und dann aus Eurer Ruhe und aus Eurer Mitte heraus handelt und seid. Meine Energie bringt Euch in ein ruhevolles Handeln.

Damit ist nicht gemeint, daß Ihr nur dasitzt und nichts tut oder träge seid – das sind Mißverständnisse zu diesem Begriff – sondern, daß Ihr handelt aus Eurer inneren Mitte heraus, aus Eurer Mitte, in der Ihr zentriert seid, in der Ihr in Ruhe und in Eurer Kraft seid, und dann handelt Ihr und seid gleichzeitig im Nicht-Handeln, in der Ruhe. Damit grüße ich Euch.

Nr. 11 – *Kuthumi*

Verbindung zur Erde

Die Wirkung der Meisteressenz

Die Essenz von *Kuthumi* öffnet die Wahrnehmung und das Verstehen der Realität und fördert den Realitätssinn.
Sie verbindet mit der Erdenergie, erdet und stimuliert den Fluß der Erdenergie im Körper. Damit gibt sie Stabilität und fördert die Verbindung zwischen feinstofflichem und physischem Körper.
Sie hilft, geduldig zu sein.
Kuthumi stärkt die Wahrnehmung der irdischen, feinstofflichen Energie von Plätzen, Steinen, Lebewesen und ermöglicht die Kommunikation mit anderen irdischen Wesen wie Pflanzen, Edelsteinen, Feen.

Zuordnung zu den Chakren: Basischakra (Herz- und Kronenchakra)

Farbe: Gelb

Tarotkarte: Nr. 6 – Die Liebenden

Edelstein: Dendrit, Bernstein, Rauchquarzelastial

Auftragen des Öls: Haaransatz auf der Stirn, Stirn, Drittes Auge, Fußchakren (Fußsohlen), Knie

Ein Mensch, der diesen Aspekt ausgeglichen hat,

* „steht mit beiden Füßen auf der Erde";
* ist realistisch; hat eine gute Intuition in bezug auf materielle Dinge; erkennt auch für wirtschaftliche Situationen Zusammenhänge;
* erkennt, welche Projekte erfolgreich werden;
* hat gute Menschenkenntnis;
* erkennt, daß Materie göttliche Schwingung ist;
* hat Kontakt zur Weisheit und zum Wissen der Erde, erinnert sich an Rituale;

- erkennt den Zusammenhang zwischen irdischen Gegebenheiten (Körper, Aura und so weiter).

Ein Mensch, der diesen Aspekt noch nicht ausgeglichen hat,

- ist nicht geerdet;

- wirkt wie ein Wesen aus einer anderer Welt; ist nicht richtig mit dem Körper verbunden, wirkt so, als ob er keine Wurzeln in der Erde hat und der nächste Sturm ihn entwurzelt;

- hat Schwierigkeiten mit der Realität dieser Erde;

- verliert den Blick für die Realität; schätzt Ereignisse unrealistisch ein; hat kein Gefühl, wie lange Prozesse dauern;

- ist sehr ungeduldig;

- ist ein „Wanderer zwischen den Welten", Realität ist für ihn nicht besonders anziehend, deshalb zieht er sich in Luftschlösser zurück; ist verträumt; ist selten völlig präsent; ist selten aufnahmefähig für irdische Dinge, wie wissenschaftliche Erkenntnisse, Nachrichten, Besorgungen, diese werden als unwichtig empfunden;

- neigt zu Krankheiten, leidet oft an Schwindel-, Schwächegefühlen und Unwirklichkeitszuständen, ohne körperlich krank zu sein; hat oft kalte Hände und Füße; hat wenig Körpergefühl, stößt sich oft an.

Aber auch ein Mensch, der

- sehr materialistisch und erdverbunden ist, dem die materielle Seite überproportional wichtig ist;

- die Erde und die Lebewesen der Erde als Dinge ansieht, die man ausnutzen kann; die Schätze der Erde in einer Weise nutzt, die langfristig die Erde und den eigenen Körper zerstört;

- die Existenz feinstofflicher Dimension ablehnt.

Der Unterschied zwischen Nr. 11 – Kuthumi, Nr. 7 – Sanat Kumara und Nr. 13 – Seraphis Bey zum Thema „Verbindung mit der Erde"

Nr. 11 öffnet die Verbindung zur Erde, läßt Freundschaft mit der Erde schließen.

Nr. 7 bildet eine Brücke zwischen Himmel und Erde, ist ein erster Kontakt mit der Erde.

Nr. 13 führt mitten in die Materie hinein und bringt Bewußtheit in die Materie.

Beschreibung

Kuthumi verbindet mit der Energie der Erde, mit dem Körper und läßt uns bewußt werden, daß wir selbst diesen Planeten und diesen Körper als Heimat gewählt haben. Er öffnet unseren Blick dafür, daß alles Sein miteinander verbunden ist und in jedem Teil lebendige, göttliche Energie fließt. Gerade in der heutigen Zeit haben viele Menschen die Verbindung zur Erde verloren. Sie leben auf diesem Planeten, ohne einen wirklichen Bezug zu ihm zu haben. Sie nutzen die Schätze der Erde in einer Weise, die langfristig die Erde zerstört und auch ihren eigenen Körper gefährdet.

Neben den Menschen, die die Erde als totes Ding betrachten, gibt es andere, die die Energie der Erde nicht mögen. Gerade in der „Esoterischen Bewegung" glauben manche, es gehe darum, sich von der irdischen Wirklichkeit abzuwenden, um das irdische Sein zu transformieren, um in höhere Bewußtseinsbereiche vorzudringen. Sie entfalten ihre höheren Bewußtseinsbereiche und vernachlässigen den Kontakt zur Erde. Sie haben die Erdung verloren, was sich in einseitiger Weltsicht und manchmal auch krankheitsanfälligem Körper ausdrückt. Sie sehen fast nur noch die feinstoffliche Seite und vernachlässigen die materielle Wirklichkeit. Daher werden „Esoteriker" von „normalen Menschen" oft als Träumer und Phantasten, als realitätsfremd bezeichnet.

Kuthumi wird in den nächsten Jahren einer der bedeutendsten Meister für die Entfaltung der Menschen auf der Erde werden. Wir gehen in immer höhere Bewußtseinsebenen hinein und entdecken immer weitere Bereiche feinstofflicher Energie. Wenn wir uns in diese Bereiche hineinentwickeln, ist die Verbindung zur Erde besonders wichtig. Wenn der Kontakt zur Erdenergie abreißt, verlieren wir auch die Verbindung mit unserem Körper. Ein Baum kann ohne Wurzeln nicht wachsen. Je tiefer seine Wurzeln in die Erde hineinragen, desto höher kann sich seine Krone in den Himmel erheben. Und wer tiefe, stabile Wurzeln hat, kann die Stürme des Lebens leichter überstehen.

Die *Kuthumi*-Energie hilft uns, wieder Kontakt aufzunehmen zur Erdenergie und zu unserem eigenen Körper. Sie stellt den Kontakt her zwischen dem göttlichen und irdischen Anteil und ist damit eine Vorbereitung für *Lady Nada*, die uns lehrt, unseren irdischen Körper anzunehmen und zu lieben.

Wenn wir in Verbindung mit unserem irdischen Anteil sind, mit unseren unteren drei Chakren, fließt die Erdenergie wieder harmonisch durch unseren Körper. Die unteren Aurakörper verbinden sich stärker miteinander und erden uns. Sie geben die irdische Energie an die anderen Auraschichten weiter. Wir können die Wechselwirkung zwischen unserem Körper, den Auraschichten, der kosmischen und irdischen Energie und der Umgebung leichter wahrnehmen. Denn wir beeinflussen unsere Umgebung mit unserer Energie, und unsere Umgebung beeinflußt uns. Wir nehmen wahr, welche Plätze unterstützen und welche Plätzen uns belasten. Wir werden aufmerksamer für die Energien der Umgebung und erkennen damit auch leichter, welche Pflanzen, Steine, Edelsteine und auch Menschen uns gut tun.

Die Verbindung zur Erdenergie und ihr verstärkter Fluß durch den Körper wird jedoch nicht von jedem als angenehm empfunden. Als wir begannen, mit der *Kuthumi*-Essenz zu arbeiten, hatten wir ein Gefühl von Bleiklötzen an den Füßen, als ob wir auf der Erde festgeklebt wären. Laufen, tanzen, sich bewegen erschien schwerer und anstrengender als vorher (auch wir gehörten zu den Menschen, bei denen der Fluß der Erdenergie eingeschränkt war). Nach einer Weile hatten wir uns darauf eingestellt und empfanden die Erdenergie als sehr angenehm. Die Arbeit fiel uns leichter und machte mehr Freude als vorher.

Einer Freundin ging es ähnlich. Sie litt vorher oft an Schwindelgefühlen und Schwächezuständen, weil sie nicht richtig mit ihrem irdischen Körper verbunden war. Ihre ganze Erscheinung war eher „engelhaft" und „unirdisch" und sie wäre lieber nicht auf dieser Erde gewesen. Als sie begann, die *Kuthumi*-Essenz zu nehmen, fühlte sie sich zuerst schwer. Doch ihre Schwäche- zustände verschwanden bald, und sie begann, das irdische Le- ben zu genießen.

Die stärkste und schnellste Erdung erzielt man, indem das *Kuthumi*-Öl auf die Fuß- und Handchakren aufgetragen wird.

Eine andere Anwenderin, der Erdverbundenheit fehlte, bekam Atembeschwerden, nachdem sie die Essenz benutzt hatte. Die Entscheidung für diese Essenz hatte sie aus Vernunftgründen getroffen, denn sie wußte, daß sie nur wenig Erdung besaß. Ihre inneren Widerstände gegen die Erdenergie waren jedoch so stark, daß sie den Energiefluß durch möglichst geringe Atmung blok- kierte (tiefes Atmen steigert den Energiefluß). Für sie war es leichter, den ersten Schritt zur Erdung mit der Essenz Nr. 7 – *Sanat Kumara* zu tun.

Kuthumi hilft jedoch nicht nur, sich hier auf der Erde zu ver- wurzeln, er hilft auch stark erdverbundenen und erdbezogenen Menschen, sich für die „spirituelle Seite" zu öffnen.

Jeder Mensch hat eine Verbindung zur Erde und damit poten- tiell die Möglichkeit, Kontakt aufzunehmen mit dem Wissen und der Weisheit der Erde. Nicht nur Menschen wie Steiner und Para- celsus konnten die Geheimnisse der Erde entdecken, konnten Pflanzen in die Hand nehmen und sagen, welche Heilkräfte sie besitzen. Die Fähigkeit, Energie von Pflanzen, Edelsteinen und so weiter zu spüren, haben viele Menschen. Sie können wahr- nehmen, wie Pflanzen, Steine und anderes die Gesundheit des Körpers unterstützen. *Kuthumi* hilft, diese Kanäle zu öffnen und dieses Wissen und diese Fähigkeiten zu nutzen. Wir lernen, mit Pflanzen zu „reden", wir können Steine nach ihrer Wirkung, ihrer Herkunft und Geschichte fragen. Es bedarf einiges an Übung, die Informationen aufzunehmen und zu begreifen. Manchmal er- schließen sich auch Erinnerungen an vergangenes Wissen, an Rituale und Techniken aus vergangenen Leben.

Diese Energie unterstützt uns auch, die wissenschaftliche Sicht- weise zu verstehen und die logisch-wissenschaftlichen Erkennt- nisse leichter nachzuvollziehen.

Von der Natur können wir lernen, daß Entstehen Zeit braucht. Die Natur kennt das Geheimnis des richtigen Zeitpunktes. In der

Gedankenform ist vieles schon vorhanden. Bis es sich in der Materie verwirklicht hat, braucht es jedoch Zeit. Im Samen des Baumes existiert der fertige Baum bereits – und dennoch dauert es Jahre, bis dieser Baum sichtbar ist. Auch das Kind im Mutterleib ist mit dem Zeitpunkt der Zeugung in den Genen vollständig vorhanden. Doch es dauert 9 Monate, bis sich ein Körper gebildet hat. Sowohl der Same als auch das heranwachsende Kind gehen zur richtigen Zeit die richtigen Schritte. Materie ist mit Zeit verbunden, und wir brauchen Geduld. *Kuthumi* lehrt uns, dies zu erkennen und anzunehmen. Und den richtigen Zeitpunkt zu sehen.

Kuthumi stärkt nicht nur den Blick für die sichtbare Welt, sondern öffnet auch die Wahrnehmung für irdische feinstoffliche Wesen. Die meisten Erwachsenen kennen Naturgeister wie Feen, Elfen, Gnome, Zwerge und Nixen aus Märchen und tun sie als Kinderkram ab. Diese Märchen sind jedoch zu einer Zeit entstanden, als noch mehr Menschen hellsichtig waren und diese Energieformen wahrnehmen konnten. Die Wesen existieren auch noch heute. Manchmal erzählen kleine Kinder uns, was sie alles sehen. Wenn wir hinschauen, sehen wir nichts. Kinder besitzen oft noch die Gabe, diese feinstofflichen Wesen wahrzunehmen. Und auch wir können diese Fähigkeit wieder entwickeln. Die *Kuthumi*-Energie hilft uns dabei und erleichtert die Kommunikation mit diesen Wesen.

Dabei sind die Bilder von menschenähnlichen Gestalten wieder nur ein Modell für diese feinstoffliche Energie. Denn Personifizierung hilft, mit diesen Energien in Kontakt zu treten und zu kommunizieren. Je vertrauter das Bild, desto leichter fällt die Kommunikation.

Die Meditation

Stell Dir vor, wie Du einen Weg entlanggehst. Der Weg führt Dich an einem schönen sonnigen Tag oder in der Dämmerung durch eine Wiese. Sieh die Gräser und Blumen, höre die Insekten und Geräusche auf der Wiese, rieche die Düfte.

Nimm dann die Wesen wahr, die sich auf dieser Wiese befinden, die mit den Blumen und Gräsern sind, mit den Insekten.

Der Weg führt Dich in einen Wald. Dort wirst Du feststellen, daß auch dort neben den Bäumen und Gräsern Energieformen existieren. Sie unterstützen das Wachstum der Pflanzen und sorgen für ein harmonisches Miteinander. Nimm wahr, welche Aufgaben sie haben, nimm wahr, ob sie mit Dir in Kontakt treten und Dir von der Erde und den Wundern der Erde erzählen. Dann setze deinen Weg fort, bis Du zu einer Höhle kommst. Geh hinein, und Du wirst ein Meer von Kristallen finden, farbige Steine in schönen funkelnden Formen. Und auch dort sind Wesen. Sie leben in der Erde und hüten das Wachstum der Kristalle. Auch mit ihnen kannst Du in Kontakt treten, Dir von ihnen berichten lassen und eine Botschaft erhalten.

Dein Weg führt Dich dann tief hinein in die Erde bis zur Quelle der Erdenergie. Erlebe diese Quelle und nimm auch dort wahr, ob Wesen an diesem Platz sind.

Dann nimm auf Deine Weise Kontakt auf zu der Quelle der Erdenergie. Laß die Energie durch Deinen Körper fließen, nimm den Zustand und die Botschaft der Erde wahr, erlebe die Quelle der irdischen Energie und nimm auch Deine eigene Quelle irdischer Energie in Deinem Körper wahr. Nimm wahr, wie Dein Energiefluß ist, ob Deine Fuß- und Handchakren offen sind für den Fluß der Erdenergie, wie die Erdenergie durch Deinen Körper fließt und ob es Stellen gibt, wo sie stockt. Diese Störungen kannst Du an diesem Platz an der Quelle der Erdenergie heilen.

Und dann verabschiede Dich in dem Wissen, daß Du verbunden bist mit dieser Quelle. Denn wo immer Du auf der Erde bist, Du stehst in Kontakt mit der Energie der Erde.

Verlasse dann diese Höhle wieder und kehre zurück.

Die Botschaft

Ich unterstütze mit meiner Energie, daß Ihr Euch wieder öffnet für das Zusammenspiel der Kräfte, daß Ihr wieder in Harmonie kommt mit der Schwingung der Erde. So daß Ihr in Euren Gedanken, in Euren Gefühlen und in Eurem Sein wieder verbunden seid mit der Energie der Erde. Und so unterstütze ich Euch, daß diese Verbindung geschieht und gestärkt wird.

Außerdem unterstütze ich Euch dabei, daß Ihr die Wesen der Erde wahrnehmen könnt, Wesen wie Elfen und Gnome, feinstoffliche Wesen, die das Gleichgewicht auf der Erde hüten, den Einklang von Pflanzen, Tieren und allem Sein. Sie stellen eine

Balance her zwischen Werden und Vergehen, ein Gleichgewicht zwischen Tieren, Pflanzen, Mineralreich.

Alles, was auf der Erde stattfindet, geschieht in Harmonie, war immer in Harmonie. Harmonie bedeutet nicht starres Feststehen, sondern Veränderung, Wandel – und das geschieht ständig. Und wenn dieser Wandel in einem energetischen Gleichgewicht geschieht, entsteht Neues, ist er produktiv, nährt er den Kreislauf von Werden und Vergehen. So wie es schon immer war.

Wenn jedoch dieses Gleichgewicht mutwillig zerstört wird durch ein Nichtbeachten der energetischen Prozesse, dann ist irgendwann ein Punkt erreicht, wo die Balance der Erde nicht mehr aufrechterhalten werden kann und Veränderungen in einem Maße stattfinden, die den Kreislauf stören. Das geschieht, wenn Wesen der Erde oder Menschen den Kontakt zur Erde verlieren. Wenn sie vergessen, daß eine Verbindung besteht zwischen dem, wo sie leben und ihrem eigenen Sein. Eine Verbindung besteht nicht nur zwischen der Erde und dem Körper, sondern auch zwischen dem Bewußtsein der Erde und dem eigenen Bewußtsein. Auch in dem Bereich finden Wechselwirkungen statt. Menschen beeinflussen die Kräfte der Erde, und die Erde beeinflußt die Menschen.

Meine Energie öffnet Eure Wahrnehmung für die Gesetzmäßigkeiten der Erde, für den Einklang mit der Erde, für Euren Weg und Euer Zusammenspiel mit den Energien der Erde. Und ich öffne Euer Herz, damit die Verbindung in einer liebevollen Weise geschehen kann.

Lernt, wieder in Kontakt zu sein und die Geschenke dieser Erde in einer Weise zu nutzen, wie es für die Erde und die Menschheit zum Wohle ist. Und erkennt den Ursprung Eures irdischen Seinsanteils.

Mit mir sind die Wesen und die Energie der Erde, die diesen Prozeß unterstützen, damit die Menschen wieder Kontakt aufnehmen zu dieser Erde, zu dem Planeten, den sie als Heimat gewählt haben, als Zuhause für eine gewisse Zeit.

Laßt Euch wieder berühren von den Wesenheiten der Erde und der Energie der Erde. Schließt Freundschaft, und Ihr werdet mannigfaltige Unterstützung bekommen für Euer Sein und Euer Leben.

Nr. 12 – *Lady Nada*

Angenommen-Sein und Lebensgenuß

Die Wirkung der Meisteressenz

Die Essenz von *Lady Nada* ermöglicht die emotionale Heilung, sie heilt Gefühle von Liebesdefizit. Sie unterstützt dabei, den Körper anzunehmen.

Sie macht bewußt, was wir wirklich wollen und was uns nährt, welche Menschen, Beziehungen, Plätze, Essen, Umgebungen uns gut tun.

Sie fördert zu sehen, was zum Wohlbefinden fehlt und wie man sich in seinem Wohlgefühl beeinträchtigt.

Die Essenz intensiviert die Wahrnehmung der Sinne, von Musik, Düften, Erleben der Natur.

Sie stärkt die Verbindung zum „inneren Heiler" und ermöglicht, die weiblichen Qualitäten, das weibliche Prinzip zu integrieren.

Zuordnung zu den Chakren: Herzchakra (Sakralchakra)

Farbe: Rosa

Tarotkarte: Nr. 2 – Die Hohepriesterin

Edelstein: Rosa Turmalin, Rosenquarz

Auftragen des Öls: Brustbereich vorn und hinten, Bauchbereich, nicht geliebte Bereiche des Körpers; zusätzlich: Fußknöchel außen

Ein Mensch, der diesen Aspekt ausgeglichen hat,

- nimmt sich selbst so, wie er ist, bedingungslos an;
- fühlt sich in seinem Körper und seiner Umgebung wohl, angenommen und geborgen;
- pflegt den Körper und achtet auf seine Bedürfnisse, auf das richtige Maß an Essen, Schlaf, Bewegung;
- erkennt seine wahren Bedürfnisse, erfüllt sich seine Wünsche, ohne andere dabei einzuengen;

- genießt die Freuden der Sinnlichkeit, die ihm der Körper ermöglicht, gutes Essen, Bewegung, Musik, Massage, Erfahren der Natur, Düfte ...;
- fühlt sich geliebt, kann Liebe annehmen;
- strahlt Wärme und Freundlichkeit aus;
- sieht seine Licht- und Schattenseiten, kann Schattenseiten annehmen und integrieren;
- ist sich selbst und anderen gegenüber tolerant, wodurch innere Gelassenheit entsteht;
- lebt erfüllte Sexualität;
- lebt weibliche Qualitäten wie Intuition, Gefühl, Ahnung, Liebesfähigkeit, Beziehung zur Natur.

Ein Mensch, der diesen Aspekt noch nicht ausgeglichen hat,

- lehnt sich selbst und seinen Körper ab;
- hat den Kontakt zum Körper verloren; hat kein Gefühl für seinen Körper;
- findet sich nicht attraktiv, glaubt, daß sein Körper häßlich ist, und mag sich nicht im Spiegel anschauen; dadurch sehr unsicheres Auftreten;
- braucht ständig Bestätigung und Anerkennung von außen, wird aber nicht satt davon;
- hat viele Wünsche, deren Erfüllung ihn aber nicht wirklich befriedigen;
- kennt zwar seine Bedürfnisse, handelt aber nicht danach, achtet nicht auf seinen Körper, pflegt ihn nicht, ißt zuviel, schläft zuviel oder zu wenig, bewegt sich zu wenig;
- lebt Sexualität, die ihn nicht erfüllt, nicht glücklich macht, oft macht Sexualität keine Freude mehr, ist unzufrieden;
- ist selbstzerstörerisch; begegnet auch anderen destruktiv.

Aber auch ein Mensch, der

- die körperlichen Genüsse überbetont.

Der Unterschied zwischen Nr. 12 – Lady Nada und Nr. 2 – Lao Tse zum Thema „Verurteilen und Nicht-Akzeptieren"

Nr. 12 transformiert, indem man das eigene Werten akzeptiert.

Nr. 2 transformiert durch das Beenden von Verurteilen.

Die Beschreibung

Lady Nada hilft, uns selbst zu akzeptieren mit unseren Licht- und Schattenseiten. Wir leben mehr Toleranz uns selbst gegenüber und haben ein bedingungsloses Ja zu uns selbst, zu unserem Körper, zu unserem Leben. So wie *Christus* die bedingungslose Liebe als Prinzip lehrt, zeigt uns *Lady Nada* diese bedingungslose Liebe für uns selbst, für unseren Körper. Das bedeutet, auf die Bedürfnisse des Körpers zu achten, den Körper zu respektieren, seine Wünsche anzuschauen, die wahren Wünsche und Bedürfnisse zu erkennen und danach zu handeln. Wir erkennen, wann wir unsere Bedürfnisse übergehen und welche Teile des eigenen Körpers wir nicht mögen.

Wir erkennen unsere Schattenseiten und lernen, sie anzunehmen und zu integrieren. In dem Moment, in dem es uns gelingt, sie wirklich anzunehmen, transformieren sie sich. Sie liegen nicht länger im Schatten, sondern werden ins Licht des Bewußtseins gebracht, sie werden durch-LICHT-et. Wir lernen zu sagen: „Ich bin ein Mensch und setze mich mit Licht- und Schattenseiten auseinander, dadurch wachse ich. Ich gehe meinen Weg zum Teil bewußt und zum Teil unbewußt, und ich liebe mich mit meinen Stärken und Schwächen."

Manche Menschen befürchten, daß sich die ungeliebten Seiten festsetzen und zementieren, wenn sie aufhören, dagegen zu kämpfen, und sie annehmen. Doch das ist nicht der Fall. Durch wirkliches Annehmen geschieht Veränderung. Es funktioniert natürlich nicht, die Schattenseiten anzunehmen, damit sie sich verändern. Solange man so handelt, hat man nicht wirklich „ja" zu diesen Seiten gesagt.

Die Erfahrungen mit der *Lady-Nada*-Essenz sind unterschiedlich. Mancher fühlt sich augenblicklich angenommen, wohl, eingehüllt, geborgen.

Eine Anwenderin fühlte sich nach 4 Stunden anstrengender Autofahrt, durch die sie normalerweise völlig erschöpft war, sehr wohl und sah auch äußerlich gelöst und entspannt aus.
„Ich könnte den ganzen Tag singen. Jeder sollte die *Lady-Nada*-Energie benutzen. Sie bringt in einen der schönsten Zustände, die ich erfahren habe", sagte eine andere Anwenderin. Sie schenkte daraufhin ihrer besten Freundin eine *Lady-Nada*-Energiekugel. Aber der Freundin ging es erst einmal nicht gut damit. Ihr wurde bewußt, wie sehr sie sich selbst verurteilte. Sie glaubte, daß nichts, was sie tat, gut genug war. Sie begann, sich häßlich und unansehnlich zu fühlen, obgleich sie eine gutaussehende Frau ist. Für eine Zeit mochte sie sich nicht mehr im Spiegel anschauen. Obwohl sie erkennen konnte, daß ihre Reaktion nichts mit der Realität zu tun hatte – sie bemerkte, daß Männer ihr bewundernd nachschauten – litt sie unter der eigenen Verurteilung.

Dieser Frau wurden erst einmal die inneren Widerstände gegen „Angenommen-Sein" bewußt. Sie erinnerte sich an ihre körperfeindliche Erziehung, an die jahrelange Unterdrückung ihrer Bedürfnisse. Erst nachdem sie ihre Verhaltensmuster erkannt und sich ihre Wünsche und Bedürfnisse bewußt gemacht hatte, begann sie die Energie von *Lady Nada* zu mögen.

Eine andere gutaussehende, schlanke Frau nahm die *Lady-Nada*-Essenz während ihres Urlaubs am Strand. In den ersten Tagen achtet sie nur auf „dicke, hinkende, häßliche Menschen" und sagte dann immer wieder zu sich: „So sehe ich auch aus". Gleichzeitig konnte sie jedoch über sich lachen. Und nach einigen Tagen konnte sie ihre Schönheit erkennen und annehmen.

Diese Erfahrungen zeigen wieder, wie unterschiedlich Menschen auf die Meisteressenzen reagieren.

Auch ich sah in der Zeit mit *Lady Nada* meine Wunden in bezug auf „Angenommen-Sein". Zum Beispiel wollte ich einer Bekannten ein Kleidungsstück schenken, das mir zu weit geworden war. Ihr gefiel es nicht, und sie nahm es nicht – ich hätte heulen können und fühlte mich abgelehnt, obwohl ich genau sehen konnte, daß meine Reaktion nichts mit dem Geschehen zu tun hatte. In dieser Zeit interpretierte ich viele Ereignisse als Ablehnung, bis ich begann, mir die Ursache dieses Gefühls anzusehen und das Gefühl des „Abgelehnt-Seins" anzunehmen. Danach ging es mir ausgesprochen gut mit dieser Essenz.

Wer sich selbst annehmen kann, dem fällt es auch leicht, andere anzunehmen. Er projiziert seine Schattenseiten nicht mehr nach außen, und sie begegnen ihm nicht mehr in Form von anderen Menschen, die ihm sein unterdrücktes Verhalten widerspiegeln. Er muß sich nicht mehr ständig über Menschen ärgern, die das tun, was er an sich selbst unterdrückt und nicht sehen will.

Wer mit der *Lady-Nada*-Essenz arbeitet, sieht auch seine Blokkaden dagegen, „es sich gutgehen zu lassen", wann er glaubt, das Leben nicht genießen zu dürfen, Reichtum, Glück und Fülle nicht verdient zu haben. Er stellt fest, wann er seine Lebensfreude und die Freuden der Sinne ablehnt und unterdrückt, wann einschränkende Sätze wie: „Das ist nicht gut für dich.", „Das ist zuviel des Guten.", „Das gehört sich nicht.", „Freu dich bloß nicht zu früh.", „Wenn es dem Esel zu gut geht, geht er aufs Eis tanzen." wieder wirksam werden. Ihm wird klar, welche Mechanismen aufgebaut wurden, die ein völliges Glücklichsein verhindern.

Wer lange Zeit in einer die Freude einschränkenden Weise gelebt hat, kreist mit seinen Gedanken immer mehr um die Defizite. Wenn die entstandenen Defizite, der „innere Hunger", über angenehme und nährende Erlebnisse, Gefühle und Erfahrungen ausgeglichen sind, ist ein Zustand von „Erfüllt-Sein" erreicht. Solange man jedoch Hunger hat, denkt man ständig ans Essen. Es ist dann fast unmöglich, an etwas anderes zu denken. Nach einem schmackhaften Festmahl hingegen gibt es keine Gedanken ans Essen mehr. Dann ist es leicht, sich auf etwas anderes zu konzentrieren.

Eine übergewichtige Frau, die ständig unter Hungergefühlen litt, hatte einige Tage nach der Anwendung der Essenz das Bild, daß eine gelbe Kugel auf sie zukomme und ihr Solarplexuschakra fülle. Danach ließ das Hungergefühl nach.

Die Energie von *Lady Nada* heilt auf diese Weise insbesondere den Gefühlskörper. Das Liebesdefizit wird gefüllt und geheilt. Dadurch erlangt man auch mehr Selbstvertrauen.

Lady Nada lehrt, das Angenehme zu erkennen und zu genießen. Sie läßt Musik auf eine andere Weise erfahren, sowohl die Musik, die von Menschen geschaffen wurde, als auch die Musik der Natur. Ebenso können Düfte und Berührung intensiver wahrgenommen werden.

Leben wir im Einklang mit dem Körper, erhalten wir Zugang zu seiner Weisheit. Dann zeigt uns der Körper sehr deutlich, was für ihn gut ist, was nährt, welche Menschen uns unterstützen und wer uns Kraft kostet. Wir achten auf nährendes Essen, nährende Menschen, nährende Beziehungen.

Der Kontakt zum „inneren Heiler", dem Teil, der weiß, was uns fehlt und wie wir heil werden, wird gestärkt. Dadurch ist es möglich, Hinweise von ihm zu bekommen. Folgende Methode unterstützt dies:

Entspannen Sie sich und nehmen Sie Kontakt auf mit Ihrem Körper. Wandern Sie in Gedanken durch Ihren Körper und danken Sie den einzelnen Teilen und Organen für ihre Arbeit. Machen Sie sich bewußt, was der jeweilige Körperteil für sie leistet. Und wenn Sie können, danken Sie auch den erkrankten Körperteilen, denn diese wollen Sie ja aufmerksam machen auf das, was Sie benötigen, damit Sie ganz und vollkommen werden und erfüllt leben. Anschließend richten Sie ihr Bewußtsein auf den Körperteil, der erkrankt ist, und fragen ihn, was er Ihnen sagen will und was Sie tun können, um wieder gesund zu werden. Bitten Sie den Körperteil oder Ihren inneren Heiler, Sie beim Gesundwerden zu unterstützen.

Manchen Menschen fällt es am Anfang schwer, Kontakt aufzunehmen und die Botschaften des Körpers zu verstehen. Doch wenn diese Übung wiederholt wird, fällt der Kontakt immer leichter, und die Hinweise sind besser zu verstehen.

Die Essenz von *Lady Nada* beinhaltet auch die Auseinandersetzung mit dem Thema Sexualität und Freuden der Sexualität. Sie läßt uns fragen, ob wir mit unserer Sexualität zufrieden sind und was wir uns wünschen. Gerade die sexuelle Energie ist ein Potential für Lebensfreude und Lebendigkeit, und wenn wir uns öffnen für die Erfüllung unserer Bedürfnisse, gehört auch dies dazu. In unserer Gesellschaft gibt es in dieser Hinsicht viele Wunden, Tabus, unangenehme Erfahrungen. Und oft ist Hilfe schwierig, weil die betroffenen Menschen sich nicht trauen, dieses Thema anzusprechen.

Wird Sexualität erfüllend gelebt, öffnet sich ein großes Energiereservoir, und dies wirkt heilend auf unser Leben, unseren Körper und unsere Beziehungen.

Die Essenz fördert die Entfaltung des weiblichen Prinzips und der weiblichen Qualitäten. Dazu gehören: das Leben genießen, sich angenommen fühlen, sich vom Leben beschenken zu lassen und die Geschenke anzunehmen, die intuitive Wahrnehmung, Gefühl, Ahnung, Liebesfähigkeit, Beziehung zur Natur und zu tiefen Bereichen der Psyche (Träume, Visionen), Gelassenheit und Heiterkeit.

Jeder Mensch besitzt einen männlichen und einen weiblichen Teil in sich, und das Ziel ist, daß beide Teile entwickelt und in unserem Leben genutzt werden. Vernachlässigen wir einen Teil, äußert er sich oft negativ. Dann wird zum Beispiel die ungelebte weibliche Qualität „Gefühl" zu Launenhaftigkeit und Reizbarkeit.

Die Meditation

Mache eine Meditation der Sinne, gehe in Gedanken oder tatsächlich durch einen Wald, durch Felder mit Blumen, sieh die Farben, lausche der Musik der Natur, rieche den Duft und achte auf Deine Gefühle. Oder lausche einer Musik und sieh dazu Farben und Bilder, nimm Düfte und Gefühle zur Musik wahr.

Zum Abschluß hülle Dich in Deiner Vorstellung ein in einen warmen rosa Mantel, vielleicht in einen Pelz oder in Rosenblätter, die weich und anschmiegsam sind.

Wer noch einen Schritt weiter gehen will, der kann sich eingehüllt in Blütenblätter im Universum sitzen sehen und wohl und angenommen fühlen.

Die Botschaft

Seid gegrüßt, Ihr Glücklichen, die Ihr einen Körper besitzt.

Seid gegrüßt und lernt, die Möglichkeiten, die in diesem Körper stecken, zu genießen, die Freuden der Erde zu erfahren und sie zu kosten und den Reichtum des Lebens zu schmecken. Seht die Schönheit, die Euch umgibt, riecht die Düfte, die Euch das Leben angenehm machen, Eure Seele wärmen und Euer Herz erfreuen, schmeckt die köstlichen Gerichte und Dinge, die es auf dieser Erde gibt. Hört die Musik der Natur und die von Menschen hervorgebrachte und erblüht damit. Und auch Euren Tastsinn laßt genießen: Berührt die Natur, einen Baum, einen Strauch, einen Stein. Haltet Eure Hand ins Wasser und spürt, wie das Wasser fließt. Erlebt diesen Genuß, fühlt die Steine, die im Bachbett liegen. Fühlt, wie sich das Gras anfaßt, wie das Fell von Katzen und Hunden. Genießt die Erfahrungen der Sinne, die ohne diesen Körper nicht möglich sind.

Genießt auch Euren Körper, indem Ihr badet, indem Ihr Euch massiert und massieren laßt, indem ihr Euch in schöne Stoffe hüllt, einen Duft in der Luft liegen habt. Und auch in der Sexualität erlebt die Berührung und das Spiel der Energien. Genießt dieses Leben.

So laßt es dem Körper gutgehen, nehmt ihn an und achtet seine Bedürfnisse wie Massage, Einölen, Bewegung, Sich-Annehmen, Berührungen, schöne Düfte und Kleider. Erfüllt diese Bedürfnisse, und es wird Euch so viel leichter fallen, die Dinge, die Ihr jetzt groß nennt, zu erschaffen. Denn es wird für Euch so selbstverständlich sein, daß es Euch gut geht. Und dieses Thema ist sozusagen die erste Stufe, die Materie zu überwinden, indem Ihr es Euch gutgehen laßt in dieser Materie. Wenn dort alle Bedürfnisse erfüllt sind, dann könnt Ihr darüber hinaus in das Göttliche wachsen, ohne die Materie zu verlieren, ohne sie wegstoßen zu müssen. Ihr dehnt Euch aus und vereinigt die Materie und die Göttlichkeit

Sicher werden einige von Euch entgegnen, daß es doch nicht nur die schönen Seiten dieser Erde gibt und daß auf dieser Erde auch Unschönes, Haß, Gestank und Lärm existieren. Das werdet Ihr natürlich auch verstärkt wahrnehmen, denn Ihr lebt in der Welt der Dualität. Und Ihr könnt Schönheit nicht erkennen ohne das Häßliche, Ihr könnt die Harmonie in der Musik nicht erkennen ohne „schräge" Musik, Ihr könnt die Stille nicht genießen, ohne den Lärm erfahren zu haben. Und so wird Euch natürlich in dem Prozeß auch die Gegenseite sehr bewußt. Seht sie Euch an.

Und Ihr könnt wählen. Ihr könnt wählen, ob Ihr in den Genuß geht oder in die andere Seite. Und es gehört zu Eurem menschlichen Leben dazu, beide Seiten zu kennen und zum Teil auch zu erfahren. Ihr werdet dies leichter annehmen, und Ihr habt die freie Wahl, ob Ihr das Schöne anschauen wollt oder das Häßliche. Ob Ihr möglichst oft die Stille eines Waldes und die Musik der Natur genießt oder in dem Lärm Eurer Straßen wandert.

Ihr werdet sagen, es gibt Zwänge, wie Einkaufen, Arbeiten und so weiter.

Und Ihr habt recht.

Und dennoch erkennt in allem das Schöne und unterstützt Euch selbst, auch das Schöne wahrzunehmen. Genießt, was es in dem Moment zu genießen gibt. Seht gleichzeitig, daß es auch die andere Seite gibt, und wenn Ihr wollt, erlebt sie beide.

Dadurch, daß beides gleichzeitig da ist, habt Ihr die Chance, darüber hinaus zu gehen in etwas Neues, etwas, was sich entfaltet. Wenn viele Menschen diesen Schritt tun können, wird sich auf dieser Erde viel verändern.

Und so fordere ich Euch immer wieder auf, das Leben zu genießen und Euch selbst vollständig anzunehmen!

Nr. 13 – *Seraphis Bey*

Die irdische Kraft

Die Wirkung der Meisteressenz

Die Essenz verstärkt und harmonisiert den Energiefluß des ersten Chakras.

Sie läßt tiefer atmen, was den Energiehaushalt stärkt und verbessert. Es gelangt mehr Sauerstoff und mehr Energie in den Körper. Die Essenz bringt die Energie ins Fließen und macht sie nutzbar. Sie bringt Energie aus dem physischen Körper in die Energiekörper und stimuliert zur Bewegung. Sie öffnet Kraftreserven des Körpers, wobei die Wirkung durch Sport, Tanzen und körperliche Bewegung verstärkt wird.

Die Essenz bringt Bewußtheit in die Materie.

Sie hilft kopflastigen Menschen, Kontakt mit ihrem Körper zu bekommen und den Körper wahrzunehmen. Sie stärkt die Verbindung zwischen dem 3. und 4. Chakra und damit die Verbindung zwischen den unteren drei Auraschichten und dem spirituellen Aurakörper.

Die Essenz reinigt irdische Materie. Sie kann daher zur Reinigung der Aura, von Räumen und Edelsteinen benutzt werden.

Sie hilft, in Meditationen in die Materie hineinzugehen und diese von innen zu erfahren und zu verstehen.

Seraphis Bey unterstützt schamanische Arbeit.

Zuordnung zu den Chakren: Basischakra (Sakral- und Halschakra)

Farbe: Weiß

Tarotkarte: Nr. 15 – Der Teufel

Edelstein: Roter Granat, schwarzer Turmalin

Auftragen des Öls: Medulla (Hinterkopf, am oberen Ende der Wirbelsäule), auf die Mittellinie des Unterleibs zwischen Schamhaaren und Bauchnabel und auf gleicher Höhe im Rücken (von unten nach oben auftragen); zusätzlich: Innenseite der Knie

Ein Mensch, der diesen Aspekt ausgeglichen hat,

• nimmt seine animalische Kraft an und setzt sie ein; integriert seine Kraft; hat erkannt, daß die animalische Seite nicht roh und gewaltvoll ist, und kennt den Unterschied zwischen Kraft und Gewalt;

• fühlt sich kraftvoll; hat einen gesunden gekräftigten Körper;

• hat einen Bezug zur Materie, bearbeitet und formt Materie gern;

• lebt in der Sexualität auch die Lust;

• ist fasziniert vom Irdischen, will es begreifen und erfahren;

• ist sich der eigenen irdischen Wurzeln bewußt und weiß, wie er sie nutzen kann;

• arbeitet gern mit physischer Kraft.

Ein Mensch, der diesen Aspekt noch nicht ausgeglichen hat,

• hat wenig Lebenskraft; hat Probleme mit Knochen und Zähnen;

• verurteilt Kraft und kraftvolle Menschen als grob, gefühllos; erlebt die animalische Energie und Seite des Lebens als grob und zerstörerisch, hat Angst davor und lehnt sie ab;

• lehnt einen kraftvollen Körper ab und ist meist in seiner Erscheinung schwächlich;

• ist kopflastig, hat ständig Gedanken; hat wenig Bezug zum Körper und seinen Gefühlen;

• ist nervös und fahrig;

• hat Probleme, das Gefühl von Liebe zu erleben, Liebe bleibt intellektuell.

Aber auch ein Mensch, der

• sehr körper- und lustbetont lebt;

• physische Kraft verherrlicht.

Der Unterschied zwischen Nr. 13 – Seraphis Bey und Nr. 11 – Kuthumi zum Thema „Verbindung mit der Erde"

Nr. 13 bringt mitten hinein in die Materie, läßt sie uns verstehen (geht in die Tiefe), verbindet mit der eigenen irdischen Wurzel, öffnet das erste Chakra.

Nr. 11 verbindet mit der Energie der Erde, mit den Wesenheiten der irdischen Seinsformen (geht in die Breite), öffnet die Fußchakren für den Fluß der Erdenergie.

Beschreibung

Seraphis Bey ist der Schöpfer in der Materie. Er bringt Bewußtheit in Materie, macht bewußt, was Materie ist und wie es möglich ist, in irdischer Materie zu erschaffen. Er lehrt die Schöpferqualität im Irdischen.

Neben *Sanat Kumara* und *Kuthumi* bringt uns auch *Seraphis Bey* in die Materie, in den Körper. Von den genannten ist er der Meister, der uns tief in die Materie hineinführt, der Bewußtheit und unser Bewußtsein in unseren irdischen Anteil hineinbringt und uns das Grobstoffliche verstehen läßt. In den Meditationen erlebte ich seine Energie als Lichtwurzeln, meine Wurzeln gingen tief in die Erde hinein und waren Licht, mein Bewußtsein wanderte tief in die Erde, in die Materie. *Seraphis Bey* läßt uns das irdische Sein erkennen und annehmen und lieben. Das gilt sowohl für den irdischen, animalischen Anteil unseres Wesens als auch für die „Welt außerhalb".

Manche Menschen verurteilen die animalische Seite ihres Seins als roh, unsensibel, unmenschlich, unbewußt und schneiden sich dadurch von ihrer lebensspendenden Kraft ab. Sie verurteilen die kraftvolle Überlebensenergie, die dafür sorgt, daß wir uns nicht im Geistigen verlieren, sondern uns um unseren Körper kümmern, die uns Nahrung suchen läßt, wenn wir hungern, die uns Wärme suchen läßt, wenn wir frieren, die uns sexuelle Lust bereitet, damit wir uns vermehren.

Wenn wir all dies verurteilen, engen wir den Fluß der irdischen Lebensenergie ein. Dies führt nicht nur zu einer Schwächung des Körpers, es verhindert auch den Schritt in die Einheit. Denn eins können wir nur sein, wenn wir den irdischen Anteil annehmen, und nicht, wenn wir ihn verurteilen oder ausgrenzen.

Wie sollen wir uns spirituell weiterentwickeln, wenn der Körper zu schwach ist? Wenn wir zu wenig für den Körper sorgen, wenn wir schwach und krank sind, haben wir nicht genügend Energie für unser spirituelles Wachstum zur Verfügung. Wenn wir uns spirituell weiterentwickeln, beginnen die feinstofflichen Anteile unseres Körpers höher zu schwingen. Wenn dann unsere Verbindung zum Körper nicht stark genug ist, besteht die Gefahr, daß sie abreißt. Wenn unser Interesse und unsere geistige Mitarbeit mit dem Körper nachläßt, bekommt der Körper nicht mehr genügend Energie und wird krank. Wenn wir den Kontakt und die Liebe zu unserem Körper verlieren oder das irdische Sein ablehnen, sind wir oft in selbstzerstörerischen Süchten verhaftet oder benutzen den Körper wie ein Werkzeug, sind gefühllos und selbstzerstörerisch gegenüber uns selbst und materiellen Dingen.

Seraphis Bey führt uns zu unserer eigenen irdischen Kraft und zum animalischen Erbe in uns. Er bringt Licht in diese Seite und unterstützt uns dabei, sie bewußt anzunehmen. Während *Kuthumi* die Verbindung zur Erde und die Fußchakren öffnet, reinigt *Seraphis Bey* unser erstes Chakra und läßt dessen Energie stärker durch uns fließen.

Menschen, die zu sehr die körperliche Seite betonen oder selbstzerstörerisch mit dem Körper umgehen (zum Beispiel durch Süchte) sollten mit der Essenz von *Kuthumi* beginnen und anschließend die *Seraphis-Bey*-Essenz verwenden. Durch *Kuthumi* öffnen sie sich für die Energie der Erde und stärken den Energiefluß im Körper. Sie schließen Freundschaft mit dem Körper und der Erde. *Seraphis Bey* bringt anschließend Bewußtheit in die Materie.

Licht in die Materie zu bringen bedeutet auch, Materie zu reinigen, sie wieder zu einer reinen Schwingung werden zu lassen. Daher kann die Essenz zur Reinigung von allem Materiellen eingesetzt werden, wie beispielsweise zur Reinigung des eigenen Körpers von belastenden Energien, von Räumen, der Aura, Edelsteinen, Plätzen und Pflanzen.

Falls Sie bereits Rituale zur Reinigung verwenden, können Sie die Essenz von *Seraphis Bey* darin einbeziehen. Benutzen Sie bisher noch kein Ritual, hier ein Vorschlag: Geben Sie Öl oder Tinktur auf Ihre Handflächen und verteilen Sie die Energie in

Ihrer Aura, indem Sie die Hände mit den Handflächen zum Körper gewandt von oben nach unten durch die Aura führen. Halten Sie dann einen Moment inne, während sich die Schwingung in Ihrer Aura verteilt und durch Ihre Handflächen nach außen strömt. Lassen Sie anschließend die Energie in die Objekte fließen, die Sie reinigen wollen. Zum Beispiel Edelsteine nehmen Sie in Ihre Hand und lassen sie von der Energie durchfluten. Räume füllen Sie mit dem Licht aus Ihren Händen. Zum Abschluß bedanken Sie sich für die Unterstützung und verabschieden sich von der Meisterenergie.

Sie können sich auch Ihr eigenes Reinigungsritual erschaffen.

Die *Seraphis-Bey*-Essenz unterstützt therapeutisch am Körper arbeitende Menschen (Masseure, Bodyworker, Heilpraktiker und so weiter), mit ihrem Bewußtsein in die Materie hineinzugehen und Zusammenhänge zu verstehen. Ebenso werden Informationen über alle anderen materiellen Seinsformen zugänglich, zum Beispiel Informationen von Steinen, Edelsteinen, Bäumen. Im Unterschied zu *Kuthumi*, der uns mit dem Wesen dieser Seinsformen verbindet, erhalten wir mit *Seraphis Bey* Informationen über die materielle Seite wie beispielsweise Struktur, Inhaltsstoffe und Wirkung.

Die Meditation

Laß Dein Bewußtsein langsam in Deinen Körper in ein Chakra wandern.

Von dort aus gleite mit dem Bewußtsein spiralförmig hinunter zum Beckenboden, so als ob Du Dich in einer Spirale aus weißem Licht befindest. Wenn Du auf dem Beckenboden angekommen bist, nimm wahr, wie Dein erstes Chakra beschaffen ist. Welche Farbe hat es, welche Form? Aus welchem Material scheint es zu sein, ist es weich oder hart? Wo sind dunkle Flecken, und wo ist es hell? Wie weit dehnt es sich aus, wie fühlt es sich an, hat es einen Klang, eine Melodie, einen Duft? Wenn es eine Pflanze wäre, welche Pflanze wäre es? Wenn es ein Tier wäre, welches Tier wäre es?

Dann beginne spiralförmig um den Kern herum nach außen zu schwingen. Dehne die Spirale weiter und weiter aus, so weit, wie Du kommst. Es kann sein, daß Du manchmal sehr, sehr weit gehen kannst, während Du zu anderen Zeiten schon nach wenigen Zentimetern genug hast.

Beobachte dies, beobachte die Bilder und Gedanken, die hochkommen.

Die Botschaft

Ich grüße Euch, meine Freunde, und begleite Euch auf der Erde. Ich unterstütze Euch dabei, tief hineinzugehen ins erste Chakra, tief hineinzugehen in Eure irdische animalische Kraft, sie anzunehmen, sie umzusetzen. Und wahrhaftig, damit kommen auch die dunklen Seiten und Schatten des irdischen Daseins ins Bewußtsein. Und so setzt Ihr Euch auseinander mit Euren animalischen Anteilen, und Ihr werdet vieles als positiv und vieles als negativ bewerten. Und auch hier sei gesagt, es gibt weder positiv noch negativ, es ist, wie es ist.

So taucht ein in Eure irdische Kraft, in Euer irdisches Bewußtsein und lebt sie.

Ihr könnt hier auf der Erde nicht viel bewirken und auch keine großen spirituellen Schritte tun, wenn Ihr nicht mit dem ersten Chakra verbunden seid und es in Harmonie mit allen anderen Chakren schwingt. Nur dann könnt Ihr Euch gleichmäßig über alle Ebenen Eures Seins entfalten und entwickeln. Daher ist die Entfaltung des ersten Chakras, das oft bei sogenannten spirituellen Menschen verengt, gestört oder blockiert ist, eine wichtige Aufgabe. Für Euer spirituelles Wachstum ist es unbedingt notwendig, die Erdung und das erste Chakra mit einzubeziehen, so daß Ihr wahrnehmt, was es heißt, hier auf der Erde zu sein, mit der Erde zu leben, mit Eurer Kraft zu leben, damit Ihr lernt, wie Ihr Eure animalische Kraft einsetzen könnt, für Euch, für Euren Erfolg, ohne andere zu verletzen. Und so geht Ihr durch diesen Prozeß, der einiges ans Licht befördern wird, was Ihr bisher noch nicht gesehen habt.

Lernt, diese Kraft in Euch zu integrieren, denn dann könnt Ihr wahrhaft in der Materie wirken und etwas bewirken. Ihr erhaltet Zugang zu den Gesetzen der materiellen Welt, und Ihr könnt sie gestalten. Nicht nur Eure eigene enge materielle Welt, sondern Ihr gestaltet mehr. Zur materiellen Welt gehören alle Aspekte des materiellen Seins.

Mein Farbstrahl ist weiß, und damit reinige ich Euch. Ich bringe das Licht der Bewußtheit tief hinein in Eure Wurzeln, in Euren Ursprung. Ich bringe Licht und reinige die Schattenseiten, die Euch dann bewußt werden. Daher erschreckt nicht, schaut sie an und laßt sie transformieren, indem Ihr sie wahrnehmt und annehmt.

Nr. 14 – *Victory*

Wachstum

Die Wirkung der Meisteressenz

Die *Victory*-Meisteressenz stabilisiert und vergrößert die Aura und unterstützt den Austausch innerhalb der Aura. Dadurch entsteht eine bessere Verbindung und Kommunikation zwischen den Schichten.

Sie baut Blockaden zwischen den Chakren, zwischen den Aurakörpern, zwischen dem Unbewußten, dem Höheren Selbst und dem Wachbewußtsein ab und harmonisiert die Energiesysteme untereinander. Diese stimmen sich aufeinander ab, und Informationen werden schneller ausgetauscht.

Sie stärkt die Verbindung von Körper, Geist und Seele.

Die Wirkung der Essenz ist an den Stellen am stärksten, an denen die größten Blockaden und Störungen sind. Dadurch hilft sie, anstehende Themen herauszuarbeiten und bewußt zu machen.

Die Essenz unterstützt jede energetische Körperarbeit.

Sie ist besonders zu empfehlen zur Integration und Harmonisierung nach und vor dem Beginn einer neuen Aufgabe oder Lebensphase sowie zur „Aurahygiene".

Wer *Victory* intuitiv wählt, steht möglicherweise im Leben auf der Schwelle zu etwas Neuem.

Zuordnung zu den Chakren: alle

Farbe: Weiß mit allen Farben wie ein Opal

Tarotkarte: Nr. 14 – Mäßigkeit (Kunst)

Edelstein: Turmalinquarz

Auftragen des Öls: Halswirbel (der im Halsbereich am meisten heraussteht); zusätzlich Wirbelsäule, von unten nach oben auftragen

Ein Mensch, der diesen Aspekt ausgeglichen hat,

* hat einen harmonischen Energiefluß im Körper, seine Aura ist stabil und heil;

- steht im Einklang mit sich selbst und mit dem Höheren Bewußtsein und erhält dadurch Selbstvertrauen und Gelassenheit;
- erkennt, wo er steht und welche Schritte als nächstes kommen;
- lebt in freudiger Zuversicht, Lernschritte werden angenommen.

Ein Mensch, der diesen Aspekt noch nicht ausgeglichen hat,
- erkennt nicht, wo er blockiert ist;
- ist unklar und hat keine Energie, etwas zu tun, um den Zustand zu ändern;
- hat keinen Einklang zwischen den Energiekörpern, zum Beispiel Denken und Gefühle weichen stark voneinander ab;
- hat eine schwache und defekte Aura, verliert leicht Energie an andere und die Umgebung; andere können leicht Energie anzapfen.

Beschreibung

Die *Victory*-Energie harmonisiert den Energiefluß im gesamten Energiesystem. Sie baut Blockaden ab und gleicht den Informationsfluß zwischen dem Körper und den feinstofflichen Schichten, innerhalb der Chakren, der Aurakörper und zwischen Chakren und Aurakörpern aus. Dadurch wird die Aura stabilisiert und vergrößert, die Verbindung und Kommunikation zwischen den Auraschichten wird gestärkt und Informationen schneller ausgetauscht. Die Chakren stimmen sich aufeinander ab und schwingen im harmonischen Miteinander.

Auch die Durchlässigkeit zwischen Wachbewußtsein, Unbewußtem und Höherem Selbst wird erhöht. Der Zugang zu den eigenen Fähigkeiten, zu gespeichertem Wissen, zum Potential, zur Intuition, kurz zu allem, was im Moment gebraucht wird, ist leichter möglich. Die Verbindung von Körper, Geist und Seele wird gestärkt.

Um eine stärkere Verbindung der Chakren untereinander zu erreichen, ist es empfehlenswert, die Essenz in der Mittellinie des Körpers aufzutragen. Wichtig dabei ist, daß die Essenz von unten nach oben, vom 1. zum 7. Chakra gestrichen wird.

Bei der Arbeit mit dieser Energie wird dort am meisten geschehen, wo die stärksten Blockaden und Störungen vorliegen. Wer das Thema oder Chakra kennt, mit dem er Probleme hat, kann die Essenz gezielt dort einsetzen. Sie hilft, die Themen herauszuarbeiten, die eigenen Widerstände anzuschauen und die tieferliegende Ursache zu erkennen.

Sind im Energiesystem viele Störungen oder kann man sich nicht für ein Thema oder eine Meisteressenz entscheiden, kristallisiert sich durch die Anwendung der *Victory*-Energie das Thema heraus, das sich im Moment am besten bearbeiten läßt. Wir begreifen die anstehenden Lernschritte und wie die Themen zusammenhängen.

Mit *Victory* können wir Bestandsaufnahme machen. Und wir können erkennen, was uns daran hindert, mit der göttlichen Quelle verbunden zu sein. Während des Tages aufzuschreiben, was uns beschäftigt, welche Befürchtungen, Ängste und Sorgen auftreten, unterstützt das Erkennen.

Die *Victory*-Essenz kann leicht mit allen anderen Meisteressenzen kombiniert werden. Sie läßt klarer hinschauen, den eigenen Standpunkt, Wünsche und Ziele sehen und erkennen, was zu tun ist. Nach jedem Entwicklungsschritt integriert sie das Erreichte ins Energiesystem und bringt die einzelnen Anteile in Einklang.

Menschen, die einen klaren Blick für anstehende Lernschritte erhalten wollen, werden durch diese Energie unterstützt. Und es fällt leichter, in neue Erfahrungen hineinzugehen, die Angst vor dem Neuen zu verlieren.

Victory ist der Übergang der Reihe „Den unsterblichen Teil im Irdischen leben" zum Abschnitt „Integration im Selbst". Sie ist der Übergang in eine neue Qualität, der Durchbruch, um alle Seinsebenen miteinander zu verbinden. Wenn jemand *Victory* intuitiv wählt, kann das bedeuten, daß er auch in seinem Leben auf der Schwelle zu etwas Neuem steht. Dann ermutigt die Energie dazu, das Neue mit Freude auszuprobieren.

Die Arbeit mit dieser Energie stärkt die eigene Selbstsicherheit und das Vertrauen in das eigene Können, vor allem in Situationen der Veränderung. Es ist so, als ob man in der Schule nach dem erfolgreichen Abschluß einer Klasse in der nächsten Klasse beginnt. Man weiß, daß dort neue Aufgaben, neuer Lernstoff ansteht, aber aus der Erfahrung weiß man, daß dies in der vorherigen Klasse genauso war und bewältigt wurde. Man weiß, der Lernstoff baut sich langsam auf, man lernt in kleinen Schritten und bekommt eine freudige, gelassene Zuversicht für das Neue. Eine Anwenderin hatte eine Stelle in einer Firma, die weit unter ihrer Qualifikation lag. Doch sie hatte sich nicht mehr zugetraut und auch nie nach einer anderen Stelle gesucht. Nachdem sie mit der *Victory*-Essenz gearbeitet hatte, bekam sie in ihrer Firma eine Stelle ihrer Qualifikation entsprechend angeboten und sagte zu. Vorher hätte sie aus Unsicherheit abgelehnt.

Die Meditation

Nach der Entspannung stell Dir vor, wie sich das erste Chakra mit Licht füllt. Nimm wahr, welche Farbe es hat. Es kann weiß sein, rot oder jede andere Farbe haben. Laß die Farbe einfach kommen. Jede Farbe, die Du wahrnimmst, ist richtig. Und falls Du keine Farbe erhalten solltest, dann stell Dir weißes Licht vor oder laß ein Gefühl von Reinheit, Weite und Offenheit hineinfließen.

Laß das Licht sich ausdehnen, spiralförmig durch Deinen ganzen Körper rotieren, von den Füßen bis zum Kopf. Und dann laß es weiter wachsen durch alle Auraschichten. Und während das Licht sich ausdehnt, nimm wahr, wie es an dunkle Blockaden, an Begrenzungen, Einengungen stößt und sie transformiert. Vielleicht kommen Bilder, vielleicht siehst du Situationen, oder es wird etwas bewußt. Du siehst Wünsche, die noch nicht erfüllt sind, und Enttäuschungen, die Du mit Dir trägst. Laß sie in weißem Licht transformieren. Und wenn es Dinge gibt, die noch nicht bereit sind zu transformieren, dann akzeptiere sie. Sie haben noch eine Funktion und unterstützen Dich auf ihre Weise auf dem Weg.

Arbeite intensiv mit dem ersten Chakra, und zwar solange, bis Du Dich mit seinem Zustand wohl fühlst. Dann geh weiter ins zweite und wiederhole den Prozeß bis zum sechsten Chakra. Das siebte Chakra führt Dich in die göttliche Quelle, in die Mitte Deines Seins.

Wenn Du im siebten Chakra angelangt bist, nimm für eine Weile die Meditation der Göttlichen Quelle, die bei *Saint Germain* beschrieben ist. Sei in Göttlichkeit, sieh das Licht um Dich herum, sieh, daß das Licht von Dir ausgeht und strahlt und wie es Deine Umgebung erleuchtet, und in dieser Göttlichkeit kommt alles auf Dich zu, was Du brauchst. Diese Meditation unterstützt den Prozeß und ist eine starke Reinigung. Du kannst diesen Prozeß immer wieder durchlaufen, er reinigt und harmonisiert.

Zu Beginn der Arbeit mit *Victory*-Energie empfiehlt es sich, diese Meditation in Abschnitten zu machen, für eine Weile mit dem ersten Chakra zu arbeiten, und wenn dieses gereinigt ist, mit dem ersten und zweiten weiterzumachen. Das erste Chakra braucht beim Wiederholen weniger Zeit.

Die Botschaft

Der Weg ins Licht führt über die Steine, die Ihr Euch in den Weg gelegt habt. So klettert Ihr also herauf und hinab, um Euch zu befreien von den Verstrickungen, die Ihr aufgebaut habt, um Erfahrungen zu machen und Euer Bewußtsein zu erweitern. Ihr geht diesen Weg, der für Euch auf der irdisch-menschlichen Ebene manchmal beschwerlich und mühevoll ist, manchmal voller Leid, Angst und Mißtrauen und manchmal voller Licht, Glück und Freude. Jedoch auf Eurer höheren Bewußtseinsebene ist der ganze Weg voller Licht, und Ihr seid willkommen, Ihr heißt diesen Weg willkommen. Er ist Euer Wachstum und in Eurem Wachstum setzt Ihr Euch auseinander mit allen Aspekten Eures Seins auf der Erde. Und so wandert Ihr durch die Chakren, und wenn Ihr einen Durchgang beendet habt, beginnt Ihr wieder beim ersten Chakra. Und irgendwann in Eurem irdischen Dasein ist es an der Zeit, daß Ihr die Entscheidung trefft, den mühseligen Weg in das Dunkel hinein zu beenden und Euch umzudrehen und ins Licht zu gehen. Dann beginnt Ihr, Eure Wunden zu heilen, die Verstrickungen und Belastungen zu transformieren, die Erfahrungen herauszukristallisieren, zu Euch selbst zu kommen.

Meine Energie führt Euch durch diesen Weg. Sie unterstützt Euch an der Stelle, wo Ihr gereinigt habt und alles wieder in Harmonie kommt und aufeinander abgestimmt wird, um den nächsten Schritt zu tun. Alle Chakren und all Eure Energiekörper werden lichtvoll, Licht durchflutet Euch.

Nr. 15 – Saint Germain

Freiheit

Die Wirkung der Meisteressenz

Die Essenz macht die eigenen Glaubenssätze und Verhaltensmuster bewußt, befreit von „Verklebungen" im emotionalen und mentalen Körper, von Karma und führt zu innerer Freiheit. Dadurch ist es möglich, Situationen aus anderen Blickwinkeln zu sehen und frei zu wählen, was man tut und wie man reagiert.

Sie ermöglicht, einen Eindruck davon zu bekommen, was es heißt, in der eigenen Göttlichkeit zu sein.

Zuordnung zu den Chakren: Halschakra (Stirnchakra)

Farbe: Violett

Tarotkarte: Nr. 18 – Der Mond

Edelstein: Amethyst, Amethystquarzrosette, Charoit

Auftragen des Öls: Stirnchakra, Hals, besonders Kehlkopfbereich; 7. Halswirbel

Ein Mensch, der diesen Aspekt ausgeglichen hat,

* lebt in einem Zustand „innerer Freiheit", sieht die Möglichkeiten zu handeln und kann frei entscheiden;
* kennt seine Rollen und Masken und kann sich frei entscheiden, welche er ablegt oder wann er sie einsetzt;
* hat Freude an der Lebendigkeit des Lebens; erlebt intensiv, ohne darin verhaftet zu sein;
* hat eine differenzierte Sichtweise, kann Situationen aus vielen Blickwinkeln betrachten und erkennt viele Aspekte;
* hat Freude am sprachlichen Ausdruck;
* setzt sich mit dem Thema „Freude und Leid" auseinander; sieht das Leid dieser Welt, erkennt die tiefere Bedeutung und Zusammenhänge, ohne mitzuleiden;
* kann über Leid und Drama, über das Spiel des Lebens schmunzeln, jedoch ohne auszulachen; empfindet Mitgefühl;

• hat sich von karmischen Verwicklungen befreit.

Ein Mensch, der diesen Aspekt noch nicht ausgeglichen hat,

• ist in Leid und Schmerz des Lebens verhaftet; zieht Leid immer wieder an in seinem Leben;
• fühlt sich eingeengt von Verpflichtungen und Zwängen;
• hängt in belastenden Denk- und Gefühlsmustern fest;
• fühlt sich innerlich zerrissen, zwischen verschiedenen inneren Glaubenssätzen und Vorstellungen.

Aber auch ein Mensch, der

• nichts ernst nimmt; alles als Spiel sieht, aber die darin enthaltenen Lernaufgaben nicht erkennt;
• nach außen den fröhlichen Clown spielt, der immer lacht und andere zum Lachen bringt, aber innen tief traurig und unerfüllt ist.

Der Unterschied zwischen Nr. 15 – Saint Germain und Nr. 1 – Maha Chohan zum Thema „Verstrickungen"

Nr. 15   macht die eigenen inneren Glaubenssätze, Verhaltensmuster und Verstrickungen bewußt. Dadurch ist man nicht mehr gefangen und kann frei wählen.

Nr. 1   führt aus der Verstrickung, indem man einen Schritt zurücktritt, Distanz bekommt.

Beschreibung

Das Thema von *St. Germain* ist Freiheit – Freiheit von alten Verstrickungen, von inneren Begrenzungen, alten Mustern, Masken, Zwängen. Frei sein von allem, was uns daran hindert, unser „Sein" zu leben. Er hilft, karmische Muster zu erkennen, zu sehen, was uns im Unbewußten gefangen hält. Er befreit durch Transformation und Bewußtwerdung.

Als ich eine Freundin wiedertraf, hatte sie sich ein halbes Jahr vorher von einem Mann getrennt, mit dem sie einige Monate gelebt hatte. Sie hatte sich lange nicht von ihm trennen können, obwohl es ihr mit ihm zunehmend schlechter gegangen war. Dieser Mann war nun in den Ort zurückgekehrt. Als sie ihn sah, fiel sie sofort in sich zusammen, wurde klein und kraftlos. Ich gab ihr *St. Germain,* und sie trug das Öl mehrmals während des Tages auf das Dritte Auge und auf den Hals auf. Am gleichen Abend begegnete sie dem Mann auf einer Party wieder. Und nun konnte sie plötzlich in ihrer Kraft und in ihrem Selbstbewußtsein bleiben, ging auf ihn zu, begrüßte ihn, konnte ihn umarmen und sich auch bald wieder von ihm verabschieden. Es war keinerlei Verbindung mehr zwischen ihnen.

Die Essenz befreit von Verklebungen in den emotionalen und mentalen Aurakörpern. Das ermöglicht eine andere Sichtweise, eine andere Perspektive. Ein tieferes Verständnis wird möglich. Wir beobachten unsere Verhaltensmuster, erkennen dahinterliegende Glaubenssätze und Vorstellungen und befreien uns von starren Strukturen, von alten Mustern und Verhaltensweisen, in denen wir hängen. Wir erlangen Freiheit durch Bewußtheit, durch ein Erkennen der Zusammenhänge, der eigenen Situation und Rolle.

Wir leben „selbst-verständlich", aus dem Verständnis des Selbst heraus. Dadurch integrieren wir göttliches und irdisches Sein und gehen die Schritte auf der Erde leichter. Der Weg der Befreiung führt zum „Selbst-Bewußtsein".

St. Germain zeigt, was es bedeutet, frei zu sein von karmischen und irdischen Verstrickungen.

Dadurch wird das Leben ein Genuß, ein Prickeln wie Champagner, und wir können auch Drama und Leid aus einer anderen Sicht betrachten. Es gelingt uns, über dieses Spiel zu schmunzeln und gleichzeitig Mitgefühl zu haben. Und es gelingt, einen Eindruck davon zu bekommen, was es heißt, aus dem eigenen göttlichen Sein heraus zu leben.

Mit dem Anwenden der Essenz kann zunächst auch ein inneres Zerrissenheitsgefühl auftreten, hin und her gezogen zwischen den verschiedenen verinnerlichten Glaubenssätzen, Vorstellungen und Erfahrungen. Dieses wird bewußt, und nun ist man frei zu wählen, nach welchen inneren Vorstellungen und Sätzen man leben will. Und man wird frei, diese jederzeit wieder zu ändern.

Einer Anwenderin, die gerade dabei war eine eigene Existenz aufzubauen, wurden alle inneren Sätze zum Thema „ein selbständiger Unternehmer sein" bewußt. Sie fühlte sich hin und her gezogen zwischen Selbstvertrauen und den belastenden Sätzen des Mißerfolges, zwischen Sätzen, die ihr sagten: „Du hast bisher alles geschafft, was du begonnen hast." und „Du hast doch schon so viele Mißerfolge bei anderen gesehen, wieso sollte es dir besser gehen? Und du hast viel zu wenig Erfahrung für diese Tätigkeit." Dadurch erkannte sie klarer, warum sie bisher auf so viele Schwierigkeiten gestoßen war. Nachdem sie dies gesehen hatte und die belastenden Sätze aufgelöst waren, ging sie mutiger und befreiter die weiteren Schritte.

Ein Anwender berichtete: Kurz nachdem er begonnen hatte, mit der *St.-Germain*-Essenz zu arbeiten, erhielt er einen großen Auftrag. Eigentlich ein Grund zur Freude. Doch er war bedrückt. Dies wurde ihm plötzlich bewußt. Als er genau hinschaute, bemerkte er Ängste und Enttäuschung. Er erkannte, daß bei ihm Erfolg mit dem Bild verbunden war: „Nun geht es zu Ende, das ist der Ruin" – völlig unsinnig, aber es war so. Und ihm wurde klar, daß er dieses Muster schon seit Jahren hatte. Immer wenn sich ein großer Erfolg einstellte, bekam er Angst, fühlte sich unwohl und hatte die Vorstellung, „jetzt geht es zu Ende". Und dieser Satz kam hoch: „Wer hoch steigt, kann tief fallen." Und der hatte ihn bisher immer gebremst, wenn sein Erfolg „zu groß" wurde. Dies war ihm vorher nie bewußt gewesen. Jetzt war es plötzlich ganz klar, ausgelöst durch den Auftrag, und er konnte das alte Gedankenmuster nun leicht transformieren.

St. Germain ist auch geeignet für Menschen, die viel grübeln, sich den Kopf zerbrechen, sich viele Sorgen machen, weil sie nur das Leid dieser Welt sehen und vom Leid erdrückt werden. Diese Menschen ziehen immer weiter Not und Leid an.

Das heißt nicht, daß wir Schmerz und Leid verneinen und ignorieren sollen. Genauso wenig wie wir Freude, Lust oder Glück verneinen. Jedes Ausklammern eines Pols macht das Un-heil-Sein größer. In unsere Dualität gehören immer zwei entgegengesetzte Pole. Die Welt besteht aus Licht und Schatten, aus Leid und Freude. Beides ist auf dieser Welt und in jedem Teil können wir zwei Seiten finden. Wenn wir nur das Leid sehen, sehen wir nur die halbe Wahrheit. Wenn wir nur die Freude sehen, sehen wir nur die halbe Wahrheit. Nur wenn wir Licht- und Schattenseiten sehen, sehen wir alles. Und so ermöglicht die Essenz auch, das Wechselspiel von Licht und Schatten, von Tag und Nacht in uns zu sehen.

Hinter dem Begriff „Freiheit" verbergen sich sehr unterschiedliche Vorstellungen. Was *St. Germain* unter Freiheit versteht, hat er in einem Channeling ausgedrückt, das ich hier einfüge:

„Das Thema, zu dem ich heute spreche, ist das Thema Freiheit und was es für mich bedeutet, frei zu sein.

Frei sein heißt nicht, aus allen Strukturen und Verpflichtungen auszutreten, auf einer einsamen Insel zu sein oder allein in den Bergen. Ihr könnt dort genauso unfrei sein, wie ihr auch frei sein könnt in Strukturen und Einengungen. Es ist ein Mißverständnis, das in Eurer Welt liegt. Ihr Menschen schafft Euch oft soviel Druck und Belastung, daß ihr 'frei sein' verwechselt mit dem Zustand, ohne Belastungen zu sein. Manchmal versteht Ihr einen kurzen Augenblick lang, daß Freiheit in Euch liegt und wie es ist, Euch frei zu fühlen.

Doch im allgemeinen verwechselt Ihr es damit, daß alle Belastungen und Verpflichtungen wegfallen. In der Göttlichkeit zu sein ist Freiheit. Freiheit heißt, selbst wählen zu können, was man tut und was man nicht tut. Freiheit heißt, in einem inneren Zustand von Frieden, aus einer Selbstverständlichkeit heraus alles das zu tun, was man tun will. Freiheit heißt, sich nicht einschränken zu lassen, sich nicht belasten zu lassen von den Dingen, die man tut, und auch nicht in das Muster zu verfallen, daß man etwas 'tun muß'. Ihr wißt genau, man muß nichts tun. Dieses 'nichts tun' hat natürlich auch Konsequenzen. Und weil Ihr diese Konsequenzen nicht tragen wollt, deswegen entscheidet ihr Euch, etwas zu tun.

Es ist nicht so, daß jemand anderes über Euch entscheiden kann, daß Strukturen Euch zwingen können. Es ist letztlich eine Frage Eures Willens, und Ihr entscheidet immer. Ihr entscheidet auch, wenn Ihr Euren Willen beiseite stellt, wenn Ihr nicht Euren Willen, sondern den Willen von jemand anderem lebt. Auch das ist letztlich Eure Entscheidung.

Freiheit heißt, sich dessen bewußt zu sein. Sich bewußt zu sein, daß Ihr den freien Willen habt zu wählen, zu entscheiden und zu überblicken, welche Konsequenzen und Folgen daraus entstehen.

Der Weg, Freiheit zu erlangen, ist der Weg, zu sich selbst zu stehen, Verantwortung zu übernehmen und zu sehen, daß alles, was man tut, aus dem eigenen Willen entsteht und der Freiheit zu wählen. Und auch zu sehen und zu spüren, welche Kraft und Macht Ihr damit bekommt, und wie Ihr mit dem Fluß gehen könnt und in jedem Moment entscheiden könnt. Das ist eine Stufe von Freiheit.

Die nächste Stufe ist die Freiheit in Euren Gedanken, daß Ihr von Licht umgeben seid, daß Ihr nach außen strahlt und in Euch das Licht besitzt, das Euch erfüllt und Euch erleuchtet, daß Ihr Euer eigenes Licht lebt und dieses Licht Euch so ausfüllt, daß alle Gedanken, Glaubenssätze und Muster wegfallen. Ihr seid im Strom des Lichtes und lebt aus diesem Licht heraus. Ihr lebt und geht Euren Weg. Tut das, was Ihr tun wollt, aus einer inneren Ruhe und Erfülltheit heraus, völlig im Moment, völlig präsent. Freiheit ist Erleuchtung, Einssein, in Harmonie sein. Und Freiheit heißt, in Einklang zu sein und die Energie des Momentes zu nutzen, seine eigenen Schritte zu tun, die Kälte der Umgebung zu nutzen, um die eigene innere Wärme zu erfahren, die Sonne und die Sonnentage zu nutzen, um das innere Licht zu spüren und zu nähren. In Einklang sein mit Euch selbst, mit der Umgebung und dennoch den eigenen Weg, das eigene Sein leben."

Einwurf: Die Freiheit hat äußere Grenzen. Wir sind zu vielem gezwungen, müssen uns nach Gesetzen und Vorschriften richten.

„Das ist ein Einwand, der oft kommt, und ihm liegt das Mißverständnis über äußere und innere Freiheit zugrunde. Selbst in einer Gefängniszelle, mit einem fest strukturierten Tag und dem Zwang zur Arbeit, ohne den eigenen Willen leben zu können, kannst Du frei sein. Denn es ist die innere Freiheit, um die es geht. Wenn Du innen das Gefühl von Freiheit hast, kannst Du außen in Strukturen leben, die Du dann akzeptierst. Du kannst in dem Rahmen, wie es möglich ist, gestalten, und Dein Licht leuchtet auf Deinem eigenen Weg. Es macht dann keinen Unterschied mehr, ob Du Dir einen solchen Zustand selbst gewählt hast oder gezwungen wurdest, ihn anzunehmen. So war das Leben von Mönchen im Mittelalter vielleicht vergleichbar mit dem Leben von Menschen heute im Gefängnis. Sie hatten einen festen Tagesrhythmus, mußten viel arbeiten, schliefen in einer kleinen Zelle, bewegten sich in einer kleinen Zelle, aßen gemeinschaftlich in Stille und bei manchen Orden durften sie auch kaum sprechen. Die Mönche hatten sich diesen Zustand selbst gewählt, und durch die äußeren Strukturen und Rahmen fühlten sie sich frei für ihre innere Entfaltung.

Der Mensch im Gefängnis könnte sich genauso in seiner Situation frei fühlen. Da er die Entscheidung jedoch nicht selbst getroffen hat, scheinbar, kämpft er dagegen an, und ein Ankämpfen gegen Dinge, die im Moment nicht zu ändern sind, macht unfrei. In sich erzeugt man einen Kampf, der Energie kostet, der unwohl macht, der Dich einschränkt. Und so wäre in dem Moment, wo der Mensch im Gefängnis diese Situation als gegeben oder sogar selbst gewählt akzeptiert, eine Möglichkeit, diese innere Freiheit zu erreichen. Und so verhält es sich mit allem. Auch wenn Du in einem Land lebst, in dem viele Freiheiten bestehen, fühlst Du Dich unfrei, wenn Du Dich selbst unter Druck setzt, Geld verdienen zu müssen oder bestimmte Aufgaben erledigen zu müssen. Auch in einem Land mit viel sogenannter Freiheit können Menschen sich sehr unfrei fühlen, weil sie sich Zwängen ausgesetzt sehen. Es ist alles relativ und hängt vom Empfinden und Erleben des einzelnen ab. Daher ist mit Freiheit die innere Freiheit gemeint, die nach außen strahlt, auch wenn es von außen scheinbar unfrei aussieht."

Einwand: Ja, soll ich denn alles so hinnehmen, was mir geschieht, soll ich einfach alles schlucken und nichts mehr tun und nicht mehr kämpfen?

„Nein, auch das ist ein Mißverständnis. Es geht darum, in der inneren Freiheit mit dem Fluß zu gehen und für sich genau zu sehen, welche Dinge man akzeptieren will und welche nicht, welchen Weg man gehen will und welchen nicht und welche Rahmenbedingungen man ändern kann und welche nicht, sich in diesem Muster zu entscheiden. Freiheit entsteht dann, wenn Du Dir bewußt bist, daß Du Dir Dein Leben erschaffen hast, Dir selbst die Grenzen und Strukturen gesetzt hast, um Lernschritte zu erfahren und jederzeit selbst entscheiden kannst, in diesen Strukturen zu bleiben oder sie zu verlassen.

Du kannst es vergleichen mit einem Kind, das zur Schule geht. Die Kinder, die sich gezwungen fühlen, zur Schule zu gehen, fühlen sich unfrei und sind nicht in der Lage, es zu genießen. Jedoch in dem Moment, wo das Kind entscheidet: ich will lernen, will schreiben, rechnen, lesen lernen, geht es freiwillig, aus freiem Willen zur Schule, und es erlebt die Freiheit, die Dinge nutzen zu können. Es weiß, es hat sich diese Strukturen gewählt, um die Lernaufgaben zu bewältigen, und es lebt in einer inneren Freiheit. Und obwohl die beiden Kinder sich äußerlich in nichts unterscheiden – sie gehen in die gleiche Schule, die gleiche Klasse, haben die gleichen Aufgaben – innerlich ist jedoch ein großer Unterschied.

Es geht darum, die Freiheit innen zu erschaffen, was daraus resultiert, daß Du erkennst, daß Du Dir alles erschaffen hast, Dein Leben, Dein Sein, Deine Strukturen – alles, was Dich scheinbar unfrei macht, und daß Du die Verantwortung dafür übernimmst, wählst und entscheidest, was Du tun willst, welche Strukturen Du aufrechterhalten willst und welche nicht.

Frage: Es ist nicht so einfach, das zu verstehen, weil der Begriff in anderer Weise sehr stark belegt ist: Was ist innere Freiheit?

„Es kommt immer aufs gleiche hinaus, und bei jedem Meister wirst Du sehen, wenn Du genau hinschaust, daß es das gleiche ist. Es ist Eure eigene Göttlichkeit, es ist Euer inneres Licht, und auch die innere Freiheit heißt 'erleuchtet sein'. Und das ist, solange Ihr die Erfahrung nicht habt, schwer nachzuvollziehen.

Der Unterschied zwischen den einzelnen Meistern ist, daß sie von einem unterschiedlichen Ort starten, um letztlich zum gleichen Ziel zu gelangen, so als ob man nach Paris will, jedoch von unterschiedlichen Orten aufbricht. Und so ist es auch mit den Meistern, letztlich führen alle Wege zur Erleuchtung, und dennoch beschreiten sie unterschiedliche Wege, arbeiten an unterschiedlichen Themen, um dahinzukommen. Und die innere Freiheit bedeutet, sich immer mehr bewußt zu machen und zu erkennen, wie man sich selbst sein Leben gestaltet und gestaltet hat, bewußt die Zusammenhänge erkennt, bewußt die Strukturen des Universums durchschaut und aus diesem Wissen heraus manifestiert und kreiert, was Ihr sowieso alle tut, jedoch unbewußt."

Frage: Freiheit bedeutet für mich, daß innere und äußere Freiheit zusammenkommen. Für mich ist äußere Freiheit, daß ich außen wählen kann, was ich tue. Innere Freiheit kann im Extremfall bedeuten, daß ich außen wenig tun kann, wie in dem Gefängnisbeispiel. Und da wirkt es für mich wie ein schwacher Trost, daß man sich selbst dahinmanövriert hat. Im dem Moment ist das ein Gefühl von äußerer Einengung. Und wenn ich eine Arbeit annehme, muß ich meinen Tag entsprechend strukturieren – und für mich erscheint dann in dem Moment eine große Diskrepanz zwischen innerer und äußerer Freiheit. Und daraus entsteht dann Frust.

„Weil Du in dem Moment sozusagen kurzsichtig bist und die Teile in Dir nicht in Einklang sind: Weil Du in den Momenten, wo Du eine scheinbare Diskrepanz zwischen innerer und äußerer Freiheit siehst, nicht Freiheit meinst. Du meinst die Diskrepanz zwischen innerem Willen und dem, was du scheinbar tun mußt. Da schaust Du nicht genau hin, denn es gibt bei Menschen selten *einen* Willen, es sind immer viele Teile, die etwas wollen, und Ihr beleuchtet sie unterschiedlich. Wenn Du zum Beispiel Lust hast, nichts zu tun und schwimmen zu gehen, fühlst Dich aber gezwungen zu arbeiten, erklärst Du das als Unfreiheit, als das Erfüllen-Müssen bestimmter Strukturen. Dabei ist es nur ein Aspekt von Dir, der sich im Moment nicht leben läßt, denn es gibt auch den Aspekt in Dir, der genau das tut, was er tun will, und es gibt noch einige andere Willensaspekte. Du hast Deinen Scheinwerfer jedoch auf den Willensaspekt gerichtet, der der außen geschaffenen Situation konträr ist. Das erscheint Dir dann als Unfreiheit.

In einem Zustand innerer Freiheit würdest du sehen, daß es viele Willensteile in Dir gibt, die Unterschiedliches wollen, und daß Du Dich frei entscheidest, das zu tun, was Du tun willst. Im Moment hast Du Dich entschieden, dieses zu tun, und wenn Du das Spotlight zurechtrückst auf den Teil, der das wollte, dann bist Du in Einklang.

Du kannst auch einem anderen Teil in Dir folgen und nicht arbeiten. Auch diese Freiheit besteht, Du hast die Freiheit, und niemand kann sie Dir nehmen. Du hast diese Möglichkeiten und die Freiheit – und Du bist derjenige, der arbeiten will und sich deswegen in diese Strukturen hineinbegeben hat.

Dies ist die Wechselwirkung zwischen Innen und Außen. Das Gefühl, unfrei und in Strukturen gepreßt zu sein, entsteht daraus, daß Ihr nicht im Licht, nicht in Eurer Göttlichkeit seid, sondern außerhalb, daß Ihr Euch auf einer Ebene befindet, in der viele auch konträre Willensaspekte vorhanden sind, die gegeneinander kämpfen beziehungsweise deren Energien sich austauschen, und Ihr fühlt Euch dabei nicht wohl. Wäret Ihr in Eurer

Göttlichkeit, wäret Ihr in Eurer Mitte, dann könntet Ihr frei entscheiden und sehen, was Ihr kurzfristig, langfristig, längerfristig
wollt, und den ganzen Weg überblicken und ihn in Ruhe und
Harmonie gehen.

Bei vielen ist es so: Sie stehen in Aachen und entscheiden
sich, nach Paris zu gehen, sie gehen über Hügel und Täler, mod-
rige Gebiete und ständig hadern sie mit sich selbst. Vielleicht
hätten sie besser anders herum gehen sollen, vielleicht sollten
sie doch nicht nach Paris gehen, andere Strecken sind vielleicht
doch besser. Es entsteht das Gefühl, unfrei und frustriert und
nicht erfüllt zu sein.

Wenn sie in der eigenen Mitte sind, wissen sie, daß sie den
Weg wählen können. Sie wählen den Weg und genießen ihn, denn
sie haben ihn selbst gewählt. Natürlich kommen auch auf solch
einem Weg Abzweigungen, Situationen, wo etwas anderes möglich ist. Und dann steht Ihr wieder vor dem Punkt zu wählen, aber
Ihr könnt dies aus einer inneren Ruhe heraus tun, denn Ihr wißt,
letztlich seid Ihr schon lange in Paris, Ihr seid in Eurem Innern
bereits dort, wo Ihr hinwollt, und der Weg ist, es Euch bewußter
zu machen. Und ob Ihr jetzt links oder rechts herum geht, es
führt zum gleichen Ziel – nur mit unterschiedlichen Aspekten
und Erfahrungen. Und Ihr könnt gehen, indem Ihr mit der Situation hadert, unbewußt werdet und leidet, Euch als Opfer fühlt,
oder Ihr könnt es aus Eurer inneren Göttlichkeit heraus tun, aus
dem Gefühl, daß Ihr Euch alles erschaffen habt und erschaffen
könnt. Es ist bei Euch so: Ihr seid die, die in die erste Schulklas-
se gehen und so gern Algebra oder Integralrechnung rechnen
würden, aber noch nicht einmal das 1 x 1 beherrschen. Ihr wollt
so gern diese Dinge verstehen und tun, aber Euch fehlen die
Grundlagen. Und Ihr könnt zehnmal den Unterricht der 10. Klasse besuchen und Euch diese Schulstunden ansehen, solange
Euch das Wissen der 1. Klasse fehlt und Ihr es nicht integriert
habt, solange werdet Ihr nicht in der Lage sein, diese Rechenver-
fahren zu verstehen.

Es ist bereits alles in Euch, und dennoch entfaltet es sich."

Frage: Heißt das, daß dann – wenn man die innere Freiheit
hat – der Scheinwerfer der Aufmerksamkeit nicht mehr durch
die Emotionen, die Gedanken, die Muster unbewußt gesteuert
ist, sondern daß dann ein weites Feld beleuchtet ist und man

sich entscheidet? Man kann alles gleichzeitig sehen, weil das Bewußtsein größer ist?

„Ja, und wenn Du das Feld breit beleuchtet hast, kannst Du auch die widerstrebenden Teile erkennen und sie akzeptieren."

Frage: Man sieht die polaren Unterschiede und kann immer wieder in die Mitte gehen?

„Du kannst sie sehen und in der Mitte sein und dann bewußt wählen, welchen Weg Du gehst, weil der Scheinwerfer nicht die Gewichtung verändert durch Emotionen, Glaubenssätze und Muster."

Die Meditation

Geh in Deinen Bauch und sieh dort eine lichtgefüllte Kugel, das ist Deine Göttlichkeit. Diese Kugel ist noch umgeben von Mauern, Gestrüpp, von Verstrickungen Deines Lebens, von Glaubenssätzen, kurz von Dingen, die verhindern, daß das Licht der Kugel nach außen strahlt. Du kannst jedoch trotz dieser Hindernisse die Lichtkugel erkennen und dorthin gelangen.

Jetzt geh in die Mitte und sei in diesem lichtgefüllten Ball, sei in Deiner Göttlichkeit, und von dort aus schau nach außen. Schau Dir vom Innern der Lichtkugel an, was im Weg steht, damit die Göttlichkeit nach außen strahlen kann.

Die Meditation hat zwei Stufen. Jede Stufe solltest Du für eine Weile durchführen, bevor Du zur nächsten wechselst.

Die erste Stufe: Die Lichtkugel hat eine bestimmte Größe. Schau Dir an, was diese Lichtkugel hindert, nach allen Seiten frei zu strahlen. Räume diese Blockaden weg, sei es in Form von Bildern wie zum Beispiel: „Aha, am linken Arm steht noch ein Stück Mauer, da komme ich noch nicht durch." und beseitige dann diese Mauer; oder auch indem Du Dir die Blockaden genau anschaust: „Ich habe nächste Woche ein Gespräch, und folgende Ängste stehen mir noch im Weg ..." und transformiere dann diese Ängste.

Wenn die Lichtkugel von den Gebilden, die sie umgeben haben, befreit ist und sie ungehindert strahlen kann, dann kommt die zweite Stufe: laß die Kugel wachsen, jeden Tag ein kleines Stückchen mehr. Manchmal wird es Tage geben, an denen die Kugel auch wieder schrumpft. Es ist, als ob die Kugel pulsiert und pulsierend wächst. Beobachte und gib Energie, daß Deine

Kugel wächst und über Deinen Körper hinaus in sämtlichen Auraschichten nach außen strahlt. Bis Du an die äußerste Schicht Deiner Aura angekommen bist, wirst Du einige Zeit brauchen. Laß Dir diese Zeit. Mache eine Kurzform dieser Meditation jeden Morgen, nachdem Du aufgewacht bist, jeden Abend, bevor du einschläfst, und während des Tages, wenn Du daran denkst. Stell Dir dann vor, daß Du Dich in der Lichtkugel in Deiner Mitte befindest, spüre das „Einfach-nur-Sein". Es brauchen nur Minuten, Momente zu sein, mach Dir aber immer wieder bewußt, daß Du bereits in Deiner Göttlichkeit bist.

Die Botschaft

Ich grüße Euch und sende Euch violettes Licht, damit Ihr Euch reinigt und befreit, reinigt von den Verhaftungen und Verklebungen, denen Ihr anhängt. Reinigt von dem Alten, was Ihr mit Euch schleppt, reinigt von dem, was Euch bindet und unfrei macht. Jedoch ist meine Reinigung kein Wegwerfen, kein Vergraben, kein Beiseiteschaffen. Die Reinigung ist Transformation. Die Reinigung und die Freiheit entstehen dadurch, daß Ihr die Dualität erkennt und wahrnehmt, daß Ihr die Dualität integriert in Euch, daß Ihr erkennen könnt, wo Ihr steht auf diesem Barometer zwischen schwarz und weiß, zwischen Tag und Nacht, zwischen Sonne und Mond, und daß Ihr erkennt, daß beides zu dieser Welt gehört, daß beides zum Leben auf dieser Erde gehört und daß Wachstum bedeutet, beide Pole in sich zu integrieren, damit Ihr darüber hinaus wachsen könnt. Freiheit bedeutet, das innerste göttliche Licht zu erkennen, das Licht, für das es viele Begriffe gibt.

Laßt dieses Licht in Euch leuchten, denn wenn Ihr Euch Eures innersten eigenen Lichtes bewußt seid, dann seid Ihr in Wahrheit frei. Dann könnt Ihr leben nach Euren eigenen Maßstäben und Gesetzen, denn dann werden diese Maßstäbe und Gesetze in Einklang sein mit allem. Ihr werdet schwingen im Rhythmus des Universums und dadurch die größtmögliche Freiheit erlangen.

Manche von Euch verstehen Freiheit als Herausgehen aus einem Gefängnis. Jedoch das ist nur ein Wechsel von einem Gefängnis ins andere, von einem Platz an den anderen. Wahre

Freiheit entsteht, wenn Ihr die beiden Pole wahrnehmen, akzeptieren, annehmen, in Euch integrieren könnt und dann darüber hinaus geht. Und mißversteht mich nicht, diese Pole anzunehmen, heißt nicht, daß Ihr sie leben müßt. Versteht das am Beispiel der Polarität „Leben und Tod". Sie existieren in jedem Moment auf der Erde und auch in Euch, denn auch in Euch entstehen in jedem Moment neue Zellen und alte Zellen sterben und vergehen. Nehmt das Beispiel dieser beiden Extreme: Sie anzunehmen und zu integrieren heißt nicht, daß Ihr den Tod erleben und leben müßt, nein, es bedeutet, daß Ihr erkennt, was alles in dem großen Rad des Lebens enthalten ist, daß Polarität da ist und der Mensch zwischen den Polen hin und her wandert. Erkennt Eure inneren Anteile an den Polen und integriert sie in Eurem Inneren. Dadurch werdet Ihr frei, nach Eurem eigenen innersten Maßstab zu handeln, nach Eurem eigenen innersten Gesetz. Ihr könnt dann wahrhaftig das tun, was Ihr als richtig und wahr erkannt habt. Und Ihr könnt Eure eigene Wahrheit erkennen im Licht.

Nr. 16 – *Hilarion*

Die universelle Wahrheit

Wirkung der Meisteressenz

Durch die Essenz von *Hilarion* ist es möglich zu erkennen, daß das gesamte Universum ein Hologramm ist. Alles ist in allem enthalten.

Sie stärkt die Verbindung zum Höheren Selbst und zu höheren Bewußtseinsebenen. Dadurch kann man seinen Platz und seine Aufgabe im göttlichen Plan erkennen. Man sieht, wo nicht in Übereinstimmung mit dem Lebensplan gelebt wird, und unternimmt Schritte, um den Einklang wiederherzustellen.

Sie unterstützt, sich in Strukturen zu integrieren, ohne darin unterzugehen.

Die Essenz unterstützt auch Wissenschaftler und Forscher, die Zusammenhänge erkennen wollen.

Sie bringt leicht in veränderte Bewußtseinzustände, wodurch es möglich wird, das Hologramm zu erfahren. Sie bringt in tiefe Meditation und Ruhe.

Die Essenz ist auch geeignet für Menschen, die eine Mission haben, die Vorreiter sind und deshalb allein dastehen. Diese Menschen können dadurch ihre Aufgabe im Ganzen sehen und sich im Universum integriert und geborgen fühlen (Menschen wie beispielsweise Wilhelm Reich, Tesla).

Zuordnung zu den Chakren: Stirnchakra (Kronenchakra)

Farbe: Lichtgrün

Tarotkarte: Nr. 17 – Der Stern

Edelstein: Smaragd, Aventurin, grüner Doppelspat

Auftragen des Öls: Haaransatz, Drittes Auge, Kronenchakra

Ein Mensch, der diesen Aspekt ausgeglichen hat,

* verfolgt sein Lebensziel trotz aller Widrigkeiten und unbeeinflußt von der Meinung anderer;

- kann Kleines im Großen erkennen; erkennt Gesetzmäßigkeiten, „wie oben, so unten"; weiß, daß er einen Platz im Universum hat, den er bereits gefunden hat;
- ist sein eigener Führer, Meister;
- ist fähig zu analogem Denken;
- kann seinen Zustand und sein Leben in den größeren Zusammenhang einordnen;
- ist offen für innere Eingebungen und kann zwischen Eingebung und eigenen Gedanken unterscheiden;
- hat möglicherweise eine Mission und weiß dann darum.

Ein Mensch, der diesen Aspekt noch nicht ausgeglichen hat,

- weiß nicht, wo sein Platz im Leben ist, welche Aufgabe er gewählt hat; fühlt sich nicht gewollt, ausgeschlossen, fehl am Platz;
- fühlt sich getrennt, allein gelassen, nicht zugehörig, glaubt, keinen Platz (auf dieser Welt) zu haben;
- hat keinen Zugang zum eigenen inneren Führer, zum Höheren Selbst;
- orientiert sich an anderen Menschen; sucht Führung und Wahrheit in der Außenwelt;
- folgt fremden Führern und gibt dabei die eigene Verantwortung und Wahrheit auf;
- kennt seine eigene Wahrheit nicht; unterdrückt seine innere Stimme; glaubt, was er tut, wäre das, was er wirklich tun will;
- will andere missionieren.

Der Unterschied zwischen Nr. 16 – Hilarion und Nr. 9 – Orion zum Thema „Lebensaufgabe"

Nr. 16 bringt ein tiefes Verständnis für die eigene Lebensaufgabe und seinen *Platz* im größeren Zusammenhang, im großen Ganzen.

Nr. 9 hilft, mit dem eigenen Lebensplan in Einklang zu kommen, man sieht einen Teil seines Weges.

Beschreibung

„Wie oben, so unten" sagt das Gesetz des Hermes Trismegistos. Und das bedeutet, daß die Gesetze des Makrokosmos im Mikrokosmos zu lesen sind, daß sich das Große im Kleinen widerspiegelt, daß man das Große im Kleinen erkennen kann. Es bedeutet, daß die Ordnung und Wahrheit des Kosmischen, des großen Ganzen, sich im Leben und in jedem Menschen der Erde wiederfindet. Alles ist ein Hologramm.

Der Mensch ist der Mikrokosmos im Makrokosmos, er ist ein Abbild des Ganzen oder – wie es in der Bibel ausgedrückt wird – „nach dem Bilde Gottes geschaffen". In jedem Menschen spiegelt sich die gesamte Schöpfung, so wie in jeder Zelle der Bauplan des ganzen Menschen ist.

Genauso verhält es sich auch mit der universellen Wahrheit. Sie ist in jedem Menschen zu finden, und jeder Mensch kann sie in sich und in seiner Umgebung erkennen. Wer in Einklang mit dem Göttlichen ist, dessen Wille ist in Einklang mit der universellen Wahrheit. Er tut genau das, was dem universellen Plan entspricht.

Hilarion integriert unseren göttlichen Anteil ins Menschsein. Er stärkt die Verbindung zum Höheren Selbst und dadurch können wir unseren gewählten Lebensweg gehen. Wir kommen in Einklang mit dem Ganzen und wissen, wie wir dieses im irdischen alltäglichen Leben verwirklichen.

Hilarion hilft, das Hologramm zu erkennen. Er läßt uns die Strukturen des kosmischen Gefüges verstehen, indem wir es im Irdischen wahrnehmen.

Das Ganze ist immer im Gleichgewicht. Auch wenn einzelne Teile sich verändern, findet immer ein Ausgleich statt. Das geschieht auf der Erde zum Beispiel in der Bewegung der Luftmassen: Wenn sich auf der einen Seite ein Hoch aufbaut, entsteht an einer anderen Stelle ein Tief, und die Luftmassen fließen vom Hoch zum Tief.

Bevor wir in dieses Leben kamen, haben wir uns einen Lebensplan gewählt, und unser Leben hat einen Platz im großen Ganzen. Wenn nun der einzelne Mensch seinem Lebensplan nicht folgt, entsteht ein Ausgleich in der Gesamtheit zum Beispiel dadurch, daß auch ein anderer Mensch von seinem Plan abweicht.

Ich veranschauliche dieses System an einem Bild: Stellen Sie sich ein Puzzle vor, bei dem die einzelnen Puzzleteilchen jedoch nicht starr und vorgeformt sind, sondern aus Wackelpudding (Götterspeise) bestehen. Jedes Lebewesen hat seinen Platz in diesem Puzzle, und geht es seinen selbst gewählten Lebensweg, so paßt das Puzzleteilchen. Wir Menschen haben jedoch den freien Willen, mit dem wir unsere Puzzleform verändern können. Wenn wir unsere Form abweichend vom eigenen Lebensplan entfalten, paßt das Puzzleteilchen nicht mehr genau an die vorgesehene Stelle. Da die anderen Teilchen auch nicht starr sind, verändern sie ihre Form, und es entsteht wieder ein ganzes, jedoch neues Bild, worin auch das abweichende Teilchen einen Platz hat.

Egal, was wir tun, wie wir handeln, ob wir unserem Lebensplan folgen oder nicht, wir haben einen Platz im Universum und gehören dazu. Wir sind und bleiben Teil des Ganzen, auch wenn wir unsere Form verändern. Das ist die bedingungslose Liebe Gottes. Unser Abweichen beeinträchtigt das Ganze nicht, es beeinträchtigt aber unser Leben. Wir erhalten immer deutlichere Hinweise, daß wir unserem selbst gewählten Lebensplan nicht mehr folgen, wie am Beispiel Krankheit bereits beschrieben.

Wer die Essenz benutzt, wird sich die Bereiche seines Lebens anschauen, in denen er nicht seinem Lebensplan folgt, die Bereiche, die er vorher verdrängt hat und nicht sehen wollte. Er sieht Blockaden, die ihn bisher gehindert haben, sich dessen bewußt zu werden. Das erzeugt unter Umständen Widerstände, die sich als Wut, Aggression, Müdigkeit, Traurigkeit, Unwohlsein, vielleicht auch als Verwirrung äußern. Denn es gibt weiterhin den Teil, der nicht hinschauen will, der die verdrängten Dinge nicht sehen will. Durch die Essenz wird der Blick jedoch genau darauf gerichtet.

Ein Anwender spürte durch die *Hilarion*-Essenz eine Wut auf sich selbst. Er erkannte, wie er in der Vergangenheit in Auseinandersetzungen jedesmal nachgegeben hatte, weil er glaubte, daß dies die vernünftigere Handlungsweise sei. Wegen Meinungsverschiedenheiten im Beruf hatte er schließlich mehrmals die Firma gewechselt. Durch die Essenz wurde ihm bewußt, daß er immer wieder gegen seine eigenen Interessen gehandelt hatte und deshalb in wiederkehrende Schwierigkeiten geraten war. Es war höchste Zeit für ihn zu lernen, an seinem Platz zu bleiben und seine Wahrheit zu vertreten.

Wer die *Hilarion*-Essenz gewählt hat, ist bereit, seine Individualität und seine Aufgabe zu finden und das Ganze und sich im Ganzen zu erfahren. Er ist bereit, die universelle Wahrheit zu verstehen. Die Essenz von *Hilarion* bringt in veränderte Bewußtseinzustände und stärkt die Fähigkeit, aus der Verbundenheit (aus dem Hologramm heraus) mit allem Kontakt aufzunehmen. Sie bringt in tiefe Meditation und Ruhe. Während *Lao Tse* uns zur Ruhe in uns selbst führt, bringt *Hilarion* zur Ruhe im Ganzen. Die Begrenzungen des „Ichs" können wegfallen. Wir erleben, daß wir integriert sind im Kosmos, einen Platz haben im göttlichen Ganzen. Wir erleben unsere Zugehörigkeit zum göttlichen Sein. Und unsere Aura dehnt sich aus.

Die Erfahrung der Zugehörigkeit ist besonders heilsam für Menschen, die sich abgetrennt fühlen, die glauben, keinen Platz zu haben.

Die Meditation

Setz Dich im Lotussitz hin oder stell Dir vor, Du würdest im Lotussitz sitzen, und spüre Dein Drittes Auge. Spüre, wie es sich anfühlt, wie es aussieht, wie weit es geöffnet ist und wie weit es sich ausdehnt, welche Farbe es hat. Und nimm Dein Kronenchakra wahr, in der Mitte des Kopfes. Wie weit reicht es hinauf, welche Farbe hat es? Stell Dir dann vor, wie das Kronenchakra Dich mit Deinem höheren Selbst verbindet, dem universellen kosmischen Gesetz oder der universellen kosmischen Wahrheit, der Wahrheit und Liebe Gottes. Laß dann die Energie des Höheren Selbst in dein Kronenchakra fließen, achte auf die Farbe, die diese Energie besitzt. Sie kann sich von Meditation zu Meditation ändern.

Laß dieses Licht durch Dein Kronenchakra in dein Drittes Auge fließen und sieh, wie dein Drittes Auge beginnt, zu rotieren, sich zu öffnen, und wie sich dieses helle kosmische Licht um Dich herum weit ausdehnt. Nach vorn und hinten strahlt es.

Dann laß diese Energie zum Halschakra fließen, das sich dadurch vorn und hinten öffnet und ebenfalls das weiße Licht in Deine Aura aussendet.

Das gleiche geschieht im Herzchakra, im 3. Chakra, dem 2. und 1. Chakra und schließlich fließt dieses Licht durch die Beine, in die Knie, in die Füße, in den Boden.

Wenn das Licht den Boden erreicht, tut sich ein Weg auf – ein Weg, der klar und hell ist. Es ist Dein Lebensweg. Gehe diesen Weg entlang und schau, was Dir auf dem Weg und rechts und links am Wegrand begegnet. Du kannst wählen, ob Du weiter nach vorn gehst in die Zukunft, ob Du in der Gegenwart spazierst oder ob Du in die Vergangenheit wanderst.

Geh Deinen Lebensweg, und wenn Dir Dinge begegnen, die Du heilen kannst, heile sie, indem Du das kosmische Licht hineinfließen läßt.

Und am Ende der Meditation sieh Dich wieder im Lotussitz sitzen vor dem Weg, den Du gehst, gegangen bist.

Die Botschaft

So manche von Euch haben den Weg verloren, den Weg des eigenen Lebens, die eigene Wahrheit zu leben. Und sie sind damit nicht glücklich und finden sich oft nicht zurecht in dieser Welt, in diesem Leben. Innerlich und äußerlich fehlt etwas. Vielleicht merken sie es an ihren Krankheiten, an dem, was im Leben nicht gelingt, oder an ihrem Zustand innen, den unangenehmen Gedanken und Gefühlen. Es fehlt ihnen irgend etwas.

Was ihnen fehlt, ist ihr eigenes Licht, ist der Weg, auf dem sie wandern, auf dem sie nach Hause zurückkehren können.

Ich unterstütze Euch dabei, Eure Augen zu öffnen, die äußeren und die inneren Augen und das Licht und den Weg wiederzuerkennen. Ich unterstütze Euch, daß Ihr seht, welcher Weg der Eure ist, daß Ihr nicht falsche Wege geht oder Führern nachlauft, die keine wahren Führer sind, die Euch nicht zu Euch selbst bringen, zu Eurer eigenen Kraft und Weisheit, sondern die versuchen, Euch abhängig zu machen und Euer eigenes Licht zu verdunkeln. Ich bringe Euch Klarheit auf Eurem Weg. Denn wer Licht auf seinem Weg sieht, kann leicht auf diesem Weg gehen, auch wenn es Schwierigkeiten gibt.

Meine Energie ist die klare Kraft, die Menschen auf ihren Weg führt, auf den Weg der Wahrheit, in Einklang zu leben mit den eigenen universellen Gesetzen, mit ihrem eigenen inneren Gesetz.

Ich mache Euch klar und wahr, ich verbinde Euch mit den kosmischen universellen Gesetzen, mit Eurer eigenen inneren

Wahrheit, mit den Gesetzen Eurer Göttlichkeit. Ich bringe Euch in Einklang mit Eurem Weg. Und so geht Ihr denn mit meiner Energie mit kräftigen Schritten, beleuchtet von Eurem eigenen inneren Licht, so als ob Ihr eine Lampe tragt, die Euch den Weg zeigt.

Ihr erhaltet Klarheit und erkennt, was Eure und die universelle Wahrheit ist, die kosmischen Gesetze, mit denen Ihr in Einklang leben wollt. Und Ihr erkennt, daß Ihr Teil des göttlichen Ganzen seid.

Nr. 17 – *Pallas Athene*

Freude und Fülle

Die Wirkung der Meisteressenz

Die Essenz von *Pallas Athene* öffnet die Wahrnehmung für Empfindungen des Momentes (zum Beispiel Gefühle, innere Bilder, Intuition) und hilft, sie mitzuteilen und zu leben. Dabei lösen sich auch die Blockaden, die verhindert haben, sich schöpferisch kreativ auszudrücken beispielsweise durch Schreiben, Singen, Tanzen, Musizieren, Malen.

Sie läßt Lebensenergie und Lebensfreude wieder sprudeln.

Sie verbindet Logik mit Intuition, analytisches und analoges Denken, rechte und linke Gehirnhälfte.

Die Essenz bringt in Kontakt mit der inneren Fülle, dem eigenen Potential und der Fülle des Universums.

Sie unterstützt die Heilung des inneren Kindes.

Sie ist auch geeignet für Künstler, um den Ideen und der Kreativität Gestalt zu geben.

Zuordnung zu den Chakren: Herzchakra (Halschakra)

Farbe: Gold-rosa

Tarotkarte: Nr. 3 – Die Herrscherin (Die Kaiserin)

Edelstein: Opal

Auftragen des Öls: 7. Halswirbel, Schultern (Zone der Angst, siehe S. 94), Bauch; zusätzlich: Wirbelsäule von unten nach oben, oberer Rand der Fußknöchel, Außenkante der Füße

Ein Mensch, der diesen Aspekt ausgeglichen hat,

- ist voller Lebensfreude;
- hat Freude am Selbstausdruck;
- drückt seine Gefühle spontan aus;
- lebt seine Kreativität und findet Wege, sie auszudrücken und ihr Gestalt zu geben;
- lebt Ordnung und Struktur, ohne in Starre zu verfallen;

- hat natürliches selbstsicheres Auftreten;
- lebt natürliche, verspielte Sexualität;
- erlebt die Welt mit kindlicher Neugier, Offenheit und Staunen;
- läßt den inneren Reichtum sichtbar werden und andere daran teilhaben.

Ein Mensch, der diesen Aspekt noch nicht ausgeglichen hat,

- ist ein übertrieben ernsthafter, verbissener, starrer Mensch;
- lebt nach starren Prinzipien und Strukturen: „man hat das so zu tun"; ist eingeengt und in seinen Wünschen gefangen;
- hat steife Bewegungen und Umgangsformen;
- hat festgefaßte Meinung; ist geistig unbeweglich;
- hat strenge Selbstdisziplin; versagt sich Freuden, weil er an Prinzipien festhält und diese übertreibt;
- ist im Selbstausdruck gehemmt;
- hat wenig Zugang zu Fähigkeiten der rechten Gehirnhälfte, zum Potential, zu Kunst, zum eigenen künstlerischen Ausdruck;
- lebt in Armutsbewußtsein und in einem Mangelgefühl; ist geizig, weil er glaubt, alles sei begrenzt, man dürfe nicht verschwenderisch damit umgehen.

Aber auch ein Mensch, der

- strukturlos, ohne Ordnung, chaotisch ist;
- im Kindlichen steckengeblieben ist.

Der Unterschied zwischen Nr. 17 – Pallas Athene, Nr. 3 – El Morya und Nr. 19 – Helion zum Thema „Selbstausdruck"

Nr. 17   öffnet den Zugang zum Potential und zur Ausdrucksfähigkeit.

Nr. 3   löst „die Angst zu versagen".

Nr. 19   hilft, die Fähigkeiten nicht mehr zu verstecken, gibt Mut, sie zu zeigen.

Der Unterschied zwischen Nr. 17 – Pallas Athene und Nr. 4 – Kwan Yin zum Thema „Gefühle ausdrücken"

Nr. 17   hilft, die momentanen Gefühle spontan auszudrücken.

Nr. 4   löst alte, gestaute und blockierte Gefühle, öffnet den Zugang zu den Gefühlen.

Beschreibung

Am ersten Tag, als wir begannen, mit *Pallas Athene* zu arbeiten, erlebte ich eine andere Welt. Ich war morgens früh aufgewacht, die Sonne war gerade aufgegangen, und ich fühlte mich wach, wohl und war voller Freude. Nichts hielt mich mehr im Bett, und ich beschloß, einen Spaziergang zu machen. Die Welt erschien mir neu, ich sah glitzernde Tautropfen in Spinnweben hängen, die Farben des Sonnenaufgangs, die Vögel sangen an diesem Morgen schöner als sonst, der Bach, an dem ich entlangging, sang eine ganz besondere Melodie. Wie ein staunendes Kind sah ich die Natur mit neuen Augen. Und ich entdeckte einen wunderschönen Platz, den ich vorher noch nie gesehen hatte, obwohl ich schon zwei Jahre in der Nähe wohnte. Während des Spaziergangs sang ich, und Verse kamen mir in den Sinn. Die innere Freude begleitete mich den ganzen Tag.

Dieses Erlebnis zeigt deutlich die Wirkung von *Pallas Athene*. Sie macht uns bewußt für die Schönheit und Freude, die uns umgibt und in uns ist. Es ist die natürliche Lebensfreude, die auch Kinder zeigen, wenn sie spontan lachen und aus übersprudelnder Energie rennen; die Lebendigkeit der Delphine, die aus dem Wasser springen und einen Salto machen. Diese Lebensfreude ist Ausdruck frei fließender Lebensenergie.

Die Essenz läßt auch bewußt werden, was uns hindert, immer freudig zu leben. Vielleicht erinnert man sich an Situationen aus der Kindheit, in denen die Lebendigkeit gestoppt wurde oder man selbst die eigene Lebensenergie und sprudelnde Freude unterdrückt hat. Das kann Trauer auslösen. Es kann sein, daß man sich zurückzieht und Tränen fließen – so wie bei einem Kind. Das innere Kind heilt seinen Schmerz.

Diese Erfahrung machte eine Freundin, die in den ersten Tagen der Anwendung mit diesem traurigen inneren Kind in Kontakt kam. Manchmal weinte sie wie ein Kind, manchmal war sie auch trotzig. Dann blitzte immer häufiger das verspielte, fröhliche, natürliche Kind durch. Je mehr die Wunden des inneren Kindes heilten, desto fröhlicher, ausgelassener und verspielter wurde sie.

Auch unangenehme Erlebnisse und Traumen der Kindheit und pränataler Zeit heilen, und Empfindungen und Gefühle können wieder spontan ausgedrückt werden.

Die natürliche Verspieltheit und Freude kann auch in der Sexualität gelebt werden.

Pallas Athene ist in der griechischen Mythologie die Göttin der Kunst, der Wissenschaft, des Friedens und des Hauses. So fördert die Energie von *Pallas Athene* sowohl wissenschaftliches Vorgehen und analytisches Denken als auch den kreativen Ausdruck in jeder Hinsicht. Sie stärkt die Verbindung zwischen Logik und Intuition, rechter und linker Gehirnhälfte (der rechten Gehirnhälfte werden Intuition, Sinneswahrnehmungen, ganzheitliches Denken und Erfassen zugeordnet, der linken Logik, Analyse, Lesen, Schreiben, Rechnen). Dadurch können die inneren Wahrnehmungen leichter verstanden und ausgedrückt werden.

Nicht nur Künstler werden dadurch inspiriert und können den inneren kreativen Vorgängen besser Gestalt geben, auch im täglichen Leben gelingt es, sich besser auszudrücken. Im Gespräch finden wir leichter die Worte, im Singen drücken wir unseren inneren Zustand aus, im Tanz zeigen wir unser inneres Erleben. Wir drücken über Singen, Tanzen, Malen, Schreiben, Musizieren aus, was wir im Moment fühlen, was uns im Moment bewegt. Dabei findet man auch zur eigenen natürlichen Selbstsicherheit.

Durch die Essenz erhalten wir Zugang zu unserem Potential, zu Fähigkeiten, die wir in uns tragen, aber bisher noch nicht genutzt haben oder uns nicht trauten, sie zu zeigen. Wir entdecken den eigenen inneren Reichtum und die eigene Fülle und entdekken, daß wahrer Reichtum von innen kommt. Wir erkennen es in der Natur: Ein Obstbaum trägt hundertmal mehr Blüten als Früchte, jede Pflanze bringt viel mehr Samen hervor, als für ihre Fortpflanzung notwendig ist. Überall, wo wir hinschauen in der Natur, finden wir Fülle und Überfluß. Die Natur lehrt uns Großzügigkeit. Sie ist Ausdruck des Lebens. Auch in uns sind mehr Fähigkeiten und Potential, als wir leben.

Jeder, der innerlich wirklich reich ist, läßt andere an diesem Reichtum teilhaben. Wer wirklich in der Fülle lebt, teilt gern. Jedes Festhalten entspringt der Angst vor Mangel und ist Ausdruck des Armutsbewußtseins.

So hilft *Pallas Athene* auch, sich mit der materiellen Seite auseinanderzusetzen. Sie macht uns unsere einschränkenden Glaubenssätze bezüglich „in Fülle leben" bewußt.

Pallas Athene ist auch die Göttin des Hauses, sie sorgt für Ordnung und Struktur. Jedoch nicht in einer starren, festen Weise; die Ordnung dient dem Wohl des Menschen, die Struktur gibt Halt, ohne einzuengen. So hilft die Essenz auch, Struktur zu geben für kreatives Handeln. Sie hilft, Situationen zu erfassen, zu analysieren und zu verstehen. Und sie hilft auch, aus starren, festgefahrenen Strukturen herauszugehen.

Die Meditation

Mache einen Spaziergang und nimm bewußt die Umgebung wahr, achte auf den Reichtum der Natur. Wandere zum Beispiel im Frühling durch eine Obstwiese und betrachte die Bäume mit ihren Abertausenden von Blüten, und Tausende Bienen kommen, um Nektar zu sammeln.

Betrachte im Herbst die Früchte auf diesen Bäumen, die Kirschen, Äpfel und Pflaumen, sieh, wie diese Bäume übervollhängen.

Oder stell Dir einen Fluß vor oder geh an ihm entlang und sieh, wie das Wasser in Fülle dahinströmt, lustig und freudvoll die Melodie singt, wie es über Steine springt, gurgelt und lacht, und sieh, wie die Sonne sich spiegelt, und das Wasser glitzert und glänzt, als ob Gold und Diamanten funkeln.

Betrachte in einer mondhellen Nacht einen See, der wie Silber aussieht. Und laß Dich einfangen von der Schönheit der Natur, den Geräuschen, den Düften. Achte auf jedes Detail.

Finde weitere Bilder von Fülle und Reichtum in der Natur.

Dann sieh Dein eigenes Leben und erinnere Dich an Situationen der Freude, des Glücks.

Anschließend stell Dir einen Rosenbusch vor, der übersät ist mit Knospen. Werde zu diesem Rosenbusch, stell Dir vor, wie Deine Zweige gefüllt sind von Rosenknospen, und Sie erblühen und erblühen und erblühen, eine nach der anderen. Eine Knospe bricht auf und verströmt ihren Duft und die nächste und die nächste, bis der Busch von Rosen übersät ist. So erkenne, daß Du selbst es bist, der voller Reichtum und Fülle ist und der die Freude leben kann.

So laß das rosa-goldene Licht von *Pallas Athene* in Dich hineinfließen, werde zur Blume in Deiner Farbe, laß die Wurzel tief in die Erde wachsen, sieh den Stengel, die Blätter, die Blüten. Dann begegne in Gedanken Deinem Lieblingstier und spiele mit ihm, lerne von ihm. Verwandelt Dich in die Geschöpfe, die Du magst und bewunderst.

Kehre dann zurück ins Menschsein.

Die Botschaft

Ich sende Euch das Licht der Freude, des Überflusses und des Reichtums. Erkennt, daß in der Natur, um Euch herum, in Euch, im Leben, im Sein, im Kosmos das Lied der Freude und der Fülle schwingt.

Ihr Menschen lebt auf einem Planeten voller Reichtümer und Schönheit. Mit „Reichtümer" meine ich nicht nur die materiellen Reichtümer, die Ihr als wertvoll einschätzt, sondern die Fülle, die auf der Erde herrscht in allen Bereichen. Es steht Euch genügend Luft zur Verfügung, und Ihr atmet jeden Tag diese Luft, und ohne sie würdet Ihr sterben. Es gibt Bäume in großer Zahl, die diese Luft wieder reinigen. Es gibt Wasser, das Euch leben läßt, das Euren Durst stillt, aus dem Ihr zu 70 % besteht, das durch Eure Natur fließt.

Der Reichtum und die Schönheit umgibt Euch, und so laßt Euch denn ein, öffnet Euch, geht hinein und erwartet die Schönheit, das Licht, die Liebe mit meiner Energie.

Und beginnt wahrzunehmen, was um Euch herum und in Euch selbst geschieht.

Schaut Euch auch an, welche Mangelsituationen in Eurem Leben noch existieren und beginnt, sie zu transformieren, indem Ihr sie füllt mit dem, was Ihr braucht. Schaut genau hin, was Ihr braucht, damit Ihr Euch voll, rund, erfüllt fühlt. Damit Ihr warm seid und die Freude und Fülle weitergeben könnt.

Ich, *Pallas Athene,* begleite Euch und zeige Euch Eure innere Schönheit, die Schönheit des Einsseins, des Verschmelzens mit allem, Euer eigenes Erblühen. Ich zeige Euch die Welt durch die Augen der Schönheit und Liebe. Es ist Tanz, es ist Musik, es ist Jubel, es ist Freude und Feiern, egal ob Regen oder Sonne, ob Winter oder Sommer, egal ob Ihr auf der Brücke steht oder auf einem Berg, die Freude ist in Euch, der Jubel ist in Euch, der Reichtum ist in Euch, die Schönheit, alles liegt in Euch, und so beginnt zu feiern mit mir. Genießt das Leben, Euer inneres Licht, laßt Euer inneres Licht golden erstrahlen und Euer Leben und Euer Sein in goldenes Licht tauchen. Schmelzt in den warmen goldenen Flammen dieser Sonne zu Euch selbst, werdet eins.

So begebt Euch auf den Weg, um Eure Stellen von Dürre, Mangel und Hunger zu erkennen, damit Ihr sie füllen könnt, damit Ihr erblühen könnt, damit Ihr der Rose, die in Euch steckt, die nötige Nahrung gebt, damit sie erblühen, sich entfalten kann, weithin ihre Schönheit präsentiert, so daß die Menschen sich umdrehen und diese Rose bewundern. Daß sie ihnen auffällt und sie selbst Lust bekommen, auch zu solch einer Rose zu werden.

Nr. 18 – *Lady Portia*

Im Gleichgewicht sein

Die Wirkung der Meisteressenz

Die Energie von *Lady Portia* zentriert, bringt ins Gleichgewicht, in eine innere Ausgeglichenheit und läßt in jedem Moment und in jeder Hinsicht die eigene Mitte finden.

Sie unterstützt die innere Stabilität und Ausgeglichenheit und gleicht zwischen Extremen aus. Dies gilt sowohl für die geistige als auch für die körperliche Ebene.

Sie stellt einen Ausgleich zwischen dem irdischen und dem göttlichen Anteil her.

Zuordnung zu den Chakren: Herzchakra (Basis- und Kronenchakra)

Farbe: Koralle (Lachs)

Tarotkarte: Nr. 8 – Gerechtigkeit (Die Ausgleichung)

Edelstein: Rutilquarz, Malachit, grüner Apophyllit

Auftragen des Öls: 2. Chakra, um den Bauchnabel herum, Kreuzwirbel

Ein Mensch, der diesen Aspekt ausgeglichen hat,

- ist stabil, in der inneren Mitte, ausgeglichen; läßt sich nicht leicht aus der inneren Ruhe und Ausgeglichenheit bringen, auch wenn es um ihn herum drunter und drüber geht;
- hat eine ausgleichende Ausstrahlung, die bewirkt, daß andere auch zur Ruhe kommen;
- ist durch nichts zu erschüttern;
- findet schnell wieder seine Ausgeglichenheit, falls er sie verliert;
- ist sicher in Entscheidungen und im Handeln;
- ist ausgewogen in seiner Meinung;
- ist offen für die Erfahrungen der entgegengesetzten Seite;

- ist offen für Meinungen anderer, kann sich immer wieder neu orientieren, immer wieder die eigene Mitte finden;
- bedenkt vor Entscheidungen beide Seiten und wägt ab;
- kann leicht Harmonie herstellen;
- lebt in innerem Frieden.

Ein Mensch, der diesen Aspekt noch nicht ausgeglichen hat,

- ist sehr schwankend in allen Bereichen;
- erlebt starke Gefühlsschwankungen;
- läßt sich von außen leicht verunsichern und aus der gefundenen Mitte bringen;
- kann sich nicht oder nur schwer entscheiden; ist wankelmütig, unentschlossen;
- hat bei Entscheidungen immer das Gefühl, sich nicht richtig entschieden zu haben, einen faulen Kompromiß eingegangen zu sein; oder übernimmt Entscheidungen anderer, weil er sich nicht entscheiden kann, fühlt sich dabei ebenfalls unwohl;
- führt ständig inneren Dialog;
- ist voller Zweifel;
- grenzt Erfahrungen und Teile der Welt aus, hängt oft in einem Extrem, sieht nur eine Seite der Medaille;
- vertritt eine extreme Weltanschauung und bekämpft andere Ansichten; ist fanatisch;
- vertritt in Diskussionen immer die gleiche Meinung, bleibt auf einem Extrem verharren;
- macht faule Kompromisse;
- hat einen schwankenden, unsicheren Gang, da er seinen Körperschwerpunkt nicht in der Körpermitte hat.

Beschreibung

Die Welt ist eine Welt der Polarität, Tag und Nacht, schwarz und weiß, gut und böse, Yin und Yang, männlich und weiblich, Geben und Nehmen, Freude und Trauer, Krieg und Frieden. Beide Pole zusammen bilden eine Einheit. Nur wenn beide Pole vorhanden sind, können die Unterschiede wahrgenommen und geschätzt werden. Erst wenn Unangenehmes erlebt wird, beginnt die Suche nach dem Angenehmen.

Die Pole stehen sich scheinbar unvereinbar gegenüber und fordern uns heraus, den Ausgleich zu finden. Genau dann, wenn wir in einem Extrem festhängen, sind wir weit entfernt vom „Heil-Sein", von einer inneren Harmonie. Doch der Weg zur Heilwerdung, zur inneren Balance und Harmonie gelingt nur, wenn auch der andere Pol angenommen wird. So ist kein Mensch nur gut oder nur böse, so tragen wir alle weibliche und männliche Anteile in uns. Eine Integration beider Teile führt zu einem harmonischen Miteinander, zur Heilung.

Wer zu lange in einem Extrem gelebt hat, wer wie ein Pendel zu weit auf einer Seite ist, schwingt oft zuerst in die entgegengesetzte Richtung, in das andere Extrem, bevor er den Ausgleich findet. Wer zum Beispiel vor allem die männlichen Qualitäten wie Tatkraft, logisches Denken, Distanz, Initiative gelebt hat, erlebt auf dem Weg zur Integration oft eine Phase von Intuition, starken Gefühlen und Stimmungen, Ahnungen, Träumen und Visionen.

Die Arbeit mit der Energie von *Lady Portia* unterstützt genau diese Prozesse. Sie hilft, die bisher abgelehnten Pole anzunehmen, zu erfahren und zu integrieren. Sie hilft, einen Ausgleich herzustellen.

Erst wenn beide Pole in Einklang sind, können wir frei wählen. Dann können wir entscheiden, wohin wir gehen, was wir tun, können unseren momentanen Standpunkt wählen und sind nicht mehr in einer Seite verhaftet, weil wir die andere ablehnen. Unsere Möglichkeiten und Variationen vergrößern sich. Und wir erfahren, daß es eine individuelle Mitte gibt. Nicht jeder kommt auf dem Weg zwischen den Polen zum gleichen Standpunkt.

Im Gleichgewicht zu sein bedeutet, in innerer Harmonie, Ausgeglichenheit, innerem Frieden und Zentriertheit zu leben.

Sich körperlich und psychisch zu zentrieren bedeutet,
daß man einen inneren Bezugspunkt findet,
der einem Stabilität verleiht.
DOLORES KRIEGER

Eine Anwenderin hatte gerade eine Trennung erlebt und fühlte sich dadurch aus der Bahn geworfen. Und sie konnte sich nicht entscheiden, was sie nun tun sollte, ob sie wieder in ihrem alten Beruf arbeiten, weiter Seminare geben oder sich erst einmal nur mit sich selbst beschäftigen sollte. Und sie hatte einen neuen Mann kennengelernt und wußte nicht, ob sie sich neu einlassen oder zunächst eine Zeit allein verbringen sollte. Nachdem sie eine Zeitlang die *Lady-Portia*-Essenz genommen hatte, stellte sich eine innere Gelassenheit, ein innerer Frieden ein, und sie konnte leicht die Entscheidungen treffen. Und gleichzeitig wußte sie, daß sie ihre Meinung ändern konnte und neue Wege einschlagen konnte, wenn ihr die getroffene Wahl nicht mehr gefiel.

Auf dem Weg in die Ausgeglichenheit ist es wichtig, zu vertrauen, den Weg bewußt anzuschauen und zu erkennen, daß die innere Balance gelernt wird, indem man immer wieder aus der Mitte herausfällt und sie neu findet. Das Leben gibt immer wieder einen Schwung in eine andere Richtung. Unangenehme Erlebnisse, emotionale Traumen oder physische Schocks können uns aus der Balance werfen. Wie eine Waage bleiben wir dadurch in Bewegung. Im Gleichgewicht sein bedeutet, aus jedem Schwanken der Waage wieder in die Ausgeglichenheit, in die Mitte zu kommen.

Sobald wir in der Mitte sind, öffnet sich die Tür zum inneren Licht, zu einem anderen Bewußtseinszustand. Dort erhalten wir Zugang zur Intuition, zur inneren Weisheit und finden Ruhe und Kraft. Wir haben die Kraft, in der inneren Balance zu bleiben, auch wenn vieles um uns herum „drunter und drüber" geht. Das, was uns früher „aus der Bahn" geworfen hat, scheint uns dann nicht mehr zu berühren.

Wer in der eigenen Mitte ist, ist völlig präsent.

Und in der Mitte sind irdischer und göttlicher Teil unseres Seins verbunden.

Wer seinen Körperschwerpunkt in der Körpermitte hat, kann auch im emotionalen und geistigen Bereich leichter zentriert bleiben. Folgende Übung kann die Wirkung unterstützen:

Stellen Sie sich aufrecht hin, die Beine etwa schulterbreit auseinander, die Füße sind parallel. Ihr Körperschwerpunkt liegt im Beckenboden. Dann beginnen Sie langsam und bewußt, Ihr Gewicht auf eine Seite zu verlagern. Ändern Sie dann die Richtung und verlagern Sie Ihr Gewicht zur anderen Seite. Achten Sie genau auf den Mittelpunkt: Wann haben Sie ihn erreicht, und wann sind Sie wieder darüber hinaus?

Wenn Sie diese Übung eine Weile wiederholen, gelingt es leichter, in Meditation zu kommen und auch im täglichen Leben standfester zu sein.

Die Meditation

Stell dir vor, Du bist eine Kugel an einem Faden, die hin und her pendelt und immer mehr in die Mitte kommt.

Oder wähle eine Situation aus Deinem Leben, in der Du zwischen zwei Seiten hin und her schwankst. Stell Dir wieder vor, Du wärest die Kugel, die zwischen diesen beiden Polen hin und her schwingt, und komme immer mehr in der Mitte zur Ruhe. Wenn dies geschehen ist, kannst Du vielleicht erkennen, wie diese Mitte in Deinem Leben konkret aussehen kann.

Die Botschaft

Manchmal müssen Menschen, um in die Mitte zu gelangen, um wieder das Gleichgewicht zu erhalten, zuerst zum anderen Pol schwingen. Wie ein Pendel, das zu weit auf einer Seite ist.

Vertraut dem Prozeß, denn das Pendel wird sich einschwingen in die Mitte. Auch wenn Ihr erschreckt auf dem Weg zwischen den Polen, vertraut. Ihr geht Leben um Leben von einem Pol zum nächsten, und auch in diesem Leben wandert Ihr zwischen den Polen hin und her. Und daher unterstütze ich Euch, immer wieder die Mitte in Euch zu finden. Von diesem Punkt in der Mitte könnt Ihr Euch frei entscheiden, in Eurer eigenen Mitte könnt Ihr wählen, könnt Ihr frei handeln, seid Ihr verbunden mit Eurer innersten Weisheit und der Intuition.

Ihr Menschen liebt es manchmal, zwischen den Extremen hin und her zu pendeln. Und manchmal lehnt Ihr Euch sehr weit hinaus. Dann fällt es Euch schwer, in Eure eigene Mitte zurückzukehren. Das Spiel des Pendelns, das Hin- und Herschwanken ist eine Übung für Euch. Ihr erfahrt, wo Eure Grenzen sind, Ihr kostet die Dualität in allen Aspekten, Ihr trainiert, immer wieder in Eure Mitte zu gelangen. Wenn Ihr zu sehr über Eure eigene

Mitte hinaus gegangen seid, fällt es Euch schwer zurückzukehren. Daher seid bewußt, wenn Ihr Euch hin und her bewegt. Erkennt, an welchem Punkt Ihr Euch befindet, wann Ihr aus der Mitte herausfallt und wie Ihr wieder zurückgelangen könnt. In der Mitte öffnet sich die Tür in eine andere Dimension. Denn wenn Ihr in der Mitte seid, habt Ihr genügend Stabilität, dort seid Ihr genügend verbunden mit der Erde, um diese Dimension zu erfahren. Auch der Baum kann nur dann in eine große Höhe wachsen, wenn er in der Erde genügend verwurzelt ist.

Ich unterstütze Euch dabei, in Eure Mitte zu kommen, in Eurer Mitte zu sein und dort eine Stabilität zu erhalten. Dann öffnet sich die Tür zu einer neuen Dimension.

Nr. 19 – *Helion*

Sonnengleiches Sein

Die Wirkung der Meisteressenz

Die Essenz von *Helion* unterstützt, das eigene Charisma sichtbar zu zeigen. Sie macht bewußt, was uns bisher an einer charismatischen Ausstrahlung gehindert hat.
Sie verbindet die bedingungslose Liebe zum Ganzen mit der Liebe zu sich selbst. Dadurch kommen wir zur Selbstliebe, und unser inneres Licht erstrahlt.
Sie unterstützt Meditation.

Zuordnung zu den Chakren: Herzchakra (Hara, Halschakra)

Farbe: Sonnengelb-gold

Tarotkarte: Nr. 19 – Die Sonne

Edelstein: Sonnenstein, Goldtopas

Auftragen des Öls: Brustbereich vorn und hinten, unter das Schlüsselbein (Zone der Angst, siehe S. 94)

Ein Mensch, der diesen Aspekt ausgeglichen hat,

- hat Liebe und Kraft integriert;
- besitzt natürliche Autorität und eine charismatische Ausstrahlung;
- ist sich seines inneren Lichtes bewußt, zeigt und lebt es;
- zieht andere Menschen durch seine Erscheinung und seinen Selbstausdruck an; ist authentisch;
- läßt andere an seinem inneren Licht teilhaben.

Ein Mensch, der diesen Aspekt noch nicht ausgeglichen hat,

- hält sein inneres Licht und das Strahlen der Persönlichkeit zurück, versteckt es;
- versteckt sich; ist unscheinbar; zeigt und lebt seine Fähigkeiten und seine innere Größe nicht; hat keine Authentizität;

- kennt die inneren Qualitäten, glaubt aber, daß sie nichts wert sind, und will alles von außen haben;
- spielt nach außen den Unwissenden, als ob er mit dem Erfahrenen nichts anfangen kann oder nichts wahrnimmt;
- tut nach außen unbeeindruckt, unberührt, hört sich Dinge mit unbeeindruckter Miene an;
- kann sein eigenes Erleben so tief in sich verstecken, daß er selbst den Zugang dazu verliert;
- redet bevorzugt über andere, aber nicht über sich selbst.

Beschreibung

Wer das innere Gleichgewicht gefunden hat und in der Mitte ist, erkennt sein innerstes Licht. Dort in der Mitte ist die Quelle des eigenen inneren Lichtes, die mit der göttlichen Quelle verbunden ist. *Lady Portia* führt uns in die Mitte; *Helion* unterstützt uns, unser Licht nach außen strahlen zu lassen.

Eine Anwenderin berichtete, daß einige Tage nach der Anwendung Menschen auf sie zukamen, um mit ihr zu arbeiten, sie für neue Projekte zu gewinnen und ihr auch Geld für die Projekte anboten. Ihre Ausstrahlung war kraftvoll und gewinnend geworden.

Eine andere Anwenderin, die einen Hundesalon führt, wurde nach der Anwendung der Essenz von Kunden immer wieder gefragt, ob sie eine neue Frisur habe oder was sie an sich verändert habe, weil sie so gut aussehe. Auch die Hunde reagierten, sie waren ruhiger und ließen sich leichter frisieren.

Manchmal begegnen wir Menschen, die eine charismatische Ausstrahlung haben. Wir glauben, sie seien damit geboren, oder wir bezeichnen sie als ganz besondere Menschen und bewundern sie. Damit machen wir aber nichts anderes, als daß wir den Blick von unserem eigenen Licht wegnehmen und glauben, wir könnten das nicht. Wir glauben, wir selbst hätten nicht so ein Licht, nicht so ein Potential oder wir seien zu schwach oder unfähig, eine Ausstrahlung zu entfalten. Doch das ist nur unser Trick, mit dem wir uns hindern, das eigene Potential zu leben.

Unsere tiefste Angst ist nicht, daß wir unzulänglich sind.
Unsere tiefste Angst ist, daß wir unermeßlich machtvoll sind.
Es ist unser Licht, das wir fürchten, nicht unsere Dunkelheit.
NELSON MANDELA

Wer eine charismatische Ausstrahlung hat, kann sich nicht verstecken. Menschen schauen ihn an oder schauen zu ihm auf, benutzen ihn als Vater- oder Mutterfigur, geben ihm Autorität und geben ihre Eigenverantwortung ab. Sie ordnen sich unter und stellen ihn auf einen „Sockel" und versuchen dann, ihn wieder vom Sockel herunterzustoßen, auf den sie selbst diese Persönlichkeit gestellt haben. Wir fürchten, daß uns das gleiche widerfährt, wenn wir unser Licht nach außen dringen lassen. Plötzlich werden wir sichtbar und können uns nicht mehr verstecken, plötzlich wollen Menschen von uns geführt werden – manchmal nur, um einen Schuldigen zu haben, falls etwas schiefgeht.

Diese Ängste stecken wohl in vielen Menschen. Und sie zu überwinden ist ein wichtiger Schritt.

Helion unterstützt uns, das eigene innere Licht zu entfalten. In diesem Licht liegt auch die Kraft, mit den Reaktionen der Umgebung umzugehen. Es ist die Liebe zu uns selbst, die Liebe zum Ganzen, zu Gott, die uns strahlen läßt. Es ist die bedingungslose Selbstliebe, die Liebe zum Selbst.

Die Essenz von *Helion* läßt uns sehen, was uns hindert, unser Licht nach außen strahlen zu lassen, warum wir uns hinter Masken verstecken, mit denen wir uns nach einiger Zeit identifizieren. Die Masken verhindern, daß zuviel vom inneren Licht hinausdringt. Sie schützen uns, engen uns jedoch gleichzeitig ein. Diese Art von Schutz brauchen wir nicht mehr, wenn unser Licht strahlt.

Die Meditation

Stell Dir vor, Du bist die Sonne dieses Planetensystems. Diese Sonne strahlt über alle Grenzen hinweg, und selbst im letzten Winkel des Kosmos kommen die Strahlen an, jedoch erst viele, viele Jahre später.

Und so stell Dir vor, die Sonne zu sein und Deine Energie strömen zu lassen, aus Deinem Innersten heraus, aus Deiner Mitte heraus, aus Deinem Sein heraus. Und laß die Sonnenstrahlen zur Erde fließen, umhülle die Erde, sieh, daß es immer eine Seite gibt, die hell und lichtvoll ist und eine Seite, die dunkel ist. Umhülle die helle Seite der Erde mit dem Licht. Laß das Licht in die Erde hineindringen, beleuchte die Atmosphäre, die Organismen, die Tiere und Pflanzen, die Steine, das Wasser, den Menschen. Alles auf dieser Erde nimmt das Sonnenlicht an, und viele nehmen es als selbstverständlich hin. Dabei ist es ein Geschenk und wiederum kein Geschenk.

Mit dieser Sonnenlicht-Meditation kannst Du die Erfahrung machen, was es bedeutet, eine Sonne zu sein. Und wenn Du sie gemacht hast, sieh Dich selbst als menschliche Sonne. Stell Dir vor, daß Du durch ein Kaufhaus gehst, durch eine Menschenmenge, sieh Dich an anderen Plätzen und laß dabei Dein innerstes Sein strahlen wie die Sonne. Und je mehr Du Dich selbst oder andere Menschen Dein Strahlen sehen läßt, desto mehr wirst Du Dich öffnen, und desto größer erscheint der Lichtschein nach außen. Viele Menschen kommen auf Dich zu, und Dinge geschehen, die vorher für Dich nicht möglich waren. Sie geschehen durch die Sonne in Deinem Innern.

Dann stell Dir vergangene Situationen vor, wie sie gewesen wären, wenn Du diese Sonne in Dir hättest strahlen lassen.

Die Botschaft

Ich grüße Euch, Ihr Menschen auf der Erde, die Ihr oft in Dunkelheit und Schatten lebt. Ich grüße Euch mit meinem Strahlen und meinem sonnengleichen Sein, damit auch Ihr in Euch den Teil entdeckt und entfaltet, der sonnengleich ist, der Licht ist. Findet Eure Mitte, und dann schaut, was und wo in Eurem Körper die Sonne ist, Eure Sonne, und laßt diese Sonne leuchten.

Ihr Menschen entfaltet Euch, daß auch Ihr werdet sonnengleich, und die Erde wird hell. Und seht, daß auch der Schatten ein Teil auf dieser Erde ist.

Ich unterstütze Euch, Euer sonnengleiches Wesen aus der Dunkelheit herauszuholen, daß Ihr strahlt und leuchtet, Euch wärmt an Eurem eigenen Licht, den Weg leuchtet für andere und weithin sichtbar seid. Strahlt wie die Sonne, die in sich die Glut und Wärme trägt und weit über ihre Grenzen hinaus strahlt nur zur eigenen Freude. So viele Lebewesen und Planeten profitieren davon, es ist so, und es ist nicht in ihrer Absicht. Sie wärmt und strahlt aus lauter Freude heraus, sie gibt Leben und unterstützt das Wachstum.

Und so bringe auch ich Euch zu Eurer inneren Sonne, Eurer Sonne, die in Eurem Herzen strahlt, in Eurem Hara, in Eurem gesamten Sein. Eure eigene Sonne öffnet Euch, läßt Euch warm werden und klar, klar für Euren Weg.

Nr. 20 – *Aeolus*

Den Schöpfer in sich erkennen

Die Wirkung der Meisteressenz

Die Essenz von *Aeolus* (sprich Äolus) verbindet mit der Bewußtheit und der Schöpferkraft, sie stärkt die Verbindung zum Höheren Selbst. Sie verbindet im Schöpfungsprozeß die Kraft der göttlichen Quelle mit der irdischen Kraft und unterstützt dadurch Affirmationstechniken und Gedankenkraft.

Sie fördert ganzheitliches Sehen und entfaltet die Wahrnehmung des Dritten Auges. Dadurch kann im Einklang mit dem Ganzen kreiert werden.

Die Essenz verbindet mit dem 8. Chakra und bringt in tiefe Meditation.

Zuordnung zu den Chakren: Stirnchakra (Kronen- und Basischakra)

Farbe: Türkis

Tarotkarte: Nr. 20 – Gericht (Das Aeon)

Edelstein: Fluorit, Bergkristall

Auftragen des Öls: Drittes Auge (= Stirnchakra), 7. Halswirbel, Kronenchakra; zusätzlich: Innenseite der Fußknöchel

Ein Mensch, der diesen Aspekt ausgeglichen hat,

- besitzt Bewußtheit und hat den Zustand von „Bewußt-Sein" erfahren; kennt den Unterschied zum normalen Zustand, den erleuchtete Meister als Schlafzustand, Welt der Illusion bezeichnen;
- durchschaut die Welt der Illusion; nutzt die Welt und den anderen Menschen als Spiegel („wie innen, so außen");
- erkennt den Zusammenhang zwischen Gedanken, Gefühlen und dem, was außen geschieht;
- ist sich seiner Schöpferkraft bewußt und wendet sie an;

- erschafft sein Leben aus einem Zustand der Fülle, im Einklang mit den universellen Gesetzen, aus Liebe zum Sein;
- ist sich seiner Gedanken und Gefühle bewußt;
- übernimmt die volle Verantwortung für sein Leben;
- kann leicht in sein Unterbewußtsein gelangen und Dinge ans Licht holen;
- besitzt eine hohe Durchlässigkeit zwischen den Bewußtseinsebenen.

Ein Mensch, der diesen Aspekt noch nicht ausgeglichen hat,

- glaubt, ein Opfer zu sein; glaubt, daß er nichts bewegen kann, daß er hilflos dem Spiel des Lebens ausgeliefert ist;
- glaubt, die Welt sei so, wie er sie sieht; lebt in einer Froschperspektive;
- versucht seine Gedankenkraft zur Manipulation einzusetzen.

Der Unterschied zwischen Nr. 20 – Aeolus und Nr. 6 – Djwal Khul zum Thema „Opfer sein"

Nr. 20 stärkt besonders, wenn man glaubt, dem großen Ganzen ausgeliefert zu sein; stärkt die Kraft aus der Verbundenheit mit dem Ganzen.

Nr. 6 stärkt besonders, wenn man glaubt, zu schwach zu sein, keine eigene Kraft zu haben; stärkt den Glauben an die eigene Kraft.

Beschreibung

So wie *Djwal Khul* lehrt uns auch *Aeolus*, daß wir der Schöpfer unseres Lebens sind. Wir erkennen die schöpferische Kraft, die zum Entstehen der Welt führt und die auch in uns vorhanden ist. *Aeolus* verbindet die Bewußtheit, die Kraft, den Zugang zur göttlichen Quelle und die irdische Kraft miteinander. Er läßt uns praktische Schritte tun. Durch diese Energie ist es möglich, bewußt unser Leben zu erschaffen, die richtigen Dinge zur richtigen Zeit im Einklang mit der universellen Wahrheit zu tun. Wir können uns aus der Dunkelheit der Unbewußtheit befreien. Als Schöpfer übernehmen wir die Verantwortung für unser Leben.

Wir erkennen deutlich den Zusammenhang zwischen dem, was wir denken, was wir befürchten, und dem, was geschieht. Viele haben diese Erfahrung bereits gemacht, daß sie einen Gedanken hatten, und kurze Zeit später verwirklichte er sich. Dies geschieht vor allem mit den negativen Befürchtungen: „Hoffentlich läßt das Kind die Flasche nicht fallen", denkt man und sieht sie im Geiste schon fallen, und schon fällt die Flasche. Fatal wirken diese Zusammenhänge, wenn sie als Bestätigung vermeintlicher Vorahnung gesehen werden: Wir erwarten zum Beispiel, daß uns der Nachbar nicht grüßt und unfreundlich ist (und reagieren unbewußt so, daß er es tut), der Nachbar grüßt nicht (*wir* haben es so kreiert), und wir sagen: „Ich habe es ja gewußt."

Aeolus läßt uns solche Zusammenhänge erkennen, läßt uns erkennen, was und wie wir kreieren und öffnet damit die Möglichkeit, bewußter unsere Gedanken und Gefühle zu beobachten, und das, was geschieht, damit in Verbindung zu setzen. Wir erkennen, was *bewußt sein* bedeutet, wie wir diesen Zustand in uns wahrnehmen, wie wir ihn nutzen und wann wir es wieder vergessen. Er lehrt, auf unsere Gedanken zu achten, zu beobachten, wie die Gedanken vorbeiziehen, und zu sehen, was wir in jeder Minute kreieren. Es ist dadurch auch möglich, Gedanken und Gefühle in Harmonie zu bringen.

In der Zeit, als ein Anwender mit der *Aeolus*-Essenz arbeitete, war er als Aussteller auf einer Messe. Er hörte von der Party eines anderen Ausstellers und wünschte sich, eingeladen zu werden. Zuerst schien es nicht zu klappen, aber wenige Stunden vor Beginn lernte er jemanden kennen, der ihn, ohne daß er es angesprochen hätte, zur Party einlud. Die Party fand an einem entlegenen Ort statt, und da er kein Auto hatte, kreierte er, daß er mitgenommen wurde und daß er jemanden fand, der ihn nachher bei seiner Wohnung, die ca. 60 km entfernt lag, vorbeibrachte. Er fand jemanden, der ihn mit zur Party nahm, und auf der Party lernte er zwei Leute kennen, deren Heimweg an seinem Haus vorbeiführte, und einer von ihnen nahm ihn mit und setzte ihn vor der Haustür ab.

Ein anderer Anwender schrieb mir: „Die Wirkung der *Aeolus*-Essenz ist so erhellend und erleichternd. Es ist wirklich zu sehen, wie sich mein Leben aus meinem Inneren heraus entfaltet, wie ich meine Erfahrungen erschaffe. In den letzten Tagen sind mindestens drei Situationen entstanden, die ich wenige Stunden vorher erdacht oder erfühlt habe. In mir ist eine große Leichtigkeit über das Leben als kreatives Spiel gewachsen. Wie ein lachender Marionettenspieler."

Wir erkennen, daß alles, was wir uns erschaffen, Lernschritte und Spiegel unserer eigenen inneren Situation sind. Und wenn wir die Gegenwart vergleichen mit dem, was wir in der Vergangenheit gedacht und erwartet haben, können wir diese Zusammenhänge nachvollziehen. Wenn wir den Schritt vom Unbewußten ins Bewußte tun, werden wir zum Schöpfer unseres eigenen Lebens. Dazu nutzen wir sowohl die kosmischen Kräfte und Energien als auch die irdische Kraft. Erst wenn beide in Einklang sind, wenn Energie und Materie zusammenwirken, materialisiert sich der Gedanke.

Wer aus der Göttlichkeit heraus erschafft, aus dem Einklang mit dem Ganzen, erschafft aus der Fülle und Liebe und nicht aus Begierde, aus „Hunger", Angst und Sorgen. Er kreiert nicht gegen die göttliche Ordnung, sondern als göttlicher Mitschöpfer im Einklang mit dem Ganzen.

Die Energie von *Aeolus* unterstützt ganzheitliches Sehen und öffnet die Wahrnehmung des Dritten Auges für innere Vorgänge und für eine andere Art von „sehen". Wir können unsere Froschperspektive verlassen, in Kontakt kommen mit unserem Höheren Selbst und anderen Bewußtseinsbereichen und Geschehnisse aus einem Überblick heraus beobachten. Dadurch gelingt es uns auch, größere Abschnitte zu sehen und ein tieferes Verständnis zu erlangen. Wir erkennen, was aus dem harmonischen Miteinander herausgefallen ist, was den Einklang von Körper, Geist und Seele stört, und erkennen die anstehenden Schritte der Integration.

In die Stille der Meditation und in Kontakt zu anderen Bewußtseinsebenen und Dimensionen zu gelangen fällt uns mit dieser Energie leichter. Und sie verstärkt den Kontakt zum 8. Chakra, das sich außerhalb unseres Körpers, ca. 50 cm oberhalb des Kopfes befindet.

Wir machen Erfahrungen, die nur schwer mit dem Verstand und mit Worten erklärt werden können, und wissen gleichzeitig, was zu tun ist und wie wir vorgehen sollten. Der Verstand mag dies in Frage stellen und bezweifeln, gleichzeitig mit diesen Zweifeln ist jedoch ein tiefes inneres Wissen da, das uns unterstützt. Und wir werden zur richtigen Zeit am richtigen Platz sein und die richtigen Menschen treffen.

Die Meditation

Geh in Deine Mitte zu Deinem inneren Licht. Laß dann dieses weiße oder weißgoldene Licht Deinen ganzen Körper durchfluten, bis hinein in jede Schicht, in jedes Organ, in alle Knochen, in jede Zelle. Dabei erhellt sich das, was noch dunkel ist in Dir. Anschließend laß Dein Licht in Deine Chakren und die Auraschichten fließen.
Nimm in jedem Schritt wahr, was geschieht.

Die Botschaft

Ich grüße Euch, und Ihr Menschen wißt, daß Ihr den unsterblichen Teil in Euch tragt, daß Ihr der unsterbliche Teil in Euch seid und dieser Teil gottähnlich ist, dem Schöpfer ähnlich. Und so lebt Ihr auch diesen Aspekt auf der Erde, meist unbewußt, jedoch Ihr lebt ihn, an jedem Tag, in jeder Minute, mit jedem Gedanken kreiert Ihr Euer Leben und das Drumherum. Und manchmal auch weitreichendere Dinge.

Und so ist es ein wichtiger Schritt auf dem Weg zur Einheit zu erkennen, daß Ihr dem Schöpfer ähnlich seid und daß Ihr erschafft, in Eurem Umfeld, in Eurem Leben, hier auf dieser Erde. Daß Ihr erkennt, welche Kraft und Macht Ihr habt und damit die Verantwortung für Euch, für Euer Leben, erkennt, daß Ihr Euer Leben bewußt gestalten könnt. Dieses wirklich zu begreifen und zu verstehen sind langandauernde Prozesse. Und so schaut hin auf diesen Aspekt, schaut, welche Gedanken Ihr habt, und werdet Euch bewußt des Zusammenhangs zwischen Euren Gedankenkräften und dem, was geschieht. Werdet Euch bewußt, daß Ihr mehr kreiert, als Ihr wahrnehmen wollt. Und erkennt, daß Ihr den Schlüssel habt, Euer Leben zu gestalten. Daher unterstütze ich Euch darin, die Zusammenhänge zwischen innen und außen zu erkennen, die Schleier der Wirklichkeit zu durchschauen und auf den Grund des Selbst zu sehen.

Nr. 21 – Maria

Die Einheit erkennen

Die Wirkung der Meisteressenz

Die Essenz von Maria verbindet uns mit dem gesamten Sein und mit der göttlichen Liebe. Dadurch ist es möglich, die „mütterlich" gebende Liebe aus der Quelle und Fülle fließen zu lassen, ohne kraftlos zu werden.
Wir erkennen, daß wir schon immer mit der göttlichen Liebe verbunden, immer in der Einheit waren. Himmel und Erde verschmelzen, wir werden eins.
Sie macht bewußt, daß alles vom Göttlichen durchwoben ist, daß Materie das Gefäß für die göttliche Seele ist.
Sie läßt uns erkennen, in welchen Bereichen wir uns getrennt fühlen oder so handeln, wo wir Einheit nicht leben.
Die Essenz bringt in tiefe Meditation, ermöglicht uns, den Zustand des Eins-Seins zu erfahren.

Zuordnung zu den Chakren: alle
Farbe: Dunkles Magenta (Mischung aus Blau und Violett)
Tarotkarte: Nr. 21 – Die Welt (Das Universum) und Nr. 0 – Der Narr
Edelstein: Weißer und rosa Diamant
Auftragen des Öls: Um den Bauchnabel herum, Drittes Auge, 7. Halswirbel, Puls am Handgelenk; zusätzlich: Kronenchakra

Ein Mensch, der diesen Aspekt ausgeglichen hat,

• fühlt sich mit allem verbunden; ist Tropfen im Ozean; lebt im Bewußtsein der Einheit und hat dadurch Zugang zu allem Sein;
• erkennt seine göttliche Seele;
• hat das Prinzip der göttlichen, allumfassenden Liebe erfahren;
• dessen Herz ist offen, und er ist mit allen Menschen in Liebe verbunden;
• lebt den Aspekt der „nährenden Mutter" als positives Prinzip.

Ein Mensch, der diesen Aspekt noch nicht ausgeglichen hat,

- fühlt sich getrennt, allein gelassen von der Existenz, ausgestoßen, innerlich leer;
- erlebt Trennungsschmerz;
- hat oft das Gefühl, ungewollt und nie richtig geliebt worden zu sein;
- fühlt sich leicht ausgegrenzt, isoliert und nicht geliebt; leidet an starken Verlustängsten;
- gibt viel und gern, aber verausgabt sich damit und ist enttäuscht über die Reaktion der anderen.

Beschreibung

In vielen Religionen verbindet eine jungfräuliche Frauengestalt das Göttliche mit dem Irdischen. Im Christentum wird sie *Maria* genannt. *Maria* ist Symbol für die reine Materie.

Die heutige Wissenschaft, die Quantenphysik hat uns gezeigt, daß auch Materie keine feste Masse ist, sondern ebenfalls Schwingung wie das Licht – nur daß die Materie dichter schwingt. So symbolisiert *Maria* die reine Materie, die die göttliche Schwingung aufnehmen kann und aufnimmt. Damit ist sie Symbol des Menschen. Denn auch der Mensch besteht aus Materie. Der Körper, die Materie verbindet sich mit der göttlichen Schwingung, der unsterblichen Seele. *Maria* ist wie jeder Mensch und jede Seinsform das Gefäß, das die göttliche Schwingung aufnimmt, trägt und in diese Welt gebiert. Diese Essenz stärkt uns bei der Aufgabe, das Göttliche im Irdischen sichtbar werden zu lassen, unseren göttlichen Anteil im irdischen Leben zu leben.

Aber nicht nur die Menschen sind eine Verbindung von Materie und göttlicher Energie, sondern jede Seinsform auf der Erde ist so gestaltet. Alles ist durchwoben mit dieser universellen Energie. Und dadurch sind wir mit allem verbunden. Die göttliche Energie ist eins, sie läßt sich nicht trennen, obwohl sie scheinbar in einzelnen Individuen erscheint, obwohl scheinbar Menschen, Tiere, Pflanzen und Mineralien getrennt sind. Doch dies ist die „Wirklichkeit des menschlichen Auges, der menschlichen Dualität". Wer dahinter schauen kann, erfährt, daß alles eins ist, daß nichts getrennt ist.

Die wirkliche Illusion ist,
daß wir getrennt sind.

RON SMOTHERMON

Diese Aussagen finden sich immer wieder, in den Lehren spiritueller Meister, im esoterischen Wissen, man kann es lesen und hören – und dennoch kann man dies nicht über den Verstand verstehen. Nur wer diese Wahrheit erfahren und gespürt hat, versteht und begreift. Und dann fällt es schwer, dies in Worten auszudrücken. Der Zuhörer kann es nicht nachvollziehen, wenn er nicht eine vergleichbare Erfahrung gemacht hat. So klingen vielleicht auch die Aussagen zur Wirkung der *Maria*-Essenz wie „öffnet das Herz und man ist mit allen Menschen in Liebe verbunden" für viele oberflächlich oder plakativ. Doch derjenige, der dies erlebt hat, weiß, was es bedeutet.

Durch die *Maria*-Essenz erfahren wir die verbindende Liebe. Damit bringt sie für Momente aus dem Ich-Bewußtsein, dem Ego des Individuums heraus, denn das Ego trennt uns vom Sein. Das Ego ist der Zaun in der Landschaft, der uns vom Ganzen abgrenzt, der jedoch nicht wirklich das Land abtrennen kann. Die *Maria*-Essenz läßt uns wieder spüren, daß wir verbunden sind, daß wir mit allem immer verbunden waren und sein werden.

Wir erleben oft, wie Menschen bei diesen Sätzen zusammenzucken. Sei es, daß sie Angst haben vor dem „Auflösen", daß der Tropfen im Ozean verschwindet und damit sie selbst verschwinden oder daß sie glauben, im Eins-Sein sei keine Lebendigkeit mehr, alles sei unbewegt, leer. Was auch immer es ist, wir haben viele Widerstände in uns, die verhindern, die Grenzen, die uns zu einem Individuum machen, zu durchlöchern und aufzulösen. Der Gedanke macht uns oft Angst.

In der Welt der Dualität führt der Weg zur Einheit durch die Polarität. So ist unser Weg zur Einheit oft verbunden mit Trennung und Trennungsschmerz (Geburt, Pubertät, Tod ...). Die Vorstellung der Einheit und des Eins-Seins löst oft die Erinnerung an den Trennungsschmerz aus, den wir in uns tragen. Der Übergang in Raum und Zeit, in diese irdische Welt erzeugt in uns die Erfahrung, abgeschnitten zu sein vom Ganzen, von der Einheit, von der göttlichen Liebe. Diesen Schmerz tragen wir in uns, ebenso wie die Sehnsucht, uns wieder mit der göttlichen Quelle zu verbinden. Und gerade dieser Schmerz läßt uns nach der Einheit suchen. Wenn wir diesen Schmerz heilen und die Illusion der Trennung auflösen, sind wir in der Einheit, sind wir in der allumfassenden Liebe.

Als ein befreundetes Paar begann, die *Maria*-Essenz anzuwenden, wurde genau dieser Trennungsschmerz zum zentralen Thema. Der Mann verliebte sich völlig unerwartet in eine andere Frau und trennte sich. Er glaubte, bei der anderen Frau mütterliche, nährende Liebe und Geborgenheit zu finden, die er bei seiner Mutter nicht bekommen hatte. Unsere Freundin durchlebte wieder die Trennungsschmerzen, „erinnerte" sich an ähnliche Situationen in ihrem Leben, an vorangegangene Trennungserlebnisse, das Gefühl, allein zu stehen und unverstanden zu sein wie in der Pubertät, an die Schmerzen des kleinen Kindes, die Zeiten im Kinderbettchen, in denen sie allein lag und sich verlassen fühlte. Sie durchlebte noch einmal den Schock der Geburt, in eine auch äußerlich kalte Welt zu kommen (sie wurde im Winter in einem nicht geheizten Zimmer geboren), und den Schmerz, „das Paradies" verlassen zu müssen. Sie weinte viele Stunden und Taschentücher voll, und dann war plötzlich die Illusion durchbrochen – sie war wieder verbunden, sie wußte, daß sie immer verbunden gewesen war. Sie erkannte, daß ihr Gefühl, getrennt und allein zu sein, eine Illusion war. Das Gefühl und das Wissen der Verbundenheit erfüllte sie, es war so natürlich und selbstverständlich. Sie wurde still, dankbar und voller Liebe. In ihr begann der Prozeß der Heilung.

Auch dieses Erlebnis macht noch einmal deutlich, daß durch die Essenzen Prozesse ausgelöst werden. Der Zustand von Eins-Sein, den unsere Freundin erlebte, hielt einige Stunden an und verblaßte dann wieder. Doch er hatte in ihr etwas geheilt und eine neue Art von Verständnis und Wissen erzeugt. Sie weiß nun, was ihr Ziel ist, wie es sich anfühlt. Sie hat erfahren, was „Eins-Sein" ist und kann sich daran erinnern. Es ist nicht mehr nur ein abstraktes Wissen in ihrem Kopf, es sind keine leeren Worte ohne Inhalt mehr.

Unsere Freundin hat drei Monate mit der *Maria*-Essenz gearbeitet, bis sie das Gefühl hatte, eine Schicht gereinigt zu haben. In dieser Zeit fanden ihr Freund und sie wieder zusammen. Die „neu" entstandene Beziehung ist harmonischer, erfüllter und glücklicher als das, was beide vorher gelebt hatten.

Das Erlebnis zeigt nochmals, daß Reaktionen manchmal sehr heftig ausfallen können. Es ist, wie bereits gesagt, wichtig, nicht direkt zu handeln und vielleicht Porzellan zu zerschlagen, das sich nachher nicht mehr zusammensetzen läßt. Doch nicht jeder, der die Essenz anwendet, erlebt den Trennungsschmerz. Viele Anwender berichten, daß sie durch die Essenz in ein Gefühl von Verbundenheit und mütterlicher Liebe gelangten und sich getragen, gestützt und genährt fühlten. Und einige gelangten in tiefe Meditation.

Maria verkörpert auch das Mutterprinzip, das Geben aus der Fülle und Liebe. Es ist das mütterliche, irdische Prinzip. Dies ist auch ein Thema, das mißverstanden wird. Menschen glauben, daß „Geben" heißt, zu allem ja zu sagen und immer das geforderte und mehr zu geben. Sie verausgaben sich und fühlen sich erschöpft, da sie aus ihrer eigenen Energie geben und nicht aus der Quelle. Wenn sie aufhören zu geben, werden sie unglücklich und kraftlos, denn Geben hält ihre Energie in Fluß. Mit der *Maria*-Essenz lernen sie, sich mit der sprudelnden Quelle zu verbinden und aus dieser Quelle heraus zu geben. Und sie lernen, daß Geben manchmal auch bedeutet, „nein" zu sagen und jemandem das Geforderte zu verweigern.

Wer das Mutterprinzip natürlich leben kann, das gilt für Männer und Frauen, schöpft aus der Fülle des Ganzen und kann selbstlos geben. Was wir aus Liebe und dem Herzen geben, bereichert uns selbst. Wir fordern dann keine Gegenleistung mehr, brauchen keine Anerkennung oder Aufmerksamkeit mehr dafür. Wir können aus der inneren Quelle heraus in Liebe mit anderen sein, ihnen Geborgenheit, Freundlichkeit, Sicherheit geben, wenn sie es brauchen, wir können sie gehen lassen, wenn sie es möchten. Wir sind auch glücklich, wenn die anderen glücklich sind.

Und hier hinein paßt das christliche Gebot „Liebe deinen Nächsten wie dich selbst", denn wenn wir die Verbundenheit erfahren haben, wissen wir, daß der „Nächste" kein getrenntes Individuum ist, daß alles vom gleichen Göttlichen durchwoben ist und alles von allem beeinflußt wird. Und dann ist es auch einleuchtend, daß wir uns selbst lieben müssen, denn sonst bliebe dieser Teil des göttlichen Gewebes ungeliebt. Von uns selbst würde das „Ungeliebt-Sein" ins Gewebe hineinfließen.

Die Meditation

Vipassana

Erste Stufe – Stilles Sitzen

Setz Dich in einer möglichst angenehmen Weise hin, Rücken und Kopf sollten aufrecht sein, die Augen geschlossen. Achte während der Meditation auf Deinen Atem, beobachte, ohne ihn zu verändern.

Bei dieser Meditation geschieht es leicht, daß die Gedanken wandern, daß Gefühle, Urteile, Körperempfindungen, Eindrücke der Außenwelt Dich vom Atem ablenken. Wenn Dir bewußt wird, daß Du mit Deiner Aufmerksamkeit nicht mehr beim Atem bist, nimm wahr, wo Du bist, und kehre zum Atem zurück. Es ist das Beobachten, was zählt, nicht das, was Du beobachtest.

Zweite Stufe – Vipassana-Gehen

Gehe langsam und normal und richte Deine Bewußtheit auf die Berührung der Füße mit der Erde. Die Augen sollten ein bis zwei Meter vor Dir auf den Boden gerichtet sein. Beim Gehen sollte sich die Aufmerksamkeit auf jeden einzelnen Fuß richten, während er die Erde berührt. Wenn die Aufmerksamkeit abschweift, schau wieder, wo Deine Gedanken sind, und kehre mit der Aufmerksamkeit zu den Füßen zurück.

Die Botschaft

Ich grüße Euch, und ich, die ich auch Mutter genannt werde, bin die Mutter der Erde, des Kosmos, des Göttlichen, jeglichen Seins. Ich verbinde alles miteinander und verwebe alles mit dem Göttlichen. Meine Energie macht Euch bewußt, daß alles miteinander verwoben ist, und daß Ihr Teil des Göttlichen seid, so wie jedes andere Wesen und jedes andere Sein auf dieser Erde. Selbst die Steine und die Dinge, die Ihr produziert und baut, die Häuser, die Autos, die Flaschen, alles, alles ist Teil des Ganzen, und in allem ist die Schwingung des Göttlichen enthalten, in unterschiedlichen Formen zwar, im Kern jedoch gleich.

So begleite ich Euch auf diesem Weg und öffne Eure Augen, damit Ihr erkennt, daß Ihr eins seid mit allem und alles eins ist mit Euch und daß Ihr dadurch wieder nach Hause zurückkehrt, daß Ihr darüber Bewußtheit erlangt, daß Ihr teilhabt und Teil seid des Ganzen, daß Ihr dadurch heil werdet, weil Ihr wieder in Euren wahren Ursprung zurückkehren könnt, damit Kontakt aufnehmen könnt.

Und ich unterstütze Euch darin, all die gewonnen Erfahrungen in das Tagtägliche, in das Sein umzusetzen, und öffne das Verständnis in Euch, damit Ihr all dieses verstehen könnt. Ich bin das göttliche Gefäß, damit das Göttliche in mich hineinfließt, durch mich hindurchfließt und sich verteilen kann. Daher erhaltet Ihr über mich den Zugang in jede Richtung, sowohl zum Göttlichen als auch zum Irdischen, sowohl zu den Energien der kosmischen Ebene, als auch zu jedem Teil auf der Erde. Und Ihr verbindet auch in Euch den kosmischen unsterblichen Teil und das Irdische. Und daher öffnet Euch für den Blick der Einheit. Erkennt, wie Ihr untereinander verbunden seid, erkennt, wo Ihr steht. Öffnet Euch, das Göttliche zu erfahren.

Fragen und Antworten
aus der Praxis

Wirken die LichtWesen Meisteressenzen bei körperlichen Beschwerden?

Körperliche Beschwerden sind Ausdruck von Störungen der Harmonie des gesamten Menschen, die letztlich zu Krankheit führen.

Die Meisteressenzen harmonisieren und energetisieren das gesamte menschliche Energiefeld. Sind Störungen und Disharmonien behoben, kann der Körper wieder gesund werden.

So unterstützen diese feinstofflichen Energien der LichtWesen Meisteressenzen die Selbstheilungskräfte des Körpers.

Muß man an die Wirkung glauben, damit ein Erfolg eintritt?

Nein, die feinstoffliche Schwingung wirkt, auch wenn man nicht daran glaubt und nichts spürt. Voraussetzung ist, daß man bereit ist, eine Wirkung zuzulassen.

Wirken die Meisteressenzen auch, wenn man nichts spürt?

Ja. Nicht alle Menschen nehmen feinstoffliche Energien und Schwingungen wahr. Auch wenn man nichts merkt, sollte man die Essenz weiter verwenden. Um eine Aussage über die Wirkung machen zu können, empfiehlt sich, bei Beginn der Anwendung die Ist-Situation festzuhalten, und nach einiger Zeit im Rückblick die Veränderungen im Innern und auch Außen zu sehen, zum Beispiel Unterschiede in der Reaktion, wie man sich fühlt, was man denkt, ob man mit anderen Menschentypen in Kontakt kommt, in dem, was passiert etc.

Was soll ich nehmen – Öl oder Tinktur oder Meisterenergie-Kugel?

Wählen Sie das, was Ihnen am meisten zusagt. Weitere Entscheidungskriterien sind:

Will man mehr im emotionalen oder körperlichen Bereich arbeiten, ist Öl zu empfehlen. Für die Arbeit in feinstofflicheren Bereichen und an Gedankenmustern empfiehlt sich die Tinktur.

Ein weiteres Entscheidungskriterium ist die Anwendung: Das Öl wird auf den Körper aufgetragen, das ist nicht immer möglich (beispielsweise am Arbeitsplatz, eventuell Ölflecken in Kleidung). Die Tinktur kann jederzeit überall und auch zwischendurch angewendet werden, wenn man das Gefühl hat, diese Unterstützung zu benötigen.

Die Meisterenergie-Kugel sollte nach dem Thema gewählt werden, das man für sich als ein zentrales Lernthema ansieht und das man intensiv bearbeiten möchte. Sie wirkt über den spirituellen Aurakörper.

Wieviele verschiedene Meisteressenzen kann man gleichzeitig nehmen?

Es sollten nicht mehr als 3 verschiedene Meisteressenzen gleichzeitig genommen werden. Am besten ist eine Kombination aus Tinktur und Öl.

Kann man die Essenzen verdünnen?

Nein, die Essenzen sind gebrauchsfertig. Eine Verdünnung setzt die Wirksamkeit deutlich herab.

Was soll ich wählen, wenn ich mich nicht für eine Essenz entscheiden kann?

Dieses Problem tritt oft auf, wenn man mit dem Verstand aussucht. Es ist daher empfehlenswert das Unbewußte entscheiden zu lassen, zum Beispiel durch das Meisteressenzen-Kartenset oder andere Testverfahren (siehe Kapitel 5 „Die Auswahl").

Kann man eine „falsche" Essenz wählen?

Nein, man kann keine „falsche" Essenz wählen. Alle Themen der Essenzen sind für jeden Menschen Lernthemen, die er jedoch schon unterschiedlich gut „gelernt" und integriert hat. Es ist vielleicht so, als wenn man in der Schule Integral- und Differentialrechnung schon beherrscht, aber Schwierigkeiten hat mit Lesen. Eine Essenz würde die Fähigkeiten in der Integralrechnung noch vertiefen (da sieht man natürlich nicht so leicht die Fortschritte), die andere hilft, lesen zu lernen. Hier sind die Erfolge deutlicher sichtbar, da dies der Engpaß ist (siehe Kapitel 5 „Wirkung").

Wie lange soll ich eine Essenz anwenden?

Eine allgemeingültige Antwort gibt es nicht. Die Dauer ist abhängig davon, wie stark die Blockade oder Disharmonie ist, welche Stellung das Thema im eigenen Lebensplan hat, vom Zeitpunkt der Anwendung und inwieweit man es bereits in sein Leben integriert hat.

Es ist wahrscheinlich, daß man eine bereits genommene Essenz nach einiger Zeit noch einmal verwendet.

Hinweis dafür, daß ein Thema vorläufig beendet ist, kann sein, daß man nach einer Zeit intensiven Gebrauchs vergißt, die Substanzen anzuwenden oder keine Lust mehr dazu verspürt.

Kommt es immer zu einer „Erstverschlimmerung"?

Nein, die Reaktion auf die Essenz ist abhängig von der inneren Einstellung zum Wachstumsprozeß, ob sie den „Steilweg" oder den „Wanderweg zum Gipfel" wählen, wie genau Sie hinschauen, von den inneren Widerständen und wie Sie den Transformationsprozeß unterstützen. Es kann sein, daß Sie durch die Anwendung der Essenzen sehr schnell in den erwünschten positiven Zustand kommen.

Was sollte ich tun, wenn mir die Reaktion zu heftig wird?

Der Bewußtwerdungsprozeß kann durch die im Buch aufgeführten Techniken (Kapitel 5) wie „Listen schreiben", Kerzenmeditation oder Visualisierungsübung unterstützt werden. Doch auch jede andere Meditation oder Form der Bewußtwerdungsarbeit unterstützt, schneller die inneren Blockaden loszulassen und zu einem ausgeglichenen Zustand zu kommen.

Manche Menschen mögen sich dennoch überfordert fühlen. Dann ist es ratsam sich Hilfe bei einem erfahrenen Therapeuten zu holen, dem sie vertrauen.

Sollte ich eine Pause machen, wenn ich mehrere Themen intensiv bearbeitet habe?

Es empfiehlt sich, zwischendurch immer wieder eine Phase mit Nr. 14 – *Victory* einzulegen. Die *Victory*-Essenz harmonisiert und integriert die gemachten Lernschritte in das gesamte System. Sie hilft klarer zu sehen wo man steht, harmonisiert und energetisiert alle Chakren und Energiekörper.

Kann sich durch die Meisteressenzen meine Wahrnehmungsfähigkeit verändern?

Die Essenzen tragen zur Bewußtseinserweiterung bei und man kann Dinge wahrnehmen, die man früher nicht wahrgenommen hat. Dazu gehört zum Beispiel, daß man Verhaltensmuster an sich selbst und bei anderen schneller erkennt, Ursachen für den eigenen Zustand klarer sieht, und daß man andere Menschen und Situationen „realistischer" einschätzt.

Auch die Wahrnehmung für feinstoffliche Energien kann sich entfalten (Öffnung des Dritten Auges), so daß man die Stimmungen im Raum, die Gefühle und den Zustand anderer Menschen, die Energien in der Umgebung oder beim Spaziergang leichter bemerkt. Dies ist nicht immer angenehm. Doch gehört es auch zum Weg, die Welt, wie sie ist, zu sehen und anzunehmen.

Wie soll ich weiter vorgehen, wenn eine Flasche aufgebraucht ist?

Rückblicken, wie man jetzt zu diesem Thema steht, was passiert ist, welche weiteren Themen sich nun herauskristallisiert haben. Die folgenden Essenzen können dann wieder nach dem Verfahren „Auswahl der Essenz" gewählt werden.

Kann ich eine benutzte Energiekugel oder Flasche an andere geben?

Ja, alle Meisteressenzen und Meisterenergie-Kugeln sind energetisch versiegelt, das heißt, sie nehmen keine Schwingung von außen an. Daher können angebrochene Flaschen weitergegeben werden.

Was soll ich wählen, wenn ich jemandem eine Essenz schenken will?

Themen, die für fast jeden Menschen immer wieder auftauchen sind:
Nr. 2 – *Lao Tse* – Innere Ruhe, Akzeptieren. Manchmal ist es besser, zuvor die nötige Distanz zum Alltag zu schaffen. Dann mit Nr. 1 beginnen und später zu Nr. 2 wechseln.
Nr. 12 – *Lady Nada* – Selbstliebe, sich angenommen fühlen, Lebensgenuß.
Nr. 11 – *Kuthumi* – Verbindung zur Erde. Erdung. Hilft auch „kopflastigen" oder unrealistischen Menschen.
Nr. 14 – *Victory* – Wachstum.
Besonders eignet sich als 3er-Set: Nr. 8 – *Angelika*, Nr. 9 – *Orion*, Nr. 10 – *Kamakura* – vor allem zum Beginn neuer Projekte oder Lebensabschnitte.

Kann man von den Meisteressenzen abhängig werden?

Nein. Die Meisteressenzen sind eine Unterstützung der eigenen Bewußtwerdung und reaktivieren das eigene Potential. Man könnte sie vergleichen mit den Stützrädchen am Fahrrad, die uns geholfen haben fahren zu lernen. Nachdem wir gelernt hatten das Gleichgewicht zu halten, brauchten wir die Stützrädchen nicht mehr.

Die Essenzen führen zur eigenen Stärke und Klarheit. Dadurch wird der Mensch selbstverantwortlich und nimmt sein Leben bewußt selbst in die Hand. Je weiter er in diesem Prozeß fortschreitet, je mehr er „zu sich selbst" kommt, desto unabhängiger wird er von jeglicher „äußeren" Hilfe. Er meistert sein Leben.

Ist das Leben nicht langweilig, wenn ich voll entfaltet bin und es nichts mehr zu tun gibt?

Aus meiner eigenen Erfahrung kann ich sagen, daß mein Leben immer leichter zu leben ist, je weiter ich mich entfalte. Ich kann Schwierigkeiten heute viel leichter und mit Interesse und Freude annehmen. Früher waren Probleme für mich oft eine Katastrophe.

Mein Leben ist vielfältiger und „bunter" geworden, erfüllter. Ich lebe intensiver und kann die Schönheit des Lebens und die Freuden des Körpers bewußt und dankbar genießen.

Muß man die Essenzen immer benutzten, wenn man wachsen will und damit angefangen hat?

Nein, die Meisteressenzen sind eine Unterstützung auf dem Weg zur eigenen Meisterschaft. Sie sind *eine* Form der Unterstützung. Es gibt viele andere Techniken, die ebenfalls wirksam sind und jeder kann die Methode finden, die ihn am besten unterstützt. Und man wächst natürlich auch ohne „Stütze". Doch dieses „Werkzeug" erleichtert den Weg.

Wenn ich durch die Essenzen nicht mehr so emotional verstrickt bin, ist mir dann nicht alles gleichgültig, bin ich dann nicht zu dissoziiert und abgeklärt?

Nein im Gegenteil, das Erleben und die Intensität des Lebens nehmen zu. Auch die Gefühle können intensiver erfahren werden, man ist jedoch den Stimmungsschwankungen nicht mehr ausgeliefert. Man wird frei von den Verhaltensmustern, in denen man früher gefangen war und hat nun die freie Auswahl, wie man reagieren will.

Was passiert, wenn ich die Meisteressenzen nur mal ausprobiere?

Das hängt von der inneren Bereitschaft zum Wachstum ab. Ist keine Bereitschaft da, wird nichts passieren. Steht jedoch der Schritt in Richtung Bewußtwerdung an, wird durch die Anwendung ein Prozeß in Gang gesetzt.

Die LichtWesen Meisteressenzen verwenden zum Teil die gleichen Namen wie Aura-Soma. Sind sie eine Nachahmung von Aura-Soma?

Nein, in den LichtWesen Meisteressenzen sind die „Aufgestiegenen Meister" in einer neuen Form wieder auf die Erde gekommen. Sie wirken ausschließlich durch die Energie der Meister, die direkt an Öl oder Wasser gebunden wurde. Irdische Substanzen wie Öl, Wasser und Alkohol haben nur eine Trägerfunktion.

Die Aura-Soma-Produkte wirken durch Farbe, Pflanzen- und Edelsteinenergie (aus: Irene Dalichow und Mike Booth „Aura-Soma – Heilung durch Farbe, Pflanzen- und Edelsteinenergie").

Daß die Namen der LichtWesen Meisteressenzen zum Teil identisch sind mit den Namen der Meister bei Aura-Soma liegt daran, daß es die Namen der Aufgestiegenen Meister sind. Man findet sie zum Beispiel auch bei der Theosophischen Gesellschaft, gechannelt durch Helena Blavatsky oder bei der Weißen Bruderschaft, und viele Medien stehen mit ihnen in Kontakt.

Die Wirkung der LichtWesen Meisteressenzen und der Aura Soma Quintessenzen und Balance-Flaschen ist auch bei gleichen Meisternamen unterschiedlich. Die Meister haben sich ja deshalb in einer neuen Form auf der Erde manifestiert.

Vielleicht kann folgendes Bild den Unterschied verdeutlichen: Wenn man sich das gesamte *Christus*-Bewußtsein als alle Apfelsorten vorstellt, wäre die Aura Soma Essenz zum Beispiel vergleichbar mit der Sorte Roter Delicious, die LichtWesen *Christus*-Essenz mit Cox Orange. Durch beide Apfelsorten kann man einen Eindruck davon bekommen, was Äpfel sind, wie sie schmecken und wie sie sich von Birnen unterscheiden.

Ist die Wirkung der Essenzen und die Energie der Meister nicht Einbildung? Gibt es diese „Meister" und andere feinstoffliche Wesen überhaupt?

Diese Fragen und Zweifel tauchen auch bei uns und wohl bei jedem Menschen immer wieder auf, obwohl wir in unserem Prozeß so viele bestätigende Erfahrungen gemacht haben.

Durch die Erziehung und das Leben in der westlichen Welt erscheinen viele Erfahrungen, die wir machen, „unglaublich". Schon als Kinder lernen wir von den Erwachsenen, daß unsere Wahrnehmung von feinstofflichen Energien und Wesen „falsch" ist, daß wir sie uns nur einbilden. „Kinder haben eine blühende Phantasie", heißt es dann.

Was wirklich ist? Diese Frage können wir nicht beantworten – die Antwort muß jeder für sich selbst finden. Meine Einstellung ist: Vertrauen Sie Ihren eigenen Erfahrungen und bleiben Sie kritisch.

Kurzbeschreibung der Meisterenergien

Nr. 1 – *Maha Chohan* – Innere Weisheit

Die Energie von *Maha Chohan* ermöglicht, einen Schritt zurückzutreten und das Geschehen aus der Distanz zu beobachten, Erfahrungen, Wissen und Verhaltensweisen in einen neuen Rahmen zu stellen. Die Distanz gibt Raum für die innere Weisheit.

Die Energie von *Maha Chohan* ist auch empfehlenswert für Menschen, die mit anderen arbeiten und andere unterstützen (Therapeuten, Berater, Führungskräfte).

Nr. 2 – *Lao Tse* – Akzeptieren und innere Ruhe

Die Energie von *Lao Tse* unterstützt dabei, sich selbst, das, was geschieht, und andere ohne Urteil oder Bewertung zu akzeptieren. „Es ist, wie es ist." Dadurch kann man mit Aufmerksamkeit und Gelassenheit in der Gegenwart sein und das Wertvolle in jedem Sein erkennen.

Diese Essenz ermöglicht, eine tiefe innere Ruhe, die innere Stille zu erfahren.

Nr. 3 – *El Morya* – Vertrauen

Die Energie von *El Morya* stellt die ursprüngliche Verbindung mit dem Urvertrauen, mit dem Vertrauen in sich selbst, in die eigene Kraft und Stärke, dem Vertrauen in die eigene Göttlichkeit und die Weisheit des Universums wieder her. Wer vertraut, erfährt die Kraft in sich, in jeder Situation zuversichtlich zu reagieren, Ereignisse realistisch zu sehen und handlungsfähig zu bleiben. Er bekommt Mut zum Handeln und zur Beziehung mit anderen Menschen.

Die Essenz hilft über Ängste hinweg. Denn Angst ist oft die Ursache von Mißtrauen.

Nr. 4 – *Kwan Yin* – Hingabe

Die Energie von *Kwan Yin* lehrt die Hingabe an das Leben und an sich selbst. Im ausgeglichenen Zustand ist es möglich, mit dem Leben zu fließen, ohne die eigene Kraft und Stärke aufzugeben, sich auf Erfahrungen und das Leben einzulassen. Die Essenz verbindet mit den eigenen Gefühlen und hilft, gestaute Gefühle fließen zu lassen.

Sie ermöglicht die Erfahrung des Getragen-Seins und öffnet für Mitgefühl und Toleranz mit anderen Wesen.

Nr. 5 – *Christus* – Wahrheit und bedingungslose Liebe

Christus lehrt „allumfassende bedingungslose Liebe". Man erkennt, daß dies etwas anderes ist, als was gemeinhin unter Liebe verstanden wird.

Die *Christus*-Energie führt zur eigenen Wahrheit und unterstützt, diese zu leben, klar und kraftvoll aus dem Herzen zu handeln und den eigenen Raum einzunehmen. Dazu ist es wichtig, sich immer wieder zu fragen: „Was ist meine Wahrheit, und stimmt das, was ich tue, damit überein?"

Christus-Energie unterstützt die emotionale Heilung, die Wunden des Herzens zu heilen und bringt in Kontakt mit dem Thema „Autorität" und der Liebe zum Mitgeschöpf.

Nr. 6 – *Djwal Khul* – Die eigene Kraft annehmen

Die Energie von *Djwal Khul* bringt in Kontakt mit der eigenen Kraft, Stärke und Macht. Sie hilft zu erkennen, daß wir selbst der Meister unseres Lebens sind und jede Situation im Leben selbst erschaffen. Wer dies anerkennt, öffnet die Möglichkeit, die volle Verantwortung für sein Leben zu übernehmen, die eigene Kraft einzusetzen und das Leben so zu gestalten, wie er es will. Die eigene Schöpferkraft wird angenommen. Man wird vom Opfer zum Meister des eigenen Schicksals.

Nr. 7 – *Sanat Kumara* – Himmel und Erde verbinden

Die Energie von *Sanat Kumara* öffnet die Verbindung zwischen der „kosmischen" und irdischen Energie. Sie stärkt die Verbindung zum physischen Körper, zu den drei unteren Energiekörpern und zur Erde. Indem man das Göttliche im Irdischen erkennt, wird man befreit von der „Last des irdischen Daseins" und findet Freude am irdischen Leben. Heilung geschieht, indem das Leben auf der Erde angenommen und gern auf der Erde gelebt wird.

Bei Menschen, die ihren Blick nur auf die Erde richten, öffnet *Sanat Kumara* auch den Kontakt zur „kosmischen" Energie.

Nr. 8 – *Angelika* – Transformation der Vergangenheit

Angelika unterstützt dabei, die eigene Vergangenheit ohne Wertung liebevoll anzunehmen. Dadurch kann Transformation geschehen, Erfahrungen können ins Leben integriert werden, noch nicht abgeschlossene Lernschritte, die emotional belastet sind, werden beendet und damit zu wertvollen Lernerfahrungen.

So werden die Schätze, die man in der Vergangenheit gesammelt und vergraben hat, wieder zu Tage gefördert, gereinigt und gewinnbringend eingesetzt.

Nr. 9 – *Orion* – Visionen

Orion hilft, den eigenen Lebensweg zu erkennen und Visionen für einen Weg im Einklang mit dem Lebensplan zu erhalten.

Man sieht die momentane Situation, wo man steht, was man erreichen will, welche Erfahrungen und Fähigkeiten zur Verfügung stehen, welche inneren Blockaden den Erfolg verhindern, welche materiellen Hindernisse im Weg stehen und was zu tun ist. In die anstehenden Schritte kann Ordnung gebracht und dann können Prioritäten gesetzt werden.

Orion-Energie fördert das Gelingen von neuen Schritten und Projekten, indem sowohl ein längerer Zeitraum überblickt, als auch die tagtäglichen Entscheidungen leichter getroffen werden können.

Nr. 10 – *Kamakura* – Handeln

Kamakura bringt dazu, die geplanten Schritte zu tun. Die Energie kommt wieder ins Fließen, Blockaden lösen sich, geplante Schritte und Vorstellungen werden umgesetzt. Man bekommt Freude am Handeln und an Bewegung. Auch schon lange aufgeschobene Projekte können leicht angegangen und zum Abschluß gebracht werden.

Durch die *Kamakura*-Energie werden Blockaden bewußt, die bisher verhindert haben, die geplanten Schritte zu tun und das Leben in die Hand zu nehmen.

Nr. 11 – *Kuthumi* – Verbindung zur Erde

Die Energie von *Kuthumi* verbindet mit der Energie der Erde, erdet und unterstützt dabei, wieder in Einklang zu sein mit der Erde. Sie vertieft das Verständnis für die Zusammenhänge und Wechselwirkungen zwischen unserem Körper, den Aura-Schichten und der Umgebung und für die Vorgänge in der Natur. *Kuthumi* lehrt Geduld und eine realistische Wahrnehmung. Es wird leichter möglich zu sehen, was gut tut, unterstützt und was gemieden werden sollte.

Die *Kuthumi*-Energie öffnet auch den Zugang zur Weisheit und zum Wissen der Erde.

Nr. 12 – *Lady Nada* – Angenommen sein und Lebensgenuß

Die Energie von *Lady Nada* zeigt den Weg zum bedingungslosen Annehmen von uns selbst, unseres Körpers, unseres Seins, unserer Schattenseiten und unserer Stärken. Damit unterstützt sie zu erkennen, welche Freude in und mit dem Körper erlebt werden kann und was gebraucht wird, um sich wohl zu fühlen.

Diese Energie ermöglicht, das Leben zu genießen. Sie verstärkt die Sinneswahrnehmungen, öffnet für die Schönheit der Natur und der Welt, für die Musik, für Düfte, angenehme Gefühlszustände ... *Lady Nada* unterstützt auch die Heilung von Wunden in der Sexualität und hilft, die Freude der Sexualität zu erfahren.

Nr. 13 – *Seraphis Bey* – Die irdische Kraft

Die Energie von *Seraphis Bey* unterstützt, die eigene irdische Kraft zu erfahren, anzunehmen, zu nutzen und zu leben. Sie unterstützt uns dabei, tief hineinzugehen in die Energie des 1. Chakras, seine eigenen animalischen Kräfte zu erkennen, anzunehmen und zu integrieren. *Seraphis Bey* bringt Bewußtheit in die Materie.

Die Essenz wirkt gleichzeitig reinigend und bringt Licht und Heilung in die Schattenseiten der irdischen Kraft.

Nr. 14 – *Victory* – Wachstum

Die *Victory*-Energie unterstützt auf dem gesamten Entwicklungsweg, indem sie die momentane Situation klar erkennen läßt. Sie verstärkt den Energiefluß, harmonisiert die Energiekörper und alle Chakren untereinander. Sie verbindet „Füße und Kopf" und läßt uns erkennen, an welchen Stellen wir blockiert sind, an welchen Mustern wir im Moment am besten arbeiten können, welche Lernschritte anstehen. Sie läßt Problempunkte bewußt werden.

Sie ist besonders nach abgeschlossenen Lernschritten hilfreich.

Nr. 15 – *Saint Germain* – Freiheit

Die Energie von *St. Germain* transformiert mentale und emotionale Verwicklungen und hilft, Verhaltensmuster und Glaubenssätze zu erkennen und aufzulösen. Dadurch ist eine neue Sichtweise und ein tieferes Verständnis möglich, man kann sich auf das Spiel des Lebens einlassen und es genießen, ohne darin gefangen zu sein.

Die Essenz führt zu innerer Freiheit.

Nr. 16 – *Hilarion* – Die universelle Wahrheit

Hilarion hilft, den eigenen Weg, seine Aufgabe und seinen Platz im Universum und die universelle Wahrheit zu sehen. Er ermöglicht zu erfahren, daß sich das Einzelne im Ganzen, der Mikrokosmos im Makrokosmos spiegelt und daß die eigene Wahrheit Teil der universellen Wahrheit ist.

Nr. 17 – *Pallas Athene* – Freude und Fülle

Die Energie von *Pallas Athene* unterstützt uns dabei, die innere Welt, die inneren Bilder und Gefühle, die Intuition und das eigene Potential wahrzunehmen und umzusetzen. Sie verbindet Kreativität mit Handeln und Struktur und führt dadurch zum Ausdruck der inneren Fülle und Schönheit. Es wird möglich, Empfindungen und Gefühle spontan auszudrücken. Sie öffnet den Fluß der Lebensfreude und Verspieltheit und läßt das Leben zu einem lebendigen, freudigen Tanz werden.

Nr. 18 – *Lady Portia* – Im Gleichgewicht sein

Die *Lady-Portia-Energie* hilft, in die eigene innere Balance zwischen den Polen, in die eigene innere Mitte zu gelangen. Dadurch entsteht eine innere Harmonie, Frieden und Ausgeglichenheit, so daß es auch in schwierigen Umständen gelingt, gelassen und klar zu sein oder zu werden. Ereignisse, die aus der Mitte werfen, werden genutzt, um in ein neues Gleichgewicht zu kommen.

Diese Essenz unterstützt auch den Einklang zwischen dem unsterblichen und irdischen Teil unseres Seins.

Nr. 19 – *Helion* – Sonnengleiches Sein

Wie die wärmenden leuchtenden Strahlen der Sonne, so ist auch unser eigenes göttliches Sein. Die Essenz von *Helion* unterstützt uns, unser inneres Licht zu entdecken, zu erfahren und zu leben, durch unser eigenes „so sein" nach außen zu strahlen. Sie führt zur Selbst-Liebe und läßt das eigene Charisma lebendig werden.

Nr. 20 – *Aeolus* – Den Schöpfer in sich erkennen

Die Energie von *Aeolus* verbindet uns mit unserer Bewußtheit und unserer kreativen Schöpferkraft des Göttlichen. Wir erkennen die Zusammenhänge zwischen unserem inneren Zustand und der Außenwelt, die Verbindung zwischen unserem Denken, Fühlen, unseren Wünschen und Befürchtungen und dem, was geschieht. Dadurch wird uns klar, daß wir selbst der Schöpfer unseres Lebens sind, und wir erkennen die Gesetzmäßigkeiten des Schöpfungsprozesses.

Nr. 21 – *Maria* – Die Einheit erkennen

Die Energie von *Maria* hilft, die Illusion der Trennung aufzulösen, indem sie uns öffnet für die Erfahrung, daß wir verbunden sind mit allem, daß wir immer angenommen und in der Liebe waren, sind und sein werden. Sie hüllt uns ein in allumfassende Liebe, Schutz, Geborgenheit. In ihr können wir heil werden und uns wieder öffnen für unsere Liebe, unser eigenes Licht.

Und wir können erkennen, daß alle Menschen nach dem gleichen suchen. Dadurch begegnen wir Menschen in einer anderen Weise, wir können leichter Nähe, Freundschaft und Liebe geben und zulassen.

Pendeltafel

Seite aus: „Pendel-Welten", von Markus Schirner, 1. Auflage 1995, mit freundlicher Genehmigung des Schirner Verlages, Darmstadt.

Die Autoren

Dr. Petra Schneider, geboren 1960, studierte und promovierte im Fach Agrarwissenschaft an der Universität Bonn. 1990 beendete sie eine Zusatzausbildung für Lehramt, Verwaltungstätigkeit und Beratung und begann als Beamtin bei der Landwirtschaftskammer. Dort befaßte sie sich mit Fragen zum Umweltschutz in der Landwirtschaft und mit Themen der Braunkohle und Dorfentwicklung.

Während dieser Zeit beschäftigte sie sich intensiv mit dem Sinn ihres Lebens. Dadurch erkannte sie, daß ihre berufliche Tätigkeit nicht die Erfüllung des Lebens brachte. Sie kündigte die sichere, lebenslängliche Stelle und begann sich intensiv mit feinstofflichen Energien, Meditation und Möglichkeiten der ganzheitlichen Selbstentfaltung zu beschäftigen. Dazu gehörten unter anderem die Ausbildung zum Reiki-Lehrer, zum NLP-Practitioner, zum Meditationslehrer.

Sie arbeitet als ganzheitliche Lebensberaterin und leitet Seminare.

Seit 1994 beschäftigt sie sich intensiv mit den Energien der Aufgestiegenen Meister, wodurch die LichtWesen Meisteressenzen entstanden.

Gerhard K. Pieroth, geboren 1956, ist Diplom-Wirtschafts-
ingenieur und arbeitete als Angestellter des Computerherstellers
IBM in Produktion, Marketing und Vertrieb. Nebenberuflich war
er Dozent an mehreren Hochschulen. Das Scheitern seiner Ehe und der Zusammenbruch seines
Weltbildes führten 1988 zur Suche nach dem Sinn des Lebens
und ersten Erfahrungen mit Meditation. Er öffnete sich mehr den
bisher nicht gelebten Fähigkeiten, gab 1992 seine Anstellung auf
und ließ sich unter anderem als Reiki-Lehrer und als NLP-
Practitioner ausbilden. Parallel dazu erhielt er eine Ausbildung
als Trainer in der Erwachsenenbildung und arbeitet heute als
ganzheitlicher Erfolgs- und Unternehmensberater, Coach und
Trainer in Unternehmen und für Einzelpersonen. Gemeinsam mit
Petra stellt er die LichtWesen Meisteressenzen her und leitet
Seminare.

An den Leser

Seit die LichtWesen Meisteressenzen „geboren" wurden, sehen
wir, wie unterschiedlich Menschen darauf reagieren und welche
interessanten Erfahrungen sie machen. Daher bitten wir Sie, liebe
Leserin, lieber Leser, uns Ihre Erfahrungen mitzuteilen. Sie tragen
dadurch zu einem tieferen Verständnis der Energien der Meisterebene bei und bereichern auch andere Menschen.

Sie können sich unter folgender Adresse näher über unsere
Aktivitäten wie Seminare, Informationsveranstaltungen, Beratun-
gen und Ausbildungen informieren:

Firma LichtWesen   Tel: 06157-15020
Pestalozzistraße 1   Fax: 06157-150222
64319 Pfungstadt   www.lichtwesen.com
                     info@lichtwesen.com

Die LichtWesen Meisteressenzen sind über den Fachhandel zu
beziehen. Weitere Informationen über Bezugsquellen erhalten Sie
im Fachhandel oder unter obiger Adresse.

Danksagung

Während der gesamten Phase, in der die Meisteressenzen und dieses Buch entstanden sind, haben wir nicht nur Hilfe von „nicht-körperlichen" Wesen, sonsern auch von vielen „körperlichen Wesen" erhalten.

An erster Stelle bedanken wir uns aus ganzem Herzen bei Friederike Quest und Hubert Peters. Beide haben uns vom allerersten Ladevorgang bis heute aufmunternd und tatkräftig unterstützt. Und obwohl sie selbst wenig Zeit hatten, haben sie Korrektur gelesen und uns wertvolle Anregungen gegeben.

Danken möchten wir auch Isis Herzog, die dieses Buch durch ihre journalistischen Fähigkeiten, durch ihre Erfahrung und durch viele Ideen bereicherte.

Auch Markus Schirner danken wir, der uns wertvolle, praktische Hinweise gab und dazu beigetragen hat, daß aus der Idee Wirklichkeit wurden.

Nicht zuletzt danken wir auch unserer Freundin Aseema Wunderle für ihre Unterstützung. Durch sie habe ich Channeln gelernt.

Natürlich gab es noch viele andere Menschen, die uns durch Rückmeldungen zur Wirkung und Anregung unterstützten. Auch ihnen danken wir.

Literaturverzeichnis

Zum Thema Feinstoffliche Energiesysteme:
Brennan, Barbara Ann: „Licht-Arbeit – Das große Handbuch der Heilung mit körpereigenen Energiefeldern", Goldmann Verlag, München 1989
Lübeck, Walter: „Das Aura Heilbuch – Die Autra lesen und deuten lernen", Windpferd Verlag, Aitrang 1991
Nordwald Pollock, Maud: „Vom Herzen durch die Hände – Bedingungslose Liebe & Therapeutic Touch, Eine neue Methode des Heilens", Bauer Verlag, Freiburg 1991
Sharamon, Shalila/Baginski, Bodo J.: „Das Chakra-Handbuch – Vom grundlegenden Verständnis zur praktischen Anwendung", Aitrang 1989

Zum Thema Krankheiten:

Dethlefsen, Thorwald und Dahlke, Rüdiger: „Krankheit als Weg – Deutung und Be-Deutung der Krankheitsbilder", Goldmann Verlag, München 1983

Hay, Louise L.: „Heile deinen Körper – Seelisch-geistige Gründe für körperliche Krankheit", Verlag Alf Lüchow, Freiburg

Köhler, Bodo: Bioresonanz-Therapie – Einführung in die Quantenmedizin", Jungjohann Verlagsgesellschaft, Neckarsulm 1994

Weitere Veröffentlichungen der Autoren im Windpferd Verlag:

Petra Schneider/Gerhard K. Pieroth:

„Engel begleiten uns – Erzengel und Erdengel sind an unserer Seite", 2012

„Hilfe aus der geistigen Welt – Aufgestiegene Meister und andere Lichtwesen", 2011

Petra Schneider:

„Die Elohim – Kraftvolle Engel für die Zeiten des Wandels", 2011

„Die Seele verstehen – Was Sie von der Seele lernen können", 2011

Hörbücher (CD)

„Kontakt zur Seele – Die Verbindung zur Seele stärken"

„Mit Erzengeln leben – Die Verbindung zu den Erzengeln stärken"

Geleitete Meditation (CD)

Musik von Merlin's Magic: „Schutzengel-Begegnung – Heilender Austausch mit einem himmlischen Coach"

Musik von Merlin's Magic: „Das Licht der Elohim – Heilung, Transformation und Kraft auftanken"

Musik von Merlin's Magic: „Seelenraum – Zugang zur Seele und zu den geistigen Helfern"